产业联盟协同创新机制及激励政策研究
——创新生态系统视角

李玥　王卓　王宏起　著

国家自然科学基金面上项目（72174045、72174046）、国家自然科学基金青年科学基金项目（71704036）、教育部人文社会科学研究项目（16YJC630061）联合资助

科学出版社

北　京

内 容 简 介

本书基于国际学术界关注的创新生态系统、产业联盟与协同创新等概念，以国家创新驱动发展战略为背景，聚焦战略性新兴产业发展情境，从创新生态系统视角出发，分析产业联盟协同创新的演化动力和过程，构建产业联盟协同创新演化博弈模型，揭示产业联盟协同创新机理，基于模块化架构设计产业联盟协同创新模式，科学设计产业联盟协同创新的规划共生机制、价值共创机制和平衡机制，提出产业联盟协同创新策略和激励政策，进而通过轨道交通装备制造业联盟协同创新进行实证研究。

本书既可以帮助政府制定产业联盟协同创新发展政策，也可以为从事战略性新兴产业创新生态管理、产业创新生态设计的专业人士和决策者提供参考，也可以用于创新管理方向的教学、科研与培训。

图书在版编目（CIP）数据

产业联盟协同创新机制及激励政策研究：创新生态系统视角 / 李玥，王卓，王宏起著. -- 北京：科学出版社，2025. 8. -- ISBN 978-7-03-083233-7

Ⅰ．F279.244

中国国家版本馆 CIP 数据核字第 2025RQ3386 号

责任编辑：王丹妮 / 责任校对：姜丽策
责任印制：赵 博 / 封面设计：有道文化

科学出版社 出版
北京东黄城根北街 16 号
邮政编码：100717
http://www.sciencep.com

北京市金木堂数码科技有限公司印刷
科学出版社发行 各地新华书店经销
*
2025 年 8 月第 一 版　开本：720×1000　1/16
2025 年 11 月第二次印刷　印张：12
字数：242 000
定价：132.00 元
（如有印装质量问题，我社负责调换）

前　言

随着全球技术创新能力的不断跃迁，创新驱动发展已经成为我国经济发展的核心战略。发展创新生态系统作为引领国家创新驱动发展战略的重要组成部分，既是提升国家整体创新水平的关键因素，也是提升创新效率的有效保障。2021年《中华人民共和国国民经济和社会发展第十四个五年规划和2035年远景目标纲要》明确提出"以企业为主体、市场为导向、产学研用深度融合的技术创新体系"，优化创新生态系统。通过构建国家创新生态体系，建设以各类创新主体协同互动的高效配置生态系统，形成创新驱动发展的实践载体、制度安排和环境保障。明确企业、科研院所、高校、社会组织等各类创新主体构成的功能定位，构建开放高效的创新系统。多方位、高频率的协同创新更加强调主体间创新过程的协同，而产业技术创新战略联盟作为协同创新的组织形式，在面对复杂、多变的外部创新压力下发挥着重要的战略作用。为了促使合作主体积极参与产业联盟协同创新，急需一套动态化、柔性化的激励机制来强化联盟成员参与协同创新的意愿，进而提高联盟协同创新绩效。目前，我国产业联盟协同创新发展处于效率驱动阶段，发展模式仍以政府主导型为主。产业联盟协同创新发展过多依赖政府构建的"项目联盟""政府联盟"，少部分依靠市场自发形成的联盟，这种过于依赖政府作用的脆弱性使我国产业联盟协同创新发展问题（面临市场机制参与不足，导致联盟缺乏内生动力、协同效应不强、运行机制僵化、创新可持续性差）亟待解决。因此，认清我国创新生态系统下产业联盟创新发展的形势，借鉴发达国家生态系统建设经验，利用经济全球化效应，使我国产业联盟在创新生态系统背景下加强供给侧结构性改革的同时，更多关注这一趋势带来的创新主体合作模式的转变。面对技术和市场的快速变化，产业联盟不仅要关注自身创新行为，更应走出内部创新藩篱，超越既有创新边界，主动进行开放式创新，通过产业联盟协同创新推动国家创新生态系统能力的提升。

本书以创新生态系统理论为核心框架，系统探讨产业联盟协同创新机制及激励政策，具体内容如下。梳理国内外创新生态系统、产业联盟与协同创新的研究动态与理论基础，融合协同学、模块化及价值共创理论构建分析体系（第1章和第2章）。解析产业联盟协同创新的内涵、演化动力与博弈规律（第3章），提出基于模块化架构的模式划分与转换机制（第4章）。核心机制设计涵盖三个方面：规划共生机制通过项目规划、共生伙伴选择、能力规划与提升以及利益共享强化协作基础（第5章）；价值共享机制构建"创造—获取—耦合"全链条模型实现创新价值持续增值（第6章）；平衡机制统筹项目进度、技术资源与网络资源动态匹配，辅以风险预警、反馈、激励来保障系统稳定（第7章）。在此基础上，提出任务分解、资源整合、网络结构、知识流动等实施策略（第8章），并设计供给型（资金技术）、需求型（市场引导）、环境型（制度平台）三维协同激励政策体系（第9章）。最后，以我国轨道交通装备制造业联盟为案例，实证验证规划共生机制与价值耦合机制的应用效能，为产业联盟协同创新提供理论范式与实践路径（第10章）。

通过本书的研究，明确创新生态系统下产业联盟协同创新的内涵与发展脉络。通过分析产业联盟协同创新的构成要素与特征，揭示创新生态系统背景下产业联盟协同创新演化机理以及创新模式，设计产业联盟协同创新机制，对提升创新生态系统背景下产业联盟协同创新发展水平具有重要作用。本书旨在为创新生态系统背景下加强产业联盟协同创新的强效性、持续性建设发展提供决策参考。

本书是在国家自然科学基金面上项目（72174045、72174046）、国家自然科学基金青年科学基金项目（71704036）、教育部人文社会科学研究项目（16YJC630061）、黑龙江省自然科学基金项目（LH2021G013、LH2022G016）的资助下完成。本书由李玥负责全书的设计和统稿，王卓负责第3章～第5章、第7章撰写，王宏起负责第10章撰写，其余部分由李玥负责撰写。

创新生态系统视角下产业联盟协同创新机制设计与激励政策研究是一项极其复杂的系统工程，由于作者水平有限，书中难免有不足之处，敬请广大读者批评指正。

作　者

2025年5月17日

目 录

第1章 国内外研究动态 ··· 1
- 1.1 创新生态系统相关研究 ·· 1
- 1.2 产业联盟相关研究 ·· 5
- 1.3 协同创新相关研究 ·· 8
- 1.4 国内外研究评述 ··· 10
- 1.5 研究前沿与发展趋势 ·· 11
- 1.6 本章小结 ·· 12

第2章 相关理论基础 ··· 13
- 2.1 创新生态系统理论 ··· 13
- 2.2 协同学理论 ·· 15
- 2.3 模块化理论 ·· 17
- 2.4 价值共创理论 ·· 19
- 2.5 本章小结 ·· 22

第3章 创新生态系统视角下产业联盟协同创新机理 ······················· 23
- 3.1 产业联盟协同创新的内涵与特征 ·································· 23
- 3.2 产业联盟协同创新演化动力 ······································ 30
- 3.3 产业联盟协同创新演化过程 ······································ 33
- 3.4 产业联盟协同创新演化博弈模型 ·································· 35
- 3.5 产业联盟协同创新演化规律 ······································ 38
- 3.6 本章小结 ·· 39

第4章 基于创新生态系统的产业联盟协同创新模式 ······················· 40
- 4.1 基于创新生态系统的产业联盟模块化架构 ·························· 40
- 4.2 基于创新生态系统的产业联盟协同创新模式划分 ···················· 43
- 4.3 基于创新生态系统的产业联盟协同创新模式转换 ···················· 46
- 4.4 基于创新生态系统的产业联盟协同创新机制研究框架 ················ 49
- 4.5 本章小结 ·· 51

第5章 基于创新生态系统的产业联盟协同创新规划共生机制 ··············· 52
- 5.1 产业联盟协同创新规划共生机制设计思路 ·························· 52
- 5.2 产业联盟协同创新项目规划机制 ·································· 53
- 5.3 产业联盟协同创新共生伙伴选择机制 ······························ 55

5.4 产业联盟能力规划与提升协同共生机制 ································ 63
5.5 产业联盟协同创新利益共享机制 ······································· 73
5.6 本章小结 ··· 74

第6章 基于创新生态系统的产业联盟协同创新价值共创机制 ·············· 76
6.1 创新生态系统中的价值创造逻辑与机制解析 ·························· 76
6.2 基于创新生态系统的产业联盟协同创新价值获取机制 ················· 81
6.3 产业联盟协同创新价值创造与价值获取协同耦合机制 ················· 85
6.4 本章小结 ··· 92

第7章 基于创新生态系统的产业联盟协同创新平衡机制 ··················· 93
7.1 产业联盟协同创新规划目标与项目进度平衡机制 ····················· 93
7.2 产业联盟协同创新技术资源与网络资源动态平衡机制 ················· 95
7.3 产业联盟协同创新平衡风险预警机制 ······························· 110
7.4 产业联盟协同创新平衡反馈机制 ··································· 114
7.5 产业联盟协同创新平衡激励机制 ··································· 114
7.6 本章小结 ·· 115

第8章 创新生态系统视角下产业联盟协同创新策略 ······················· 116
8.1 推动产业联盟协同创新任务分解 ··································· 116
8.2 促进产业联盟协同创新资源整合 ··································· 118
8.3 优化产业联盟协同创新网络结构 ··································· 121
8.4 加速产业联盟协同创新知识流动 ··································· 123
8.5 产业联盟协同创新保障策略 ······································· 128
8.6 本章小结 ·· 130

第9章 创新生态系统视角下产业联盟协同创新激励政策 ·················· 132
9.1 产业联盟协同创新激励政策要素识别 ······························ 132
9.2 产业联盟协同创新激励政策作用效果分析 ·························· 145
9.3 产业联盟协同创新激励政策要素协同 ······························ 146
9.4 产业联盟协同创新供给型激励政策 ································· 148
9.5 产业联盟协同创新需求型激励政策 ································· 150
9.6 产业联盟协同创新环境型激励政策 ································· 152
9.7 本章小结 ·· 153

第10章 我国轨道交通装备制造业联盟协同创新机制研究 ················ 154
10.1 轨道交通装备制造业联盟简介 ···································· 154
10.2 轨道交通装备制造业联盟协同创新规划共生机制 ··················· 158
10.3 轨道交通装备制造业联盟价值创造与价值获取协同创新耦合机制
 ·· 160

  10.4 轨道交通装备制造业联盟协同创新动态平衡机制 …………… 164
  10.5 轨道交通装备制造业联盟协同创新发展激励政策与策略 ……… 166
  10.6 本章小结 …………………………………………………………… 168
第 11 章 总结 ……………………………………………………………… 169
参考文献 ………………………………………………………………………… 171

第1章 国内外研究动态

1.1 创新生态系统相关研究

关于创新生态系统的研究，最早由 Moore[1]基于企业视角将生态系统定义为一种"基于组织互动的经济联合体"。而后，学者分别从国家、区域、产业、企业等不同层次对创新生态系统结构、功能特征、演化规律等方面进行了研究。

1.1.1 创新生态系统内涵

从创新生态系统本质来看，Mercan 和 Goktas[2]、Autio 等[3]认为其内部是一个参与者共生的过程，但创新主体共生模式和演化特征在不同的发展阶段都不同。从创新生态系统的构成主体分析，它是由企业、供应商、分销商、产品与服务制造商、技术提供者等创新主体组成的，主体企业为了完成技术创新活动自身的实现过程，按照合作共赢、共同生存实现彼此的创新目标[4]。Adner 和 Euchner[5]认为创新生态系统是一种多边合作的集合，需要将结盟目标的中心价值具体化展现，同时物联网和沟通是影响创新生态系统最主要的因素。

从创新生态系统构成来看，创新主体与所处自然、社会和经济环境构成了复杂网络[6]。Adner 和 Kapoor[7]从复杂网络隐喻创新生态系统的角度分析，系统中创新主体由核心企业、客户、上游组件供应商和下游互补件供应商四大要素紧密协作的互补性组织共同构成复杂网络。复杂网络为创新生态系统成员提供了共生条件，为各创新主体创造了系统设计条件以及灵活的伙伴选择关系[8]。作为在生态环境中起互动和交流作用的长久性或临时性系统，各创新主体在生态系统中互相传授思想，互相推动创新发展[9]。此外，创新生态系统还涉及企业经营、政府决策、科研活动以及社会环境等多方面影响，这些方面产生有机互动，共同构成技术创新的环境和条件，形成创新行为的外在背景[10]。这些外在背景为系统内成员与外部环境的变化和系统成员间互动提供了环境依赖条件[11]。此外，Fukuda 和 Watanabe[12]、施锦诚和王迎春[13]等学者在比较日本、美国两国创新生态系统结构的基础上，提出通过建立替代实现可持续发展、通过共同进化实现自我增殖、通过组织惯性向竞争者学习实现异质协同等，能够将创新生态系统结构内宏观、中观、微观各部分联系起来。国内对于生态系统的研究成果颇丰，张运生[14]认为创新生态系统是由具有显著"交叉网络外部性"的高科技企业以技术标准为创新耦合纽带，在全球范围内形成的不同主体间通过边界渗透实现异质性资源共享与流动进步、协同演化的创新系统。张运生等[15]提出创新生态系统是面向客户需求为导向的高科技企业在全球范围内形成的共同进化、协同配套的技术创新体系，拥有与自然生态系统相似的基本特征。苏屹等[16]认为区域创新系统是一个结构复杂、功能多样的复杂社会系统，其主要包含创新主体子系统、创新资源子系统、创新环境子系统三个部分，并具有非线性、不确定性、自组织性、涌现性等复杂性系统特征。李万等[17]认为创新生态系统研究将从关注资源配置与要素构成的静态结构性分析，演变为强调各创新主体之间作用机制的动态演化分析。陈畴镛等[18]则明确以小世界网络来描述区域技术创新生态系统，同时借鉴生态学的特征、机制和原理等，以研究、开发和应用三大群落为核心，使得创新网络、知识转化与溢出、协同创新和开放式创新等方面的研究获得了新的研究范围与生态化的解释[19,20]。吕一博等[21]认为不同生态系统角色功能的核心企业是不同创新阶段开放式创新生态系统运行的驱动主体。陈劲等[22]认为创新生态系统是一个由相互连接组织构成的网络，围绕着一个核心企业或一个平台构建，由生产方和用户方参与者构成，并在此基础上通过创新实现价值创造和共享。柳卸林等[23]认为创新生态系统是由参与创新的主体及其环境相互作用形成的一个开放的有机统一整体。

1.1.2 创新生态系统特征

对于创新生态系统的特征研究，国内外学者的研究内容主要集中在创新生态系统的复杂性、网络嵌入性、动态性以及开放性等方面。Leten 等[24]研究发现隐性知识传递和共享有助于创新生态系统的不确定性功能构建，因为它决定了生态系统合作伙伴的价值占用潜力，并对创新生态系统内主体企业发展产生积极的推动作用。Brusoni 和 Prencipe[25]以联盟成员间知识产权视角研究创新生态系统，从系统复杂性出发，揭示了核心企业在协调生态系统过程中展现的差异化能力，并论证了这种能力如何使主体企业能够有效整合供应商、互补企业及用户多元主体的创新活动价值，解释了主体企业具有协调生态系统的不同能力，并能够从其供应商、补充者和用户的活动中受益。此外，群落同步现象也被喻为创新生态系统开放性、动态性发展的重要特征，Davis[26]通过向系统内添加生物学的萤火虫模型使其实现组织特征，结果表明同扩散一样，同步在更紧密的系统中更奏效，更能体现系统开放性和复杂性。Xu 等[27]通过整合价值链和互动网络这两个创新生态系统的核心属性，将创新生态系统定义为一个包括科学、技术和业务子系统的系统，验证了科技知识在创新生态系统中的价值，确定了发展中国家在新兴创新生态系统中赶超的新途径。

1.1.3 创新生态系统演化规律

关于创新生态系统的演化研究，国内外学者多将研究视角集中于案例研究。演化规律体现为从系统创新种群的产品竞争向平台竞争演化，从企业独立发展向"共生演化"转变，共生演化也成了促进生态联盟的有效途径[28,29]。随着创新生态系统中的成员组织与环境动态性的增强，企业有意识地与相关组织形成一个整体，将自身发展与生态系统紧密联系在一起，努力实现共生演化[30]。伴随共生演化，创新生态系统显现出阶段性严谨特征：从早期单一主体主导的结构，逐步发展为基于统一技术标准、围绕多个核心产品形成的价值增值网络的多组织协作社群，最终通过系统要素的协同效应，实现单一企业难以实现的系统性价值创造[31-33]。从创新生态系统层次演化规律分析，较低层次的创新生态系统是一种具体的创新生境；高层次创新生态系统则体现了规则、秩序或系统性。高层次创新生态的行为往往通过资源与知识稀缺导致的竞争影响低水平主体的演化过程[34]。层次之间的创新演化，遵循从技术替代到消费者偏好、基础设施和文化等更广泛的转化路径，从而完成技术形式和功能的适应延伸，形成从生境水平向体系水平的突破[35]。此外，一部分学者利用模型构建，从实证角度对创新生态系统演化规律进行分析。West 和 Wood[36]重点关注不同企业的动机、生态战略与产出关系及其随时间演化的情况。Rohrbeck 等[37]对德国电信企业的创新生态系统进行了演化拆解，发现该公司大多数资源被用在研究和开发阶段，而外部资源整合的价值共创机制则在创意生成阶段达到效能峰值。Engler 和 Kusiak[38]则通过复杂系统建模对不同类型创新主体的目标期望与行为进行了数值模拟，验证了企业在创新生态环境中的演化机制和获利能力。李恒毅和宋娟[39]通过案例研究论证了创新生态系统中组织资源、网络资源、系统资源之间的相互作用和共同演化关系。伍春来等[40]认为产业创新生态系统应同时考虑产业内部不同技术创新生态系统之间的竞争与合作关系。产业生态系统内部组成要素与外部环境之间的信息、物质和能量相互作用为产业创新带来了机会，同时也促进了产业生态系统的自组织演化[41,42]。曾国屏等[43]认为创新生态系统研究还处于初期阶段，必须遵循协同行为是创新生态系统生存和演化的基础。王宏起等[44]的研究表明新能源汽车企业创新生态系统依次遵循"渐进性小生境—开放式产品平台—全面拓展"的演化规律，并在创新驱动力、需求拉动力、政策引导力的综合影响下实现系统演化机制跃迁。

1.1.4 创新绩效与创新政策

创新生态系统的创新绩效取决于生态系统成员间的协同创新活动、创新主体群落的生态位势、成员之间的异质性及相互作用模式的演变，这些均会影响创新生态系统的合作创新绩效方式[45]。此外，新的政策和制度变化可以帮助创新生态系统满足新需求的生长；而且，创新生态系统内各子系统间的交互作用具有动态联动性，通过创新政策激励，加强了创新生态系统创新主体之间的联动效应，从而促进创新绩效[46]。针对初创型企业如何确立竞争与绩效目标，Jneid 和 Saleh[47]对不同参与者所拥有的相关知识开展评估性实验，并验证两个研究假设的有效性和效率的创新性，以提高创新生态系统内初创型企业的创新绩效和竞争优势。此外，Sun 等[48]发现创新风投企业在企业创新生态系统中的催化剂作用，同时提出通过促进资源流动来驱动创新生态系统绩效。我国学者对创新生态系统的绩效及其评价研究主要集中在产业、区域生态理论方面。陈向东和刘志春[49]以我国53家国家科技园区为研究对象，利用生态系统的基本观点和方法，构建含态、流、势三个维度的科技园区创新生态系统评价指标体系，并就科技园区创新生态系统综合水平提出了针对性的建议。万立军等[50]基于生态学理论和可持续发展理论，通过对资源型城市技术创新生态系统内容及特征的分析，构建资源型城市技术创新生态系统评价指标体系。在产业生态系统方面，余琨岳等[51]归纳了新兴产业企业创新生态系统刚性的组成结构，将刚性划分为认知刚性、内部刚性和外部刚性三类；探讨了创新生态系统刚性形成机理。徐建中和王纯旭[52]以产业技术创新系统理论为基础，构建产业技术创新生态系统运行稳定性评价指标体系，采用粒子群算法对电信产业技术创新生态系统运行稳定性进行评价。在以区域形成的创新生态系统中，王凯和邹晓东[53]从区域层面研究如何通过产学知识协同创新促进创新生态系统建设，研究大学知识网络能力、区域制度环境、知识网络嵌入性关系对知识协同创新绩效的影响机制。孙丽文和李跃[54]应用模型分析创新主体间的竞争演化和协同创新演化，在分析演化机理的基础上对京津冀区域的生态位适宜度及进化动量进行了绩效评价。

1.1.5 创新生态系统的治理

目前国内学术界对创新生态系统治理的研究和关注还不多。陈健等[55]梳理了创新生态系统相关理论基础，以治理中心特性为分类标准，归纳了四类创新生态系统的架构与治理重点。顾桂芳等[56]为了使创新生态系统可持续发展并具有持续竞争优势，提出了需要针对企业创新生态环境开展治理研究。吴绍波[57]根据企业组织相互依赖、集体行动"搭便车"等行为，提出了战略性新兴产业创新生态系统的治理机制，包括协商机制、声誉机制、信息披露和平台开放机制及信任机制，通过几种治理机制的综合运用可以达到克服机会主义行为、提高知识共享意愿的治理目标。随后，吴绍波和顾新[58]在结合之前研究成果的基础上，针对外部治理模式建立宏观文化机制、集体制裁机制、声誉机制等；在内部治理模式中建立谈判协商机制、利益分享机制、信息披露与平台开放机制等优化合作租金的配置。吴标兵和林承亮[59]借鉴欧盟与韩国的城市开放创新生态系统，构建了"政府引导-

企业参与-公众驱动"的开放式治理创新模式。

1.2 产业联盟相关研究

国外对技术创新战略联盟的研究起步于20世纪80年代末,进入21世纪后这方面的研究才逐步得到重视。我国对技术创新战略联盟的研究成果出现于20世纪末,但研究的热潮开始于2007年6月在京首批成立的四个产业技术创新战略联盟之后。在国内,蔡兵是最早着手研究技术创新联盟相关问题的学者之一,他认为技术创新联盟是企业以研发新产品、研究新技术为主要目的而结成的一种在产品研发与技术研究上的合作形式。

1.2.1 产业联盟内涵及构成

目前,国内外学者普遍认为产业联盟是整合产业技术创新资源,引导创新要素向企业、高校等创新主体集聚的新型技术创新合作组织,是提高产业技术创新能力[60]、促进产业技术开放式创新[61]、提升产业核心竞争力的重要载体。推动产业联盟的构建和发展[62],对联盟内企业实现优势互补、利益共享、风险共担具有重要作用[63,64]。基于资源角度,Zhao[65]认为产业联盟的形成是两个或两个以上的企业在联盟形成的动力机制、治理结构以及联盟内中小企业之间的关系经过长期的合作安排所做出的改善。Choi 和 Contractor[66]认为企业选择合作伙伴时,组建产业联盟是为了实现资源的相互补充而不是互担风险或者是寻求规模经济,这也是不同经济发展水平国家不同规模的公司组成联盟的原因。另外,Song 等[67]根据产业联盟内部构成形式,将企业技术类别联盟分为五种类型:竞争型联盟、交叉型联盟、短期型联盟、开拓型联盟、适应环境型联盟。根据企业在技术研究开发阶段选择的联盟伙伴的不同,Chan 和 Heide[68]、Simonin[69]将产业联盟分为五种类型:技术联盟、企业合作研发联盟、用户合作研发联盟、竞争对手研发联盟、非企业组织合作研发联盟。

梁嘉骅和王纬[70]认为产业联盟作为产业集群动态演化的新结果与新趋势,不仅实现了某些特定集群效应,而且更有利于促进资源配置和空间要素由分散、混沌向聚集、有序状态发展。胡树华和李荣[71]认为产业联盟通过实现资源共享、优势互补、共担风险等一系列举措减少了恶性竞争目标。王珊珊和王宏起[72]认为产业联盟是以创新型优势企业为主体,联合高校、科研机构或其他机构,以提升产业技术创新能力为目的,以具有法律约束力的契约为保障,建立的技术创新合作组织。张少华[73]从服务业产业联盟的功能入手,他认为解决服务业发展共性问题、搭建服务企业学习平台、促进服务企业和区域创新发展、推动服务企业与政府沟通是产业联盟解决问题的主要手段。宋东林[60]将产业联盟定义为由政府、企业、高校、科研机构、金融机构以及中介机构,以各方的共同利益和企业的发展需求为基础,以提升区域或整个产业技术创新能力为目标,以具有法律约束力的契约为保障,所形成的协同开发、优势互补、风险共担、成果共享的技术创新合作组织。

1.2.2 产业联盟形成动因

国外对于产业联盟形成动因的研究,通常有以下几种观点。

Goerzen 和 Beamish[74]、Qian 等[75]和 Ferrary[76]从交易成本的角度解释产业联盟形成动因。Mitsuhashi 和 Min[77]、Narula 和 Santangelo[78]从社会网络的角度解释产业联盟形成动因。Khoury 等[79]、Oh 等[80]从社会资本的角度解释产业联盟形成动因。此外,Mani 等[81]通过以美国 302 个生物制药公司 1877 项观察结果为研究对象,利用资源可用性和网络关系理论对产业联盟进行了分析。此外,Lee 和 Kim [82]、Tomasello 等[83]基于战略选择、组织学习等视角展开对产业联盟形成动因的研究。Baglieri 等[84]的研究表明,联盟内企业即使有竞争对手存在,合作也是必需的,强调了合作伙伴应当有效地平衡其交互动态,影响价值创造和价值获取过程的交互要求。Yang 等[85]考察联盟对创新能力和二元质量绩效的影响,以及这两种组织能力如何与制造企业的供应链绩效相联系。研究结果表明,有效沟通与稳定的企业关系是影响制造业联盟形成的主要因素。Poulymenakou 和 Prasopoulou[86]从技术与资源角度出发,提出技术联盟需要可持续的平衡性创新,并以企业生命周期为视角对国际公司联盟化管理进行框架设计并做出研究。Gnyawali 和 Park[87]认为企业与大学之间的目标差异阻碍了产业联盟开展富有成效的合作的实现,实际上,在合作中构建共同目标,达到相互理解更有助于面对挑战,实现联盟创新目标。

1.2.3 产业联盟影响因素

蒋樟生和胡珑瑛[88]运用 Cuckoo Hash 博弈模型与动态优化理论,对技术创新战略联盟不同时期的不同状态下的演变规律影响因素进行研究,探讨了联盟成员的知识获取能力对联盟成员选择维持、收购或解散联盟的影响。姜滨滨和匡海波[89]以产业联盟内企业为研究对象,聚焦市场导向型联盟战略的驱动因素,揭示企业如何通过组合优化与价值捕获机制的协同,在技术标准与知识资产运营双重维度上实现战略目标标准与绩效目标提升。李煜华等[90]认为协同创新风险与预期收益、协同创新知识位势是影响战略性新兴产业联盟协同创新的重要因素,并据此提出了相应的协同创新策略。在战略层面,张敬文等[91]认为企业技术资源、文化背景、信息沟通和合作意愿对联盟合作伙伴选择具有显著影响;合作意愿在企业技术资源、文化背景和信息沟通对联盟合作伙伴选择的影响过程中具有中介作用。研究成果对于提升战略性新兴产业创新绩效,保证联盟稳定、有效运行具有重要意义。龙跃等[92]综合考虑知识的经济特征和产业导向的准公共性，基于博弈论探寻与揭示联盟成员知识共享决策机理，揭示影响产业联盟中知识共享的因素。

1.2.4 产业联盟创新绩效

为了保持和提高创新绩效，在考虑不同联盟间重要的相互依赖关系的基础上，联盟组合起到了关键性作用。Aharonson 等[93]在对整体网络合作伙伴状态和合作伙伴的多样性对区域网络密度与创新绩效之间的联系的调节作用进行分析时，考虑了区域网络密度和联盟伙伴多样性具有倒"U"形的性质以及其对企业层面创新绩效的影响。在继承 Aharonson 等[93]观点后，Marhold 等[94]认为产业联盟组合多样性对企业创新绩效的影响往往通过联盟合作伙伴特征和创新绩效的多样性体现，进一步揭示了多样性和创新绩效之间的关系。Vlaisavljevic 等[95]以产业联盟内企业、高校、科研院所等联盟成员的高性能特征为切入点，通过分析社会资本的关系维度和合作伙伴共享知识过程，揭示了联盟合作伙伴多样性和创新绩效之间的关系，证实了社会资本和知识的积极调节效应。此外，Hughes-Morgan 和 Yao[96]以医药产业联盟嵌入式关系为研究对象进行研究，结果表明处于联盟组织网络内最优位置的企业比联盟伙伴占有更高的联盟绩效。

1.2.5 产业联盟利益分配

周青等[97]等通过实证分析揭示不同利益分配方式对产业联盟成员创新绩效的影响程度，在此基础上提出了合理选择联盟利益分配方式、提升联盟创新绩效的相关建议。黄波等[98]考虑研发成功率与研发投入、市场收益与企业投入双边相关对联盟效率运行的影响，研究通过对不同契约的激励效率进行比较分析，选择合适的契约方式，促进产业联盟合作。刘云龙和李世佼[99]通过构建模型对产业联盟创新成员之间利益分配机制进行探究，采取实证研究方法计算创新成员的利益分配系数，并对影响利益分配的因素进行分析。黄波等[100]构建了创新引导基金模式下的协同创新博弈模型，研究了创新投资基金如何通过协同创新利益分配机制及基金投资策略设计，激励企业和创新承包方提高协同创新投入，提升协同创新投资规模和绩效；得出引导基金模式下协同创新最优分配机制和基金投资策略。戚湧和魏继鑫[101]基于合作博弈方法，构建了改进的 Shapley 值科技资源共享模型，分析了各共享主体的所得利益。刘勇等[102]考虑到产学研协同创新价值链的整体利润和利益主体的利润受到利益主体的努力程度与合作程度双重因素影响，利用博弈论、冲突经济学的思想和方法，构建了基于双重努力的产学研协同创新价值链利润分配模型，并利用优化模型求解不协调和协调情况下的最优努力程度与最优合作程度，结果表明，调整产学研利益主体的努力程度和合作程度，能够实现协同创新整体利润最大化。

1.3 协同创新相关研究

国内外学者对协同创新的研究主要集中在影响因素、机制研究、绩效研究等方面。

1.3.1 协同创新影响因素

首次系统提出协同理论的是赫尔曼·哈肯（Hermann Haken），在其 *Synergetics: An Introduction* 著作中，他认为协同是指在复杂系统内各子系统的协同行为产生超越各要素单独作用而形成整体系统的联合作用[103]。此后，Johnsen 和 Ford[104]在基于哈肯的观点上认为协同创新是不同组织的知识与技术整合的结果，组织间的关系影响创新的互动和互补效应。根据协同创新的影响因素，协同创新通常受到协同机制的影响，协同机制包括伙伴选择机制、运行机制、激励机制等。此外，协同双方的信任机制、承诺和互利机制也会影响企业的协作创新过程[105,106]。多位学者通过分析研究，提出诸多完善协同学发展的理论，这在一定程度上丰富了协同创新的理论研究成果。但受制于客观条件，此阶段协同创新的研究仍以基础理论或研究范式为主。Serrano 和 Fischer[107]指出，协同创新涉及知识、资源、行为、绩效的全面整合。Yang 和 Zhang[108]通过构建高校、企业、科研机构协同创新系统，对影响三者之间协同创新关系的稳定性因素进行了分析。Persaud[109]界定了协同创新测度的三个维度：知识管理协同、战略研发协同以及创新程度协同。他研究了企业外部合作伙伴如高等院校、科研机构、中介机构以及政府等主体之间的协作程度。随后，Dobni[110]通过对企业战略要素和创新要素协同的研究认为这两者的协同是实现价值创造的关键，可以解决创新过程中遇到的资源缺乏、市场信息缺乏、企业文化不合适等问题。相比一般合作创新模式，协同创新更加强调"协同"的效果，企业与政府、知识生产机构、中介等不同合作伙伴为实现重大科技创新而展开协同整合的创新模式，通过知识创造主体和技术创新主体间的深入合作与资源整合，产生系统叠加的非线性效用[111,112]。因此，协同创新是以增强协同创新能力为核心，通过系统内成员的密切合作与众多创新要素的协同作用，完成创新生态系统内技术或产品从创新产生至技术扩散的整个过程[113]。由此可见，协同创新的本质是通过构建各种创新平台打破学科阻隔、体系壁垒，促进人才、资本、信息等要素有效配置及充分共享，通过加强各个创新主体之间的多元协同，最大程度地实现全面创新[114]。

1.3.2 协同创新机制研究

国内外对于协同创新机制研究大多集中于协同主体内要素配置及资源如何流

动、创新主体之间利益如何分配，以及保障机制是否完善等方面。Wubben 等[115]、Gronum 等[116]、Suzuki[117]、Fang 等[118]针对协同创新过程中利益分配机制研究协同创新，并解释了研发合作如何影响流程创新[119]。Tyl 等[120]以保障机制对协同创新展开研究。

Wang 和 Sun[121]创建了概率密度函数作为模拟实验的最重要约束和支持条件，以"动态特征图""网络演化"为视角研究基于复杂网络理论的协同创新演变机制。Knoke 等[122]对虚拟企业开放式协同创新进行深入研究，得出不同商业环境下保障机制的运行情况。Hooge 和 Le Du[123]基于组织协同机制理论，对雷诺公司开展纵向研究，结果表明在新工业生态系统中协同创新合作机制比公开创新更具优势。雷永和徐飞[124]认为企业规模质量对产学研协同创新具有中介作用，继而会对产学研协同创新的构成产生影响。白鸥和魏江[125]从创新主体之间的协同关系、区域间的空间关联关系两个维度构建区域协同创新机制。解学梅和曾赛星[126]将产业集群创新系统分为创新主体子系统、创新支撑子系统以及创新环境子系统，对三个子系统之间持续创新模式以及协同创新机制进行研究。在协同创新的运行机制的评价方面，解学梅[127]进一步研究认为，应当强调维度间的协同互动和维度内的耦合关联，从创新主体协同、资源要素协同、协同方式和空间协同四个维度来研究。林润辉等[128]将创新网络看作系统性创新的一种制度安排，并认为网络构架的主要联结机制是企业间基于创新的合作关系，通过节点互动建立创新网络。蔡启明和赵建[129]针对协同创新联盟建立过程的主导性、判断性、博弈性，构建协同创新建立机制，系统化构建协同创新运行机制和风险监控机制。张贵和温科[130]运用 2002～2014 年京津冀、长三角、珠三角三大区域省际或各地市数据，度量协同创新度和创新绩效，构建了协同创新对创新绩效的影响模型，同时对空间计量技术关于区域一体化与创新绩效的关系进行分析。

1.3.3 协同创新绩效研究

Whittington 等[131]始终致力于对创新绩效定性与定量结合的分析视角，努力拓展将各种相关影响因素纳入创新绩效评价体系，从而形成对创新绩效尽可能全面的分析与评价。Davis 和 Eisenhardt[132]在研究中指出，高绩效协同创新能够解决创新跨越边界的重组问题，能融入组织的核心部分，使得组织战略目标、组织管理、组织文化三者紧密结合。国外的很多学者也非常关注影响产业联盟协同创新绩效的因素。例如，Nix 和 Zacharia[133]研究发现产业联盟主体之间嵌入在复杂网络中以交换产品、争夺顾客和依靠自身不断创新的主导权行为影响自身创新绩效。相反地，当企业越来越多地依靠协同创新和知识交流部署时，其自身也必将缺乏战略资源与能力，从而影响创新主体的创新绩效。Harrington 等[134]构建了跨边界学习网络，并对信任机制与协同创新绩效之间的关系进行了实证研究，结果证明了企业层面的协同创新能力在中小型企业发展中所起的关键作用。Adams 等[135]依据资源优势理论，通过实证研究表明企业间的合作和一体化相互作用形成的高阶资源共同影响企业绩效的结果。

侯光文和薛惠锋[136]通过分析产业集群网络关系显著地正向影响协同创新绩效，证明知识获取在网络关系各维度对协同创新绩效的中介作用。谢文东和屠建飞[137]研究了中小企业的协同创新模型，基于协作创新网络、企业间联系、协作创新伙伴分析中小企业协同创新的模型结构与功能。吕静等[138]基于技术、资金和规模等方面的要求提出了改进的中小企业协同创新模型，并分析了政府行为对中小企业协同创新的影响。白俊红和蒋伏心[139]以区域创新要素动态流动视角构建空间权重矩阵，通过建立协同创新指标体系，实证分析协同创新与空间关联对区域创新绩效的影响。孙新波等[140]认为知识协同创新受多种因素的综合影响，提出了知识联盟协同创新影响因素的概念模型并进行实证分析。李林等[141]通过构建科技协同创新绩效评价指标体系，利用二元语义模型，对某经济试验区采取指标筛选和结构优化方法实证研究区域科技协同创新有效性。张敬文等[142]以组织间知识共享视角，结合战略性新兴产业知识属性和技术创新特征，构建了战略性新兴产业协同创新绩效的分析模型，并运用偏最小二乘结构方程模型，对选取的战略性新兴产业企业的有效样本问卷进行分析。

1.4　国内外研究评述

通过对国内外文献的梳理与分析，发现创新生态系统产业联盟协同创新的研究进展主要集中在以下四个方面。

（1）国内外学者对于创新生态系统、产业联盟、协同创新等主题的内涵理论、结构、特征、机理、机制等方面进行了广泛理论探讨和深入研究分析。

（2）国外学者对于创新生态系统、产业联盟的研究视角多变，大多采用丰富的案例研究方法对创新主体协同创新过程、协同演化机理予以分析与阐述。国内学者对于创新生态系统产业联盟协同创新的研究主要在概念形成阶段借鉴国外的研究成果，在概念类比的基础上进行探索式创新。

（3）国内外学者意识到对于生态化的类比概念（如物种、种群、群落等）无法完全解释创新生态系统的协同创新机制设计问题。因此，将创新网络、复杂系统的相关知识纳入到研究范围内，采用多种不同的网络视角、自组织演化视角与方法对创新生态系统协同创新问题进行研究。

（4）在进行相关理论研究与模型构建时，借助计算机编程的仿真方法对产业联盟协同创新机制的动态过程反复实验并进行延展性探索，获得了部分较具价值的结论，为创新生态系统产业联盟协同创新研究提供了新视角。

1.5 研究前沿与发展趋势

1.5.1 研究前沿

基于创新生态系统下的产业联盟协同创新前沿问题主要集中在价值共创、数字化转型以及如何构建数字经济产业联盟，产业联盟创新主体如何在创新生态系统下进行广泛的知识交流、价值创造与价值获取协同。

构建数字经济产业联盟作为产业联盟发展的前沿问题，能够利用国家数字经济和产业政策，更好地为各市场主体提供服务，搭建企业信息技术和产品交流平台，传播优秀企业发展理念，弘扬企业家精神，为数字经济全球化背景下的各市场经营主体营造良好的生态环境，搭建数字技术及技术标准化联盟。建立数字经济产业联盟：一是围绕产业数字化、数字产业化开展；二是从新兴数字经济创新联盟开始落实方案到探索式创新；三是与平台项目的对接、逐一落实，共抓住发展机遇，全方位推动数字技术、项目市场化，促进联盟与创新主体互为市场，组团进军国内、国际市场。构建数字经济产业联盟，全方位推动数字技术、项目市场化，促进联盟成员单位共同推动"数字中国"建设和世界经济全面数字化转型，逐步把联盟建设成为一个由发展数字经济并致力于战略创新的各社会行为主体和市场主体自愿加入的开放共享、互联互通、创新超越、融合发展于一体的具有权威性、规模大、层次高、影响力广的全球性协议约定联合体组织。

1.5.2 发展趋势

在梳理现有文献和研究的基础上，总结发展趋势主要集中在以下几个方面。

（1）国内外学者对产业联盟协同创新的研究多集中于产业联盟协同创新形成原因、结构特征以及功能等方面，对于创新生态系统视角下的产业联盟协同创新内涵、结构测度、内部作用机理及机制设计鲜有研究。特别是当前理论界对创新生态系统背景下产业联盟协同创新的界定尚未形成统一观点，对创新生态系统下产业联盟协同创新的主体特征、测度与规范分析尚处于起步阶段，针对产业联盟协同创新作用机理机制研究多是现象描述与经验总结，缺乏结合创新生态系统视角和管理学等相关理论进行深入系统的研究与进一步探索发展。

（2）已有关于创新生态系统的研究大多强调创新系统的结构，或者从地区、国家创新生态系统等线性角度进行研究，对于产业联盟自身运作过程的动态性鲜有涉及，关于创新生态系统背景下的产业联盟创新主体之间技术相互作用确定协同创新模式，以及参与者利用竞争、合作、研发等方式是如何进行创新生态系统下联盟价值创造与价值获取协同演进的研究较少。

（3）针对基于创新生态系统下的产业联盟协同创新机制研究相对较少，国内外研究成果多集中于协同创新的某一个机制进行研究，对于产业联盟协同创新机制的顶层设计研究鲜有涉及，且尚未形成统一研究框架。在创新生态系统背景下，针对产业联盟协同创新的相关机理机制研究仍旧处于探索阶段，缺乏整体性研究工作。

1.6 本章小结

本章首先分析了创新生态系统的内涵、特征及演化规律；其次，对产业联盟内涵及构成、形成动因与影响因素、创新绩效与利益分配作了详细阐述；再次，对协同创新的影响因素、机制及绩效进行了理论追溯；最后，对国内外研究现状进行评述并总结研究前沿和发展趋势。

第2章 相关理论基础

2.1 创新生态系统理论

2.1.1 演化经济学视角

演化经济学非常强调对变化的研究，尤其强调创意及新奇创新和创新模仿在经济演化过程中的作用。许多学者从演化的角度对技术发展进行了分析，认为技术与发展总是共生的，单一技术的发展离不开技术生态系统，技术生态系统在演化过程中也受到技术生境的引导和调节。在组织研究领域，学者描述了组织种群进化过程中的变种、选择和保留三个阶段，用组织生态位界定了组织与环境的物质交换特征。演化经济学强调基于"有限理性"假设的共演关系。其动态性特征为研究创新生态系统的建立、发展及主体与环境之间的演进机理提供了参考，演化博弈模型等方法可用于研究不同生态位企业在演化过程中的关系；而复杂行为人、心智重要和满意假设等基本假定否定了完全理性与最大化假设，强调了人和组织的行为及情境因素的重要作用，从而将组织自身生存和发展的权利依附于利益相关者群体的整体利益。

2.1.2 创新网络视角

创新生态系统本质上属于网络构念，是一种独特组织形式。因此，基于网络的结构、动态性、治理、绩效等研究问题和研究方法有助于更好地理解创新生态系统中的类似问题。创新网络突出强调创新生态系统中种群成员所嵌入社会网络的作用关系和结构因素，并从种群内部的创新主体视角探究其在创新生态系统中的运行条件与竞合关系。创新网络视角下对创新生态系统的研究主要集中于理解创新主体如何占据有利的网络结构位置以实现对网络变化的认知，基于技术扩散视角，分析新兴产业发展特性，引入技术创新能力与技术领域相似性属性，剖析新兴产业创新网络的形成过程及演化机理。网络管理流派强调对创新生态系统或商业网络进行协调与管理的组织能力和策略方法，包括平衡竞争与合作的挑战，跨组织关系管理中的领导、决策和组织，核心企业对网络活动及网络参与者的影响和控制等。有学者研究了如何运用网络管理能力影响新商业领域的诞生，以及通过研究协同创新活动、技术标准化及团体企业之间创新能力差距，为创新生态系统的发起和形成提供了思路。此外,价值网络研究主要集中在阐述创新生态系统背景下价值创造与获取的协同演进机理与路径,以及价值创造与分配的理论逻辑联系。例如,强调网络外部性、网络主体之间的合作,以及基于技术创新能力的价值共创。还有学者利用网络结构方法,通过对创新主体之间关系特点的描述,探究开放式和封闭式网络闭合、专业化和多样化知识基础、结构洞生成与填充、体验式与替代式学习的多维悖论是技术创新网络惯例复制困境的根源性诱因。

2.1.3 创新系统视角

早期研究强调以集聚系数较高和特征路径长度较短的小世界网络特征来描述区域技术创新系统。借鉴生态学的特征、机制和原理等,以研究、开发和应用三大群落为核心的创新系统研究,拓展了创新网络、知识转化与溢出、协同创新和开放式创新等方面的研究范围与生态化的解释。除了简单的线性分析方法,许多学者从更加系统、综合的角度理解创新,认为企业创新并非孤立的行为,而是与其他组织合作并相互依赖,在一个给定的制度背景下以系统嵌入的方式参与互动学习。将企业家、公司和资本等基本要素以及国家对于劳动力市场、要素市场、教育和其他政策的规制引入国家创新系统框架,强调基于产学研合作的三螺旋,赋予了创新系统理论以新的内涵。它更强调系统组织的结构-功能-过程与环境的动态关联和共同演化,可被理解为处于成长和进化阶段的创新系统研究;更加重视用户的作用,并进一步扩展为企业、大学及研究机构、政府和用户构成的四螺旋;更重视创新被嵌入市场的过程和市场机制的作用,以及文化因素在维持系统的执行结构和秩序一致性中的重要性。同时,系统科学中的复杂适应系统和模拟仿真等方法的应用也为研究创新生态系统自组织演化的具体过程与动力机制提供了微观视角。

2.1.4 竞争战略视角

越来越多的研究表明,创新生态系统已成为企业在快速变化的市场环境中获得竞争优势的重要来源。与产业结构理论和资源基础理论的核心思想不同,创新生态视角下竞争战略分析更注重对外部效应的把握和跨组织功能互补,更强调多个不同利益相关者之间的竞合关系,通过建立战略联盟、平台组织、虚拟企业等实现利益共享和风险共担,是一种可以实现共赢的非零和博弈。基于生态的开放式创新战略强调通过外部技术并购和技术开发、技术交易等途径,整合组织内外部研发资源,以便更快速有效地进行产品研发和商业化推广。在这一框架下,主体之间的关系成为基本的分析单元,企业关键资产可能超越内部边界,嵌入企业之间的资源和路径中,这种跨组织的关系和竞争优势可通过关系专用性资产、知识共享路径、互补性资源或能力及有效治理等途径获得。生态概念也丰富了动态能力内涵,不仅包括满足不断变化的顾客需求和技术机会所需的难以复制的能力,还包括通过创新制定游戏规则以及围绕共享技术平台与生态系统的成员实现共同进化和复杂互动。该框架突破生态位占据思维,主张快速识别并抓住机会进而实现组织重构。

2.2 协同学理论

2.2.1 协同学理论构成

协同论主要研究远离平衡态的开放系统在与外界有物质或能量交换的情况下,如何通过自身内部协同作用,自发地产生时间、空间和功能上的有序结构。**协同论**以现代科学最新成果——系统论、信息论、控制论、突变论等为基础,吸取结构耗散理论大量营养,采用统计学和动力学相结合的方法,提出多维相空间理论,建立了一整套的数学模型和处理方案,在微观到宏观的过渡上,描述了各种系统和现象中从无序到有序转变的共同规律。

协同学理论是研究不同事物共同特征及其协同机理的新兴学科,是近十几年来获得发展并被广泛应用的综合性学科。它着重探讨各种系统从无序变为有序时的相似性。协同论的创始人哈肯将此学科称为"协同学",一方面是由于所研究的对象是许多子系统的联合作用,以实现宏观尺度上的整体结构和功能;另一方面,它又是由许多不同的学科进行合作,来发现自组织系统的一般原理。哈肯在阐述协同论时讲到,这好像在大山脚下从不同的两边挖一条隧道,这个大山至今把不同的学科分隔开,尤其是把"软"科学和"硬"科学分隔开。

客观世界存在着各种各样的系统,社会的或自然界的,有生命或无生命的,宏观的或微观的系统等,这些看起来完全不同的系统,却都具有深刻的相似性。协同论则是在研究事物从旧结构转变为新结构的机理的共同规律上形成和发展的,它的主要特点是通过类比从无序到有序的现象建立一整套数学模型和处理方案,并推广到广泛的领域。基于两个核心原理:其一,子系统的合作受相同原理支配;其二,这样支配与子系统的具体特性无关。在跨学科领域中,通过考察不同系统之间的类似性,可以探求其规律。

2.2.2 协同学效应

1. 协同效应

协同效应是指由于协同作用而产生的结果,是指复杂开放系统中大量子系统相互作用而产生的整体效应或集体效应。对千差万别的自然系统或社会系统而言,均存在着协同作用。协同作用是系统有序结构形成的内驱力。任何复杂系统,当在外来能量的作用下或物质的聚集态达到某种临界值时,子系统之间就会产生协同作用。这种协同作用能使系统在临界点发生质变产生协同效应,使系统从无序变为有序,从混沌中产生某种稳定结构。协同效应说明了系统自组织现象的观点。

2. 伺服原理

伺服原理用一句话来概括,即快变量服从慢变量,序参量支配子系统行为。它从系统内部稳定因素和不稳定因素间的相互作用方面描述了系统的自组织的过程。其实质在于规定了临界点上系统的简化原则:"快速衰减组态被迫跟随于缓慢增长的组态",即系统在接近不稳定点或临界点时,系统的动力学和突现结构通常由少数几个集体变量即序参量决定,而系统其他变量的行为则由这些序参量支配或规定,正如协同学的创始人哈肯所说,序参量以"雪崩"之势席卷整个系统,掌握全局,主宰系统演化的整个过程。

3. 自组织原理

自组织是相对于他组织而言的。他组织是指组织指令和组织能力来自系统外部,而自组织则指系统没有外部指令,其内部子系统之间能够按照某种规则自动形成一定结构或功能,具有内在性和自生性特点。自组织原理解释了在一定的外部能量流、信息流和物质流输入的条件下,系统会通过大量子系统之间协同作用而形成新的时间、空间或功能有序结构。

2.2.3 协同学理论相关原理

1. 支配原理

支配原理也称为伺服原理,支配原理在协同学理论中占据着核心作用的地位,其中序参量支配着整个系统。支配原理认为:系统内部的各个子系统、变量及因数等对整体系统的影响是有所差异,不均衡的。不仅如此,不同时刻、不同阶段产生的影响效果也不尽相同。当处于平衡态时,不表现出差异与不均衡性;当远离平衡态时,有所表现;而逼近临界值时,差异性和不平衡性就完全显现出来,序参量主宰系统演化过程,并支配着快参量的行为。哈肯教授从序参量和支配的角度,在化学、物理学及生物学等学科上进行了大量研究,总结出以下规律:新的结构形成过程是按照一种确定的方向进行,即将原先无序结构的子系统引领到已有的有序状态中来,且整个过程受到序参量的支配作用。序参量支配并调控所有微观子系统的行为与发展趋势,也支配和规范整个宏观系统有序的结构变化。

2. 协同效应原理

协同效应原理是指在各子系统的协同作用下，促进整个系统结构的有序发展。而复杂系统自身所具备的自组织能力是产生该有序结构所需的内部作用力的来源。"协同产生有序"是协同效应原理的高度概括。协同学理论认为：处于远离平衡状态的开放系统，当其物质和能量聚集到一定程度而达到了系统的临界值时，系统内部各个子系统能够发生非线性的相互关联作用，自组织地协同所有成员的规则运动，从而产生了稳定而有序的结构。由此可见，整体系统的联系是子系统间联系、作用及协同的产物；子系统间的协同与竞争作用是系统发展、运动的动力；协同是产生自组织的理论依据。

3. 自组织原理

通常地，只有在外界提供相应的物质流、信息流和能量流的情况下，系统才能够从一种无序状态转变为一种有序状态，或由一种有序状态进入另一种新的有序状态。外界输入是实现状态改变的外部条件，而自组织则是一种没有外界的特定干预，其系统内部组织间按照某种规律，自发形成并推动系统产生新的功能及有序结构。依据自组织原理的内在含义，我们可以认定系统内部自身矛盾的运动，是促使开放、复杂的系统内部的各子系统自动、自发地形成协同效应的结果。研究表明：增强系统的开放性程度有助于提高各子系统之间协同合作的自主性和自动性能力，也就提高了自组织性能力。

4. 广义演化原理

协同学理论认为复杂系统内部的各个子系统通过相互协同、竞争及转化等作用产生序参量，通过序参量间的竞争又产生自组织，系统通过自组织作用逐渐从无序进化为有序过程，不论是在无机界还是有机界，该进化论都是适用的，具有一定的普遍性，因此协同学理论中的进化论是广义的。

2.3 模块化理论

2.3.1 模块化形成的背景

"模块"是指"半自律性的子系统，通过和其他同样的子系统按照一定的规则相互联系而构成的更加复杂的系统或过程"。把复杂的系统分拆成不同模块，并使模块之间通过标准化接口进行信息沟通的动态整合过程就叫作模块化。模块化有狭义和广义之分，狭义模块化是指产品生产和工艺设计的模块化，而广义模块化是指把一个系统（包括产品、生产组织和过程等）进行模块分解与模块集中的动态整合过程。最早有关模块化的论述可以上溯到亚当·斯密，模块化最原始的形式就是分工，将这种企业层面的分工构想扩展到产业组织领域，就是产业组织模块化的最简单理解。

"模块"可定义为可组成系统的、具有某种确定独立功能的半自律性的子系统，可以通过标准化的界面结构与其他功能的半自律性子系统，按照一定的规则相互联系而构成更加复杂的系统。模块化生产在工业经济时代最先是作为一种工艺设计方法被运用到钟表、汽车制造等行业。最早对模块化进行研究的是西蒙，他提出了模块的"可分解性"，阐明了模块化对于管理复杂系统的重要性。由于工业经济时代人们的生活还在由数量消费到质量消费转型的阶段，产业是以福特制为基本的组织形态，所以模块化在当时只是作为一种工业设计的方法，并没有被完全运用到产业组织理论中。

从 20 世纪 90 年代开始，人类开始进入信息经济与全球化时代，企业面对的是全球化的竞争和技术的飞速发展，人们的消费需求由质量消费向个性化消费过渡。在此背景下，柔性生产、虚拟组织等后福特制（post-Fordism）生产组织形式开始出现，产业也由纵向分工向横向分工转变。一些经济学家发现，模块化的生产组织形式在这一扁平化与柔性化趋势中起着举足轻重的作用，对模块化的研究也由工艺设计向组织设计转变。模块化是新经济条件下产业结构的本质。

20 世纪 90 年代，日本经历了低迷的经济增长，日本的理论界和企业界都在反思自己的产业发展模式。很多日本学者开始关注模块化这一概念。于是，模块化理论在日本作为分析信息产业革命和产业组织结构的工具，取得了很大的进展。结合复杂系统定义，学者普遍认为系统通过"自然生成"的层级关系嵌套于高阶平台中而构成平台组织，具有模块化架构的深度、广度和多样性特征，是一种"超模块化"的复杂自适应系统。这一研究强调依据模块化思维分割任务及组织架构，使边缘子系统的各单元在其模块边界上处于与平台核心单元"稀疏交叉"的相连关系，从而以松散耦合的状态应对和管理系统。与模块化创新相比，模块化架构创新更具系统性，因为它们改变了子系统的配置方式。通过模块化架构思维的"规则"允许（或禁止）技术在各种配置中进行混合与匹配，使技术组件能够以某种方式连接、交互或交换资源。模块之间决策的独立性、模块对组件层次的依赖性，使得企业创新生态系统价值创造与获取协同耦合更具"架构优势"，增强价值链不活跃部分的互补性和移动性实现架构优势，而不再仅仅通过价值链上的垂直整合实现资源集成。

2.3.2 模块化理论的发展

模块化理论弥补了传统主流产业组织理论的不足之处。

其一，理论基础方面。由于传统主流经济学深受经典物理学的影响，所以其理论范式有时间可逆、机械决定论等特征。模块化理论虽然也运用主流经济学的某些理论作为分析工具，但它同时具有系统经济学、演化经济学与新制度经济学的某些特征。因为模块化理论视模块化组织为一个系统，把新的产业组织形态的变化看作企业为适应环境变化不断做出调整的一个动态演化的过程，注重企业与产业组织内部制度安排对经济系统效率影响的分析。

其二，研究对象与方法。以往的产业组织理论在涉及规制与垄断问题时多注重企业行为的分析，而且不能很好地解释信息经济条件下扁平化产业结构的出现和可竞争性垄断结构的形成。而模块化理论比以往的产业组织理论更关注技术进步对产业结构变迁的作用，更注重产业、企业组织结构与信息分布对组织效率影响的分析；其博弈论分析理念也由非合作博弈向合作博弈转变。模块化理论对产业横向一体化和产业融合等经济现象做出了较为合理的解释。

总的来说，模块化理论与以往的产业组织理论有所不同，但仍可把模块化理论看作对原有产业组织理论的补充与发展。因为模块化理论尚处于发展阶段，比如，现有模块化理论的某些概念还有待进一步厘清，有说服力的数学模型与实证研究较少等。但其思维方式、研究方法及一些基本的结论很有借鉴价值。模块化的产业组织形式之所以能在信息经济条件下取得成功，一方面是因为共享信息扩大了网络的外部性，另一方面是因为个别信息与"背靠背"竞争加速了产业创新与演化的进程。

2.4 价值共创理论

2.4.1 基于消费者体验的价值共创理论

众多学者从企业竞争视角揭示了新环境下由企业与消费者角色转变导致的企业经营理念与经营模式的转变，并且认为企业与消费者共同创造价值是企业构建新的战略资本和塑造新的核心能力的全新战略取向。这些有关价值共创的基本观点可概括为两点：一是共同创造消费体验是消费者与企业共创价值的核心；二是价值网络成员间的互动是价值共创的基本实现方式。

通过研究企业与消费者共同创造价值的案例发现，共创价值本质上是共同创造消费者的体验价值。消费体验是一个连续过程，而价值共创贯穿于整个消费体验过程，因此，消费者体验价值的形成过程也是消费者与企业共同创造价值的过程。消费者是与企业共同创造体验价值的核心和决定因素，因此，企业应该把自己的战略重点从提供产品和服务转向为消费者营造新的体验环境。企业不是向消费者销售体验，而是提供可供利用的体验情境，让消费者自己创造对他们来说具有独特意义的体验。

一些学者提出了"互动是企业与消费者共同创造价值的重要方式,共创价值形成于消费者与价值网络各节点企业之间的异质性互动"的观点。企业与消费者的互动不仅能够帮助企业获取关于消费者及其偏好的深层次信息,而且还能帮助消费者在服务提供者的支持下完成价值创造过程。互动以多种形式存在于价值创造或体验形成的各个环节,既包括企业与消费者之间的互动、消费者之间的互动,也包括企业与价值网络其他成员企业为消费者营造体验情境而进行的互动。可见,共同创造价值的互动也是价值网络内部的互动。在价值共创的过程中,企业会把自己的注意力从内部的生产流程设计和产品质量管理转向消费者与企业之间互动的质量和为消费者营造能够产生独特体验的创新性互动环境。价值共创就是企业与消费者合作创造价值,它既不是生产者取悦消费者的手段,也不是消费者通过参与为生产者创造价值,而是生产者和消费者作为对等的主体共同为彼此创造价值的过程,两者在价值共创过程中通过持续的对话和互动共同建构个性化的服务体验、共同确定和解决需要解决的问题。价值共创贯穿于企业与消费者互动和消费体验形成的整个过程。

2.4.2 基于服务主导逻辑的价值共创理论

2004年,Vargo和Lusch[143]提出了著名的"服务主导逻辑",对经济基础和价值创造等问题发表了新的见解。服务主导逻辑一经提出,便在营销学界和管理学界引起了热烈的反响,此时"服务"的内涵已经不再是传统意义上生产者为满足消费者需求而采取的行动或提供物,Vargo和Lusch[143]将服务重新定义为:实体为了自身或其他实体的利益,通过行动、过程和行为表现等使用专业化能力(知识和技能)的过程。在他们看来,所有的经济交换,就其实质而言,都是"服务对服务"的经济交换,而所有的经济都是服务经济。在服务主导逻辑下,服务成为交换的普遍形式,而不是特定形式,价值共创正是建立在服务普遍性的基础上的。从市场的宏观层面看,产品的主导地位被服务所替代,市场主体间通过互相服务为自己和对方创造利益,整个经济的基础就是行为主体以服务为中介相互创造价值。因此,产品被认为是提供服务的分销机制,而不是价值创造和交换的首要因素;而从生产者与消费者的微观层面看,"产品是生产过程的产物,而服务或服务行为是生产者与消费者互动的产物",服务为生产者和消费者提供互动平台。如果说"消费产品"导致消费者和生产者成为两个相对封闭的系统,那么,"消费服务",或者说"消费嵌入在服务过程中的产品",则会促使生产者和消费者成为两个逐步开放与相互融合的子系统。在这个由服务构建的开放系统中,生产者可以通过与消费者的互动正面影响消费者,引导其与自身共同创造价值。

"消费者是价值的共同创造者"是服务主导逻辑的另一核心观点[144],服务主导逻辑强调操纵性资源在价值创造过程中发挥的决定性作用，认为"操纵性资源是竞争优势的根本来源"。操纵性资源是作用于对象性资源的资源，即产生效果的资源。具体而言，知识、技能、经验等无形资源都属于操纵性资源。根据服务主导逻辑，消费者是操纵性资源的拥有者，他们把自己的知识、技能、经验等投入价值创造过程，这是价值共创的一个重要前提。

在服务主导逻辑下共同创造的价值并不是"交换价值"，而是消费者在消费过程中实现的"使用价值"（value-in-use）。使用价值是消费者在使用产品和消费服务的过程中通过与生产者的互动共同创造的价值。在价值共创系统中，消费者作为资源整合者，通过整合利用各方资源来共创价值，价值随着消费者的消费和互动活动而持续动态形成，因此，价值总是由服务受益人独特地用现象学方法决定的。对于消费者来说，价值形成是与消费情境和消费需求相关的个性化创造过程；同时，生产者努力使自己置身于消费者的使用情境，为消费者共同创造价值提供便利和帮助，并与消费者合作、交互性地创造价值。可见，在服务主导逻辑下，价值的共同创造过程发生在消费者使用、消费产品或服务之时，共创价值是生产者通过提供产品或（和）服务与消费者通过消费产品或（和）服务共同创造的价值的总和。

2.4.3 两种价值共创理论比较

对以上两种价值共创理论进行比较，不难发现两者之间所存在的差异，如表2-1所示。具体而言，主要体现在研究视角和价值共创内涵两个方面。首先，研究视角不同。Prahalad 和 Ramaswamy[144]基于价值共创理论，对价值创造和获取做出分类及过程描述，并对价值角色与消费者角色做出合理诠释，包括利益相关者价值如何实现以及价值获取的权衡问题。Vargo 和 Lusch[143]是基于经济发展与演化模式的宏观视角提出了他们的价值共创理论，服务主导逻辑是一种经济模式，生产者与消费者共同创造价值只是这种经济模式的具体表征，反映了在"一切经济都是服务经济"的条件下生产者与消费者在价值创造过程中的关系变化；而Prahalad 和 Ramaswamy[144]则是立足于企业经营和战略设计的微观基础提出了他们的价值共创理论，从企业战略管理和竞争的视角去探讨价值共创问题，对于企业根据新的价值创造方式调整自己的经营战略具有重要的现实指导意义。其次，价值共创内涵不同。Prahalad 和 Ramaswamy[144]侧重于从消费者体验的角度来考量共创价值，认为价值镶嵌在消费者个性化的体验中，价值共创是企业与消费者通过互动共同创造消费者个性化体验的过程。共创个性化体验作为一个连续过程，可以出现在产品开发、设计、生产、消费和售后服务等任何价值形成阶段，从价值生成的范围看，具有较广泛的内涵。Vargo 和 Lusch[143]提出的"服务主导逻辑"下的价值共创特指使用价值共创，只针对价值生成的特定阶段——使用和消费阶段,并不包括价值生成的其他阶段,尽管这些阶段也存在合作的价值创造行为。

表 2-1 两种价值共创理论比较

比较维度	Prahalad 和 Ramaswamy[144]	Vargo 和 Lusch[143]
价值共创理论视角	企业战略管理和竞争	经济发展与演化
价值观点	共创价值与体验相关,可产生于价值形成的任何阶段	共创价值产生于消费者的使用和消费过程
价值创造过程	消费者与企业通过持续对话和互动创造价值	生产者通过市场提供物提出价值主张,消费者通过使用和消费继续创造价值
价值创造者	生产者、消费者、合作企业	生产者、消费者、合作者网络
价值基础	共同创造体验	使用价值或情境价值
价值角色	提供体验和互动情境,促使消费者参与价值共创	提出价值主张,提供服务,共创价值
消费者角色	价值共创者、共同创造体验的主角、积极参与者	价值的共同创造者
价值实现	关注价值共创各方的价值实现	包括生产者、消费者及合作者在内的价值共创系统的价值实现
企业关注的焦点	关注与消费者的互动质量、消费者的体验情境和体验网络创新	提出价值主张,为消费者实现价值共创提供支持

2.5 本章小结

本章详细介绍了书中涉及的主要理论,首先,基于演化经济学视角、创新网络视角等阐述创新生态系统理论;其次,根据协同学理论构成及协同学效应,系统阐述了该理论的核心框架;再次,根据模块化形成的背景,进一步揭示模块化理论构成的不同方面;最后,对消费者体验和服务主导逻辑作比较,详细介绍了价值共创理论。

第3章 创新生态系统视角下产业联盟协同创新机理

本章首先对创新生态系统、产业联盟、协同创新等相关概念进行内涵界定与理论解析，其次分析创新生态系统视角下产业联盟协同创新演化动力及过程，最后构建演化博弈模型，揭示产业联盟协同创新演化规律。

3.1 产业联盟协同创新的内涵与特征

3.1.1 基于创新生态系统的产业联盟协同创新界定

基于创新生态系统的产业联盟是指由企业、高等院校与科研机构、政府与中介机构、金融机构等组成的以企业的发展需求和各方的共同利益为基础，以提升产业技术创新能力为目标，以具有法律约束力的契约保障各方共同利益为基础，形成联合开发、成果共享、风险共担的技术创新合作组织。

1. 基于创新生态系统的产业联盟构成要素

（1）企业。企业作为创新生态系统的主要创新种群，同时也是产业联盟的主要参与者，是创新生态系统背景下产业联盟的核心力量。产学研协同创新获取知识与技术等资源，从而保持持续的创新能力[145]。在创新生态系统视角下，产业联盟是以焦点企业为核心，以焦点企业辐射供应商、投资商、分包商、研究机构、分销商、中间客户、最终客户、竞争者以及监管机构，从而构成一个自组织动态演化的资源交互体系，实现创新生态系统与组织环境的资源互动[146]。企业彼此之间进行知识交流与接收，形成知识优势互补，缩短产品开发周期、分散技术开发和市场风险，通过信息交互与知识学习提升企业各自的竞争力。在创新生态系统视角下，企业不但在技术研究与开发上具有共性知识，更重要的是还拥有自己擅长的技术知识或知识产权，并且不同企业的知识具有互补性，这为创新生态系统背景下的产业联盟的网络嵌入式协作发展提供了有力保障。

（2）高等院校与科研机构。高等院校与科研机构，被认为是生产和传播知识的非营利组织，在科学研究与知识创新方面具有比较优势。同企业之间的技术联盟相比，企业与高等院校、科研机构组建联盟，更能反映功能与互补的优势。通过与高等院校和科研机构结盟而接受技术知识的转移，并与自身的制造技术相结合，企业实现了技术的新组合。高等院校和科研机构可以为联盟研究开发新产品，提供最新的知识成果，保证产业联盟在突破技术上的先进性。

（3）政府与中介机构。政府、中介机构是创新生态系统背景下产业联盟沟通企业与其他组织信息、知识等资源转移的关键主体。从广义的联盟来看，政府扮演着一种政策导向的角色。政府通过制定产业相关政策与科技优惠政策，直接介入联盟的管理、组织与协调活动，合理培育产业联盟技术未来竞争新优势的关键领域，从而引导产业联盟良性发展；中介机构在联盟技术创新活动中表现得更加活跃，中介机构还包含管理咨询服务机构、各类评估机构和信息服务机构，这些中介机构成为产业联盟实现创新服务平台的积极推动者。中介机构服务范围非常广泛，最为直接的是为产业联盟成员提供所需要的技术研发、创新知识咨询服务。

（4）金融机构。产业联盟协同创新的不可或缺的推动力便是资金，金融机构与其他联盟成员以一定的契约形式联合起来，通过金融市场降低协同创新原有风险，分散创新风险，为研发风险交易、研发风险分享等提供多样化金融工具，促进产业联盟协同创新可持续发展，真正实现技术创新的目标，让技术被企业最终使用，并投放到市场获取经济效益。目前，我国产业联盟知识产权质押贷款业务规模较小、资金支持额度低、贷款期限短，知识产权融资面临的最大问题是知识产权价值评估和质权实现的双重困难。政府应充分发挥其引导和服务作用，促进融资贷款金融机构根据企业拥有的专利权、软件著作权、商标、域名等，进行金融创新，开发多种形式的知识产权质押贷款产品、提供评估和风险担保机制，解决产业联盟内企业融资难的问题。

2. 基于创新生态系统的产业联盟的构成类型

（1）企业主导型。企业自发型组建模式是在创新生态系统演化过程中，由企业自发组织起来为突破相关技术创新和实现科技活动与经济活动的有机结合而组建的产业技术创新联盟。它是企业合作中常用的组织形式，要求参与者推进自主创新，充分把握创新生态系统背景下的"竞合"关系内涵，联盟的主要目标是解决产业共性技术问题。在这种发展模式下，企业作为技术的主要创造者和科技成果转化的有力推动者，集研发主体和生产主体于一体。企业通过与联盟内高等院校和科研机构建立知识交流与成果共享可以实现：第一，企业之间、企业与高等院校以及科研机构之间需要立足自主创新，积极探索联盟内部与联盟之间互补资产，加强技术创新研发合作完成创新。第二，减少产品研发时间。伴随全球经济的迅猛发展，企业若想获得竞争优势，要通过责任、利益、信用等机制，巩固与完善产学研合作关系，以便自身集中力量抢占市场先机。第三，随着科技的迅猛发展，企业研发投入的增加也带来巨大的研发风险，企业通过构建产业联盟达到分散与降低研发成本及研发风险的目的。同时，产业联盟还能避免企业各自为营的局面,有效减少共性技术的重复投资[147]。

在以企业为主导的产业联盟中,主导企业依据市场需求导向确定研发方向和目标市场定位,并根据联盟各成员的共性技术需求选择联盟伙伴进行知识交流。在联盟的运行过程中,企业依靠其不断提升的核心技术能力促进联盟成员合作,推动联盟发展,具体运行过程如下。

其一,选择适配的联盟合作伙伴,通过知识交流与技术选择组建产业联盟。依据企业的战略目标和市场定位,针对性地选择有实力的核心技术研发单位(如高等院校及科研机构),或者具有互补资产属性的企业以及产业链关键环节的企业等,作为关键技术的研发者、技术标准以及技术规范制定者,组建产业联盟。

其二,联盟的运行及管理。作为联盟的主导者,联盟的发起企业应在参与方签订的协议及合同的基础上,建立联盟管理机构,推动联盟认真贯彻落实国家相关政策和法规,维持联盟的正常运行。除此之外,企业主导型产业联盟还应该规范市场运作程序,建立和完善联盟交流、协调和自律机制,积极为联盟健康发展营造良好政策环境,以谋求政府的政策倾斜及资金支持,为联盟的进一步发展奠定基础。

(2)政府主导型。政府主导型组建模式是在政府产学研合作政策引导下,企业、高等院校、科研机构基于创新生态系统视角下结合自身需要形成的产业联盟。政府主导的产业联盟往往存在于政府主推的主导产业领域,尤其发生在一些战略性新兴产业领域或关键性产业领域。组建这类联盟的目的在于通过联盟创新的方式实现战略高科技或关键性战略产业的超越或跨越,构筑国家和地区竞争力。这对促进产业的关键共性技术平台发展以及提升产业整体创新能力都具有重要意义。政府主导型产业联盟往往是政府对国家或区域创新发展的战略谋划体现,具有通过技术创新合作提升产业竞争力的政府意志。以政府为主导的产业联盟始终站在产业全局发展的战略高度,依据国家产业政策和产业发展前景,选择合理的产业联盟发展模式。此外,政府主导型产业联盟还应从以下三个方面入手推动产学研协同创新。

第一,选择合适的联盟伙伴。基于产业技术创新发展的路径选择,联盟的组建以建立产业技术标准、完善技术规范、拓展技术创新链条和"需求导向、共同投入、成果共享"为原则,选择联盟合作伙伴。

第二,制定运行机制。政府作为产业联盟的主导者,应通过联盟积极搭建多样化的技术平台,保障联盟长效运行以推动产业健康发展。同时,制定和完善各种有利于促进产业技术竞争的政策与措施,积极发挥政府的协调引导作用,营造有利的政策和法治环境,为联盟的发展提供制度及资金支持。

第三,监督与治理。政府通过特定的监督管理机构或聘请中介机构定期对产业联盟的运行情况进行监督，对产业联盟创新主体的活跃度进行评估，对企业融资评价体系进行治理，以便实时掌握联盟内各成员的运行状况，做到及时发现问题、及时解决问题，从而使产业联盟按照预先设定的目标健康发展。

（3）高等院校与科研机构主导型。在联盟中，高等院校与科研机构处于主导地位，与企业建立长期的联盟合作关系，高等院校、科研机构是以科技成果和科学技术转化为产品并形成产业化的创造者。高等院校与科研机构一方面需要以企业作为载体和渠道，实现其科技成果转化；另一方面，高等院校与科研机构需要借助创新生态系统的平台化模式进行人才培养。这种模式可以集研究、开发、中间试验、生产、销售服务于一体，实现资源的优化组合与集成。

通过比较企业主导型产业联盟、政府主导型产业联盟以及高等院校与科研机构主导型产业联盟不难发现，政府主导型产业联盟通过利用现有的政策在提升国家自主创新能力方面可能更具持续优势；但企业主导型产业联盟在把握行业及技术走势方面，以及迎合市场需求方面显然更胜一筹。综合各主体优势，产业联盟的构建方式应以产业关键共性需求为依据。如果联盟所在行业的产业关键共性需求较强，企业的号召力和组织协调能力不足以调动联盟成员。此时，应建立政府主导型产业联盟，通过集中联盟资源协同攻克关键共性技术问题；反之，如果联盟所在行业的产业关键共性需求较弱，应建立企业主导型产业联盟，因为企业无论在市场规模、市场竞争力还是在技术创新方面都有较大优势，主导企业应充分发挥主观能动性，以关键共性技术的直接受益者角色有效促进联盟的发展，实现创新成果的商业化运用。

3.1.2 基于创新生态系统的产业联盟协同创新内涵

在《经济发展理论》（*Theory of Economic Development*）一书中，首次提到创新的概念，标志着创新理论的正式确立，但是基于早期学者对于技术创新认知的限制，认为技术创新是由企业独立开展。这种思想的基本逻辑意味着企业需要垂直整合，以实现集中的内部研究和开发。但是，鉴于企业对其他企业及关键技术和其他资源的相互依赖，封闭式创新范式背后的逻辑在电子商务和社交媒体的变革时代受到了挑战。随着全球化互联网的兴起，企业已经不再是一个孤立的系统，开放式创新理论认为，有目的管理的知识跨组织边界流动的分布式创新过程尤为重要。协同创新是基于开放式创新理论发展形成的。部分学者基于动态视角，从整合和互动两个维度分析协同创新理论体系，认为协同创新是一个"沟通—协调—合作—协同"的过程。协同创新更多强调企业、高等院校、科研机构、政府、中介机构及金融机构等创新主体在营造协同环境中发挥的重要作用，协同创新是以知识增值为核心，以创新主体和保障客体协同作用的价值创造过程。结合新兴产业协同创新的内涵和特征,部分学者认为新兴产业协同创新是创新主体内在演化动力和外部环境相互交织与影响的复杂过程[148]。协同创新的关键是形成多元化创新主体的协同创新网络模式,强调主体间的分工协作和协同互动,通过核心创新主体引导和机制设计,对其他创新主体的技术、知识、信息等创新资源进行共享和整合,突出协同创新体系资源叠加的非线性整体效用。

基于创新生态系统的产业联盟协同创新是联盟内外创新主体根据创新生态系统的产业联盟协同创新的初始愿景,借助创新生态系统内知识链、创新链和产业链的高度融合,以资源共享或优势互补为前提[149],在考虑自身利益的同时也考虑合作伙伴利益,以知识互补、利益共享、共担风险、价值共创为准则,而共同完成一项技术创新达成的分工协作的契约安排。基于创新生态系统背景,无论产业联盟内部还是联盟之间的协同创新,更强调创新主体间通过开放式搜索与多个互补性合作伙伴协调与适配[150],在保持互惠共生的基础上,形成长期的稳定合作关系,引导创新要素集聚、促进创新资源流动,注重创新主体之间的成果共享[151]。通过实现产业技术创新战略价值主张,产业联盟以伙伴选择与知识交流形成相互依赖和共生演进的网络关系,共同推进关键共性技术与核心技术创新,实现创新主体价值创造目标。在创新生态系统不断演进的过程中,产业联盟能够区别合作伙伴角色,准确标记技术选择路径,精确定位价值创造位置,有效识别价值获取关键点,使产业联盟成员协同创新实现价值共创效应最大化[152]。

创新生态系统视角下的产业联盟通过联盟发展的共同目标,将内部产学研、中介与金融机构、政府等不同主体流动资源加以整合,构建协同创新体系,实现资源优化配置和产业技术突破。企业是协同创新的核心主体,在联盟的运行过程中发挥主导作用;高等院校和科研机构作为创新的主力军,既能直接获取产业发展的相关资源,又能利用专业知识和人才优势对企业创新进行指导;政府作为协同创新体系中的维护、治理与保障角色,利用科技创新、科技金融等相关政策,保障联盟的稳定运行,促进协调主体加强交流、合作、协同。产业联盟的构建和治理不能单独依靠政府或市场力量,必须要强化自主创新能力,还要积极整合高等院校与科研机构等的创新资源,切实发挥企业主体作用,才能实现联盟的高效与稳定的运转[153]。

3.1.3 基于创新生态系统的产业联盟协同创新特征

1. 互惠共生性

互惠共生作为创新生态系统的固有特征,是指处于共生的双方都能从对方那里得到某种利益。产业联盟作为企业、高等院校、科研机构之间技术相互作用构成的复杂创新网络,通过联盟成员间同类资源共享或异类资源互补形成互惠共生关系,这种关系既能带来企业效益的增加,又能有效推动科技资源、智力资源协同运行,从而提升联盟绩效。

产业联盟的各经济主体之间维系一种长期性的合作共生关系,它们既相互联系又保持自身独立性。依靠共生种群之间的共同利益关系,各经济主体利益在共同利益增进中得以提高。在互惠共生关系的形成中,共生伙伴的选择既反映出创新个体之间的某种作用方式,也反映出共生个体之间的物质信息交流关系。一方面,互惠共生对象的选择往往是在联盟成员逐渐相互熟知的过程中产生的,互惠共生关系会随着环境的变化和共生企业自身的变化而变化;另一方面,互惠共生企业普遍选择与之具有某种互惠关系的其他候选共生企业作为互惠共生对象,通过各种共生模式在所形成的共生环境中从事价值创造和获取等复杂的创新活动。除此之外,联盟中若某一企业具有行业技术先发优势或掌握前沿技术,在加入产业联盟后会形成行业规模效应,在联盟内核心企业通过互惠共生关系带动产业链上下游企业共同提升核心技术创新能力,实现研发风险共担、成果共享,从而促进整个产业联盟的发展。

2. 协同进化性

协同进化的含义是创新物种在自我保护的进化活动中,两个及以上的创新群落彼此关联、相互借鉴、相互推动而做出的进化回应行为,即由于创新物种间的关联效应,创新生态系统中的创新物种倾向于通过发展来影响其他物种,而在这一环境中的其他创新物种的进化活动也在一定程度上影响着其自身发展方向,最终通过创新群落间的相互作用,形成整个创新群落的协同进化。协同进化性作为创新生态系统中产业联盟演进过程阶段性的作用因素,在市场有效配置的作用下推动了产业联盟的演进,是产业联盟及联盟之间向多功能、多元化技术创新演进发展的作用力,是塑造创新主体形态以及联盟组织网络结构的主要动力,这种动力源于以下三个维度。①纵向技术牵引:核心企业通过标准扩散影响上下游技术演化路径;②横向知识共振:跨领域创新主体间的隐性知识交换重构技术组合方式;③生态系统反馈:环境选择压力迫使创新主体调整技术投资组合协同进化构成产业联盟演化的底层动力学机制。

3. 自组织演化性

创新生态是产业联盟内各经济主体间协同创新自组织演化过程的基础。在创新生态系统背景下,产业联盟内各经济主体或产业联盟之间的局部运动产生的各种协同效应受环境因素的随机干扰,而出现实际状态值偏离平均值的情况,这种偏离波动的起伏称为涨落。当系统处在由一种稳态向另一种稳态跃迁时，系统受外界因素的影响，打破原有平衡，创新体之间的独立运动和协同运动进入均势阶段，任何微小的涨落都会被迅速放大继而波及整个系统的涨落，形成比原系统结构更加稳定的新结构，形成更加适应新环境的自组织演化。自组织演化行为是由于系统内主体之间相互作用形成竞争与协同相互转化，产业联盟主体既要通过竞争创造和积累一定的新思想与新方法，又要积极开展协同创新活动，通过选择和进化发展具有更高层次的产业联盟多样化形式，促进创新生态系统下产业联盟不断自组织演化发展。在创新生态系统的自组织演化进程中，企业在高等院校、科研机构、政府等主体的协同配合下，开展技术创新、开拓市场等与生态系统环境不断地发生着碰撞和自我调适过程，使得新的、更适于系统发展的环境不断涌现，形成系统涨落或起伏变化，使创新生态系统原有稳定的结构逐渐被打破，从一种稳态变为不稳定状态，这种不稳定状态又驱动系统竞争与合作相互作用，使系统脱离原来的状态跃迁到一个新的有序的稳定状态。创新生态系统下的产业联盟演化的自组织性，使系统向更加复杂且有序的方向演进，系统的异质性、多样性增强，系统创新主体的数量不断增加，为下一阶段系统演化和产业联盟技术创新提供了条件。

4. 网络嵌入性

创新生态系统下的产业联盟实际上是一个知识、技术相互作用的多重嵌入创新网络。网络嵌入程度取决于创新主体之间获得新知识与新技术的机会与途径。企业、高等院校、科研机构形成以关键共性技术开发的产学研关系嵌入与结构嵌入网络。网络嵌入性程度能够影响创新主体对网络资源的获取和学习能力，从而使创新主体更容易选择高技术性能核心技术或关键性互补资产可用技术来提升创新绩效。创新主体间直接连接越多表明信息沟通越有效，且更容易形成协同创新行为模式，促进成员彼此信任和资源共享。在多重嵌入网络形成初期，联盟内主体通过知识与技术之间的相互作用，通过网络嵌入关系探寻技术选择路径，最终形成资源互补的共同体，使联盟向更合理的方向发展。在各创新主体相互作用和共同进化的过程中，稳定的网络嵌入关系逐渐形成，联盟创新主体之间技术的相互作用与互补资产的有效协同，形成了日益复杂的产业技术创新生态网络，如图 3-1 所示。

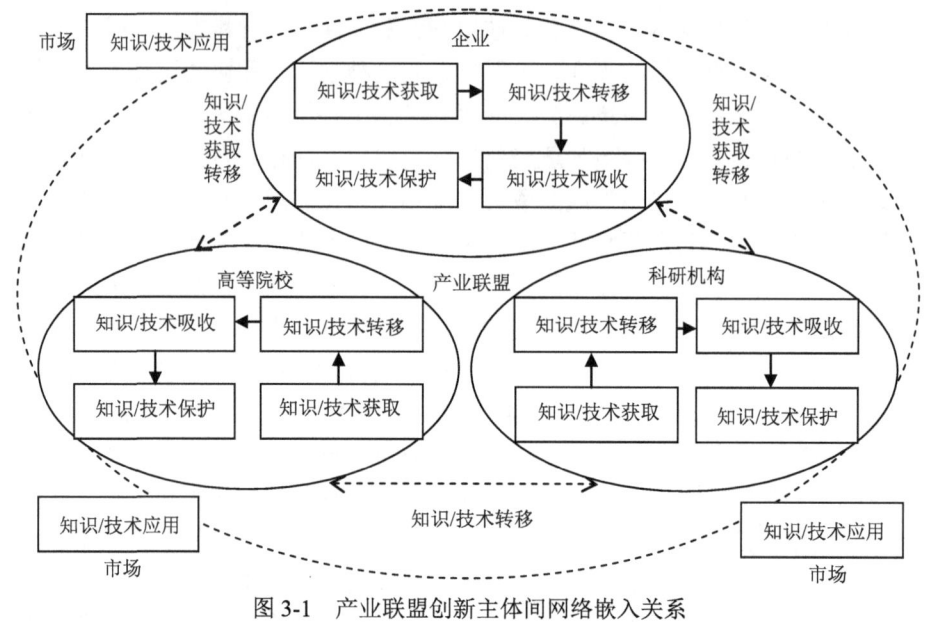

图 3-1　产业联盟创新主体间网络嵌入关系

实线单箭头表示"单向知识/技术流动";虚线双箭头表示"双向协作与知识共享"

3.2　产业联盟协同创新演化动力

创新生态系统背景下的产业联盟协同创新演化动力具体表现为:市场需求拉动力、创新政策推动力以及动态能力。

3.2.1　市场需求拉动力

创新生态系统是面向产业联盟的一整套解决方案,将市场需求纳入产业联盟协同创新的研究范畴,构筑关键共性技术平台。市场需求对创新生态系统的拉动作用非常显著,且在创新生态系统不同演进阶段的需求形式及其作用方式存在显著差异性。总体来说,创新生态系统背景下的产业联盟协同创新演进的市场需求拉动力依次为潜在替代性需求拉动、多样性需求拉动和拓展性需求拉动。

3.2.2　创新政策推动力

创新生态系统背景下的产业联盟协同创新在一定程度上依赖于外部互补资产,外部政策环境、联盟创新主体生态位环境等要素同样影响联盟的演化动力。产业联盟创新政策多样性得益于政府对联盟关键共性技术发展以及对技术能力的关注,通过有效的政策推动作用,促进产业联盟形成由低级步入高级、由简单走向复杂的生态化特征。在产业联盟创新政策的推动作用下,适宜的创新发展政策的连续性及多样性不仅能为产业联盟发展提供宽松的政策环境、资金支持以及税收优惠[154]，还能促进联盟成员间的伙伴选择与知识交流活动、价值创造与价值获取的探索活动。这种创新政策的推动作用最终形成创新生态系统创新物种的生态位变化的动态反馈，使联盟创新成员呈现不同层次性，并最终通过差异化的演化规律与演化路径体现。

3.2.3 动态能力

动态能力以资源基础观为理论依据，使企业感知、整合、重组内外部资源，从而快速适应创新生态系统环境下的动态复杂性变化的能力。动态能力强调以企业独有的知识与资源形成的核心能力，并利用由此产生的感知能力整合企业资源，提高企业技术创新能力，进而推进产业联盟稳定发展。其中，感知能力涉及对跨技术领域的知识搜索，它反映了联盟创新主体了解客户、竞争对手和更复杂的创新生态系统环境的能力。整合能力需要根据感知能力对跨技术领域的变化做出改进或重构。联盟创新主体越频繁地进行感知和整合资源，它们的动态能力就越能得到改善，并嵌入到组织的记忆中。感知过程是整合资源的前提，重复的感知意味着更多地了解创新生态系统的各种变化以及利用整合资源的能力推动产业联盟协同创新演化，减少不确定性威胁[155]。

结合 Teece 等[156]、Helfat 和 Raubitschek[157]的动态能力理论，以及陈劲和阳银娟[158]提出的协同创新是一个"沟通—协调—合作—协同"的动态过程理论，本书将创新生态系统背景下的产业联盟协同创新的演化驱动方式归结为项目驱动、价值驱动以及平衡驱动，具体如图 3-2 所示。

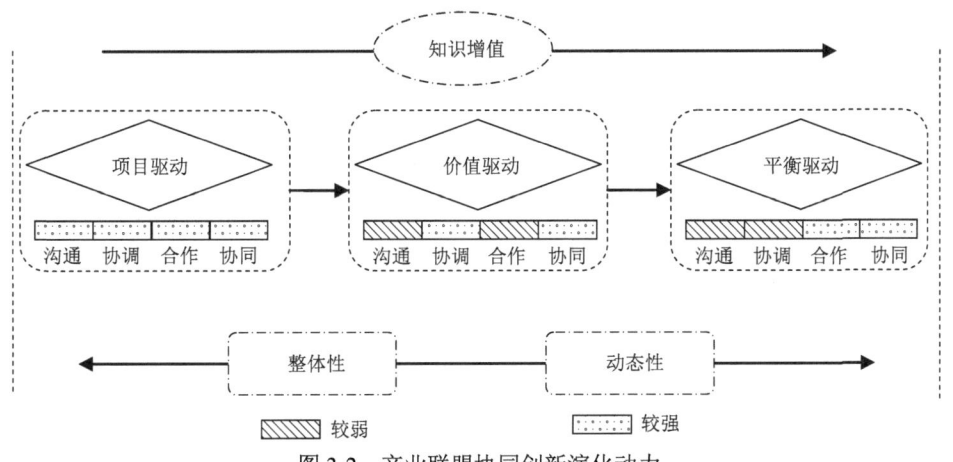

图 3-2 产业联盟协同创新演化动力

1. 项目驱动

根据战略管理理论与协同学理论可知，项目驱动就是在创新生态系统形成的初始阶段，产业联盟以项目目标、技术攻关方向和资源配置方式为战略导向，实现联盟成员协同共生发展以产生整体涌现效应。项目驱动作为产业联盟协同创新的前提与基础，需要结合系统整合思维以及动态演化逻辑加以实现。产业联盟协同创新是外部协同与内部协同共同作用的结果，在协同创新的沟通、协调、合作过程中，企业作为知识的需求者，高等院校与科研机构作为知识的供给者与生产者，三者之间的相互作用对知识增值、知识整合交流起到重要的传播与促进作用，具有自增益循环的生态特点。基于目标项目，产业联盟通过协同整合内部领域知识与外部架构知识，与协同共生伙伴展开知识交流，在开放式创新模式下不断进行创新资源的优化配置，吸收联盟内外的优势资源形成核心竞争力。在开放式、分布式、耦合式的网络嵌入关系中选择合适的外部联盟伙伴匹配，通过合作与协同实现互惠共生，不断完善联盟协同创新能力，实现联盟整体的战略目标，进而实现产业联盟的可持续发展。

2. 价值驱动

基于创新生态系统的产业联盟协同创新必须具有明确而坚实的价值目标。价值驱动是以联盟内部以及联盟之间的深度网络嵌入关系为依托，通过创新生态系统开放式创新整合联盟技术、资本、信息等创新资源，实现创新因子有效汇聚以有效提升技术能力以及创新绩效，最终为联盟各成员实现价值创造与价值获取。联盟成员对价值获取的期望程度决定了价值创造的潜力，价值创造更多通过企业间合作实现，而价值获取更多由企业间竞争反映，价值创造与价值获取两者之间相互影响、协同耦合的复杂作用关系共同推动创新生态系统的演进。但创新生态系统下的产业联盟价值创造往往也会阻碍价值获取的产生，二者之间的矛盾往往集中于权衡技术合作成本与技术转让收益之间的关系，企业为了在价值创造与价值获取之间做出适当的权衡，依据技术配置活动制定价值驱动战略，价值驱动可以为产业联盟带来修正与调优价值创造的机会，联盟内部创新主体研发种群积极引导、推动和参与价值目标制定。政府、金融机构等创新客体保障种群应充分引导科技金融资源、创新政策等向联盟创新主体倾斜，使产业联盟沿着生态化的自组织路径持续发展，提高产业竞争力。

3. 平衡驱动

作为产业联盟协同创新的核心内容与运行保障的主要因素，平衡驱动不仅强调联盟内部与联盟之间的沟通、交流、协作，还重视联盟成员之间实现互惠共赢。平衡驱动本质上是一个多种资源整合、多项任务协调、多个环节衔接的动态控制过程。随着联盟能力的不断提升，对于核心技术的深入挖掘导致联盟掌握的技术能力具有脆弱性，对关键共性技术的不断探索导致创新路径具有风险性，联盟主体需要对关键共性技术、核心技术加以动态控制,对技术路径上关键点进行有效识别以获取价值。因此,产业联盟通过技术选择战略优化技术进步路径,实现对技术关键点动态控制以优化价值获取方式。同时,伴随联盟知识基因不断向联盟内外创新群落转移、扩散与共享,联盟创新主体逐渐形成高知识生态位势使自身技术创新能力加强。但联盟成员能否进入良性驱动过程,更取决于联盟内部主体以及联盟之间对互补资产的依赖。互补资产作为影响资源协同效应的关键驱动因素之一,是提供产业联盟价值创造潜力的控制变量,互补资产与合作伙伴之间的依赖程度影响价值创造动力的产生。因此,在平衡驱动中形成的技术选择与互补资产的协同创新不仅促进产业联盟协同创新过程的演进,还进一步通过联盟网络节点的关系嵌入与结构嵌入作用,激发联盟成员互惠合作潜能,进而激活联盟成员技术创新能力动态变化。

3.3 产业联盟协同创新演化过程

不同学者对创新生态系统演化过程划分方式及依据不尽相同,但大致按照生命周期理论划分为形成期、成熟期、稳定期。根据 3.2 节对产业联盟协同创新演化动力及驱动方式的分析,结合 Holgersson 等[159]对创新生态系统演化阶段的划分,本章认为在创新生态系统的形成、运行与治理过程中,产业联盟协同创新的演化过程是一个由反馈循环驱动的演化过程,产业联盟协同创新演化历经形成期的初始愿景构建阶段、成熟期的价值协同耦合阶段、稳定期的动态适应平衡阶段,具体如图 3-3 所示。

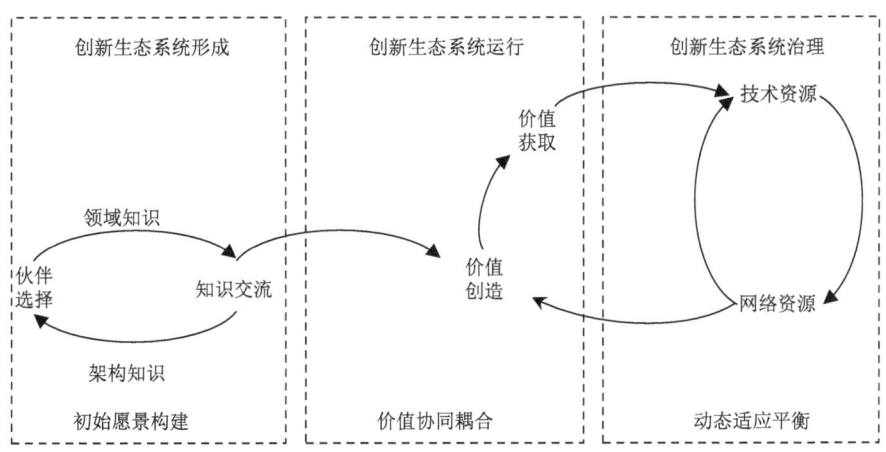

图 3-3 产业联盟协同创新演化过程

3.3.1 初始愿景构建阶段

在创新生态系统下的产业联盟初始愿景构建阶段，面对环境动荡和技术不确定性较高的情况下，企业、高等院校、科研机构等创新种群通过积极合作，尽可能减少和分担不确定性以及研究开发成本。创新种群间通过知识传递、吸收所引发的知识交流使联盟自身初具生态化特征。在此阶段，产业联盟创新种群利用对外界环境的扫描感知能力开展与联盟合作伙伴协同活动，通过对外部架构知识搜索以及内部领域知识的探索战略，确定最优技术发展路径，最大化自身价值获取目标，构建价值创造与获取协同耦合的产业联盟协同创新初始愿景。从整体上看，创新生态系统内部网络结构较为简单且相对松散，网络嵌入性程度较小，呈现碎片化网络形态，创新生态系统的自我调控能力、恢复与适应能力还较弱。创新主体与创新环境之间的互动关系具有动态适应性特征，不断通过协同共生理念强化产业联盟成员之间协同创新，促进创新环境不断优化和完善，形成创新生态系统演进的生态化初级形态。

3.3.2 价值协同耦合阶段

在此阶段，创新生态系统呈现开放式多样化创新特征，创新主体间互惠共赢的协同作用和互补优势，大幅度降低了风险和不确定性。面对不断增加的技术创新竞争压力，产业联盟以复杂的网络关系协调各种机制进行的变革，通过知识交流与伙伴选择促进互补资产与技术的选择协同，为产业联盟成员创造价值和获取价值，进而构成价值网络。通过价值网络的技术流、产品流与信息流促进技术和产品的不断升级，实现价值创造与价值获取协同耦合的终极目标。从网络视角分析，创新生态系统内部网络结构更加错综复杂，网络内部呈现紧密的高度聚集"局部连接"节点的子网形态，小世界网络中个别节点存在着连接上的突出优势，这些特殊节点起到了"桥"的作用，减少了网络特征路径长度，使得创新生态系统内的复杂网络拥有强大的自我调节、恢复和适应能力，并且始终能够驱动创新主体实现自组织互惠共生式协同发展，且趋于可持续稳定状态，最终使得系统逐步地进行有序的结构演化。

3.3.3 动态适应平衡阶段

在这一阶段创新生态系统内伙伴之间的知识交流协同互动变得越发频繁，并在竞合共生中保持动态平衡。产业联盟内部创新种群之间通过高效协调、沟通与合作，实现创新资源的有效互补与对接，协同度将有所提升，这也导致创新生态系统内部网络结构较上一阶段更为复杂，网络联结强度明显增强、优势网络位置相对明显、网络联通可靠性增强且呈现辐射式网络形态，同时系统的自我恢复能力、自我调控能力与需求适应性能力大幅提升。内部伙伴、知识、技术、互补资产等支撑元素日益增多并广泛联系,产品和新技术在技术生态位上逐渐变得成熟,市场需求规模也随之不断增加,逐渐形成市场生态位。创新主体通过技术流、知识流、能量流、资金流与创新环境进行知识、信息、物质及能量的交换,逐步形成被广泛认可的技术范式,加速创新种群的繁衍,提高创新生态系统整体的抗风险能力和自我修复能力,且整体呈现较好的生态化发展态势,进而推动创新生态系统向更高层级演进。

3.4 产业联盟协同创新演化博弈模型

基于创新生态系统的产业联盟协同创新演化过程,就是各阶段演化动力之间相互作用、互惠共生,形成统一的"力量"驱动系统发生质变的过程。对于创新生态系统演化的每一阶段存在的互惠共生关系,联盟创新主体都有合作与不合作两种选择。本节通过平均场近似理论,为创新生态系统下产业联盟创新主体自然选择有利于合作的条件提供一个明确的解决方案。

根据进化图理论,首先考虑产业联盟成员的两种策略,即合作与不合作的一般博弈,如果双方都选择合作,那么双方收益都是 R,如果都选择不合作则收益为 P;如果一个选择合作而另一个选择不合作,那么选择合作的会获得收益 S,选择不合作的会获得收益 T。节点 x 的策略集用 $s_x \in \{0,1\}$ 表示,这里的 1 代表合作,0 代表不合作。用 N_x 表示节点 x 的网络邻居集,并考虑平均回报,其中,度 k_x 节点 x 的收益由 f_x 给出:

$$f_x = \frac{1}{k_x}\sum_{y \in N_x} s_x\left[Rs_y + S(1-s_y)\right] + (1-s_x)\left[Ts_y + P(1-s_y)\right] \quad (3-1)$$

在每个时间步骤中,都会选择一个随机的创新主体来更新其模仿邻居的策略。邻居 x 被复制的概率与 $1+f_x$ 成正比。这里的 f_x 是 x 在 $0<\delta<<1$ 的支付回报的选择强度模式,也就是说,δ 值越大,说明通过合作伙伴匹配的回报来加强知识交流的能力越强。通过研究发现,联盟自然选择倾向于固定合作策略而不是固定非合作策略。根据结构系数定理,这种情况如果$(R-P)\sigma>T-S$,其中 σ 为结构系数,与博弈无关,仅依赖于联盟形成的网络结构。因此,计算给定网络的 σ 就足够了,即通过考虑进化博弈动力学与合并随机游走动力学之间的数学等价关系。通过利用平均场近似理论改善大型网络高计算成本的情况,并获得具有社区结构网络的显著准确的解决方案。

利用一般的 2×2 博弈获得 σ,然后再将方法应用于无权无向图。对于经典的囚徒困境"捐赠游戏"模型,令 $R=b-c$,$S=-c$,$T=b$,$P=0$,然后将展示如何通过

结果推导出 σ。对于符号的简便性，不失一般性令 c=1。这个选择简单地等价于对每个收益值进行重新排序。最后，讨论如何从提供的结果中得到通用 c 的结果。

节点 x 的支付函数为

$$f_x(t) = -s_x(t) + \frac{1}{k_x}\sum_{y \in N_x} bs_y(t) \tag{3-2}$$

其中，t 为节点 x 当前时间、当前节点、当前位置。

对于更新的节点，有

$$E[s_x(t+1)] = \left(1-\frac{1}{N}\right)s_x t + \frac{1}{N}\sum_{y \in N_x}\frac{1+\delta f_y(t)}{\sum_{z \in N_x}[1+\delta f_z(t)]}s_y \tag{3-3}$$

$$E[k_x s_x(t+1)] = \frac{1}{N}\left[\sum_{y \in N_x}s_y(t) + \delta\sum_{y \in N_x}f_y(t)s_y(t) - \sum_{y,z \in N_x}\delta\frac{s_y(t)f_z(t)}{k_x}\right] \\ + O(\delta^2) + \left(1-\frac{1}{N}\right)k_x s_x(t) \tag{3-4}$$

$$\Delta\Psi^{(1)}(s) = \frac{\delta}{N}\left(\sum_x\sum_{y \in N_x}f_y s_y - \sum_x\sum_{y,z \in N_x}\frac{s_y f_z}{k_x}\right)$$

$$= \frac{\delta}{N}\left(\sum_x k_x f_x s_x - \sum_x\sum_{y,z \in N_x}\frac{s_y f_z}{k_x}\right) \tag{3-5}$$

$$= \frac{\delta}{N}\sum_x\left[k_x s_x\left(-s_x + \frac{b}{k_x}\sum_{y \in N_x}s_y\right) - \sum_{y,z \in N_x}\frac{s_y\left(-s_z + \left(\frac{b}{k_z}\right)\sum_{\omega \in N_z}s_\omega\right)}{k_x}\right]$$

$$\Delta\Psi^{(1)}(s) = \frac{\delta}{N}\left(-\sum_y k_y s_y^2 + b\sum_{x \in N_y}s_y s_x + \sum_{x \in N_y}\sum_{z \in N_x}\frac{s_y s_z}{k_x} - b\sum_{x \in N_y}\sum_{z \in N_x}\sum_{\omega \in N_z}\frac{s_y s_\omega}{k_x k_z}\right) \tag{3-6}$$

$$\rho c = \frac{1}{N} + \frac{1}{N}\sum_x \xi_x \tag{3-7}$$

$$\tau_{ij} = \tau_{ji} = (1-\delta_{ij})\left(1 + \frac{1}{2k_i}\sum_{l \in N_i}\tau_{ij} + \frac{1}{2k_j}\sum_{l \in N_j}\tau_{ij}\right) \tag{3-8}$$

其中，E 为 t+1 时节点 x 的支付结果的数学期望值；O 为等价无穷小；$\Delta\Psi^{(1)}$ 为系统状态函数中的一阶变化量，对应目标函数的梯度；δ 为调节步长（小扰动参数）；ρ 为系统关键参数，$\frac{1}{N}\sum_x \xi_x$ 为所有节点参数的平均值，反映全局状态的协同影响；$\tau_{ij}=\tau_{ji}$ 为从节点 i 到节点 j（j 到 i）的传递系数或相关性强度。

因此，随机行走等价性将驻留概率与网络上发起 1 步、2 步和 3 步的两个随机行走者相遇次数的期望值联系起来，分别对应于式（3-8）右侧的最后三项。

$$\tau_x = 1 + \frac{1}{k_x}\sum_{y\in N_x}\tau_{yx} \tag{3-9}$$

$$\rho c = \frac{1}{N} + \frac{\delta}{2N}\left[b\left(\sum_x \frac{k_x}{N\mu_1}\tau_x - 2\right) - \left(\sum_x \frac{k_x}{N\mu_1}\tau_x p_x - 2\right)\right] + O(\delta^2) \tag{3-10}$$

其中，τ_x 为节点 x 的动态属性；N 为系统总节点数；μ_1 为归一化因子；$O(\delta^2)$ 为高阶小项，表示公式为泰勒展开的一阶近似；p 为条件变量。

对固定的非合作重复分析，得到与式（3-4）相同的结果，符号为一阶项相反数。研究发现，创新主体往往倾向于自然选择固定合作而不是非合作。如果定义 b^* 为关键效益成本比，则此结果为

$$b^* = \frac{\sum_x \tau_x k_x - 2N\mu_1}{\sum_x \tau_x k_x p_x - 2N\mu_1} \tag{3-11}$$

用（b/c）替换式（3-11）中的 b（调节系数），即可得到泛型 c 的结果。对于任何低于这个值的 b/c，自然选择更倾向于背叛而不是合作。如果（b/c）*对于给定网络的值为负，这意味着联盟成员通过自然选择更倾向于背叛而不是合作，而不管 b 和 c 如何。这种公共悲剧将无法通过修改支付结果挽回，但可以通过结构性干预影响创新主体之间的合作关系。

根据式（3-10）和式（3-11）相结合的事实，这些随机游走相遇次数满足方程 $\sum_x k_x^2\tau_x = N^2\mu_1^2$，利用这个方程，假设存在平均场近似，其中每个 τ_x 值都被整个 x 的平均值所代替，得到 $\tau_x = N\frac{\mu_1^2}{\mu_2}$，其中，$\mu_2$ 表示二阶度分布。τ_x 与其平均值的替换使用的平均场近似理论，作为固定概率的平均场近似，可得

$$\rho \approx \frac{1}{N} + \frac{\delta}{2N}\left[b\left(N\frac{\mu_1^2}{\mu_2} - 2\right) - \left(\frac{\mu_1}{\mu_2}\sum_x k_x p_x - 2\right)\right] \tag{3-12}$$

这里 $\sum_x k_x p_x = \sum_x \sum_{y\in N_x}\frac{1}{k_y}$ 对于任何联盟网络都为 N，于是得到 $\rho \approx \frac{1}{N} + \frac{\delta}{2N}$ $\left[b\left(N\frac{\mu_1^2}{\mu_2} - 2\right) - \left(\frac{N\mu_1}{\mu_2} - 2\right)\right]$，把这个结果代入式（3-10），就得到了高于互惠共赢关系的关键比率，联盟成员根据此比率判断自然选择更倾向于合作而非竞争：

$$b^* = \frac{N - 2(\mu_2/\mu_1^2)}{(N/\mu_1) - 2(\mu_2/\mu_1^2)} \qquad (3\text{-}13)$$

3.5 产业联盟协同创新演化规律

3.5.1 自增益循环规律

在产业联盟协同创新过程中呈现出的系统结构，本质是联盟内各主体之间相互作用关系及由关系构成的网络，这些关系在特定空间中受到资源共享与合作创新的需求影响，在决策行为驱动下实现不同创新主体资源整合，进而形成相对稳定的创新生态系统。随着时间推移创新生态系统与外界环境不断发生作用，呈现出不同模式与构型的交替与重构，使得系统整体实现自增益的循环过程。具体来说，联盟的各个创新主体之间在协同创新过程中通过需求驱动、资源流动、价值交换等建立关联关系，但受到外部环境、内部因素的影响，这种关系不断新建、解除或重构，且协同创新过程中创新生态系统的开放性也会产生资源流动，即新的创新主体加入与原有的创新主体退出，均推动创新生态系统结构与关系的动态变化自发地不断向相对稳定状态发展，这种由非平衡到相对平衡的过程是不断循环的，且由非平衡态转变为更为稳定、更为适宜的平衡状态，会对系统产生自增益效应。

3.5.2 择优增长规律

在产业联盟不断发展的过程中，其内部结构与关系的演化会受到产业发展方向、市场需求导向、技术创新需求等影响，且与创新主体及其相关性、异质性程度密不可分，特别是部分技术资源的互补性与相似性。产业联盟协同创新演化涉及多个不同类别的创新主体或创新种群，呈现高度复杂性，在其演化过程中，联盟内部创新主体数量、质量会发生动态变化，主体间关系或复制留存或解除新建，进而使得创新活动和创新行为也随之改变。产业联盟协同创新的目的是促使产业可持续发展，因而上述过程体现不同阶段与时点择优增长规律。在创新生态系统演化过程中，联盟创新主体更倾向于与能够产生合作关系或实现资源交换的主体建立生态关系。随时间推移，在原有关系下，该主体能够继续从中获取价值，则该关系及所对应结构能够在创新生态系统下一阶段或时点被继续与留存，即完成复制式增长；若受到技术创新更高需求驱动或主体间信任扰动等影响，原有生态关系会逐渐破裂。创新主体为使得自身利益不受影响或实现更高的价值创造，会在联盟内外择优挑选更为适宜或信任度较高的联盟伙伴，重新建立生态关系，更新其创新生态子系统网络结构，使得创新生态系统适应性更强、内部关系更稳定。

3.5.3 动态控制规律

产业联盟协同创新演化过程中，联盟功能不断增强，进入联盟的创新主体数量不断增多，且围绕资源共享、价值共创，主体间竞争、合作关系不断深入，彼此制约、协调或支撑，创新生态系统由混沌、无序的非平衡态转变为稳定、有序的相对平衡态。在平衡态下，产业联盟创新种群数量刚好处于使得联盟收益较优的适宜状态，异质性程度较高，而所集约的创新资源种类、数量与质量也处在适于联盟发展、各主体有效交互的最佳范围，由联盟创新主体所构成的创新生态网络结构及交互关系趋于稳定。创新生态系统从初始愿景构建的形成期到价值协同耦合的成熟期，外部环境的他组织作用与系统内创新主体自组织作用均对其演化产生巨大影响，即使系统形成有序结构，只要环境发生改变，有序结构与系统相对平衡状态也将随之被打破。为了整体生态系统的稳定、有序，呈现出高度的动态控制能力，必须及时对联盟外部环境的改变、内部风险因素的扰动做出响应、调节与适应，保障创新主体间、联盟与外部环境间信息交换、资源流动、价值循环增益的高效与顺畅，使创新生态系统恢复至新的相对平衡态。

3.6 本章小结

本章首先给出了基于创新生态系统的产业联盟协同创新的界定、内涵与特征。在此基础上，提出了基于创新生态系统的产业联盟构成要素和类型。其次，基于创新生态系统发展理念，分析了产业联盟驱动方式，探究了联盟主体间的互惠共生行为和产业联盟协同创新演化动力及过程。最后，构建了基于创新生态系统的产业联盟协同创新演化博弈模型，并揭示创新生态系统自组织演化机理及演化规律。

第 4 章 基于创新生态系统的产业联盟协同创新模式

创新生态系统背景下的产业联盟协同创新模式通常包含一个或多个创新主体之间的相互合作、资源共享，这使得它们能创造价值并与其他企业共享价值，从而实现多方共赢以促进系统演化，实现创新生态系统超越其现状的固有能力。通过模块化逻辑研究创新生态系统的创新模式具有两个方面的优势[160]。首先，在创新生态系统的演化过程中，模块化被广泛应用于包括产品设计、技术创新、知识产权管理等方面。从这个角度来看，对创新生态系统使用模块化思维会降低庞大的联盟创新主体之间网络结构的复杂性，而且对现实环境中的不确定因素，特别是技术、应用和市场的不确定性问题的反应也会更加有效。其次，用模块化逻辑解决创新生态系统的产业联盟协同创新模式问题，既能够呈现创新生态系统的演化过程，又可以解决创新生态系统中产业联盟技术交互作用的复杂性问题。

4.1 基于创新生态系统的产业联盟模块化架构

创新生态系统通常被认为是"模块化"的，当它们可以分解成多个组件时，这些组件可以在各种配置中进行混合和匹配。模块化作为复杂系统的一般系统概念，通常被定义为描述系统组件分离和重组程度的连续。它既指组件之间耦合的紧密性，也指系统架构的"规则"允许组件的混合和匹配的程度。组件能够通过黏附到标准化接口以某种方式连接、交互或交换资源。与紧密集成的产品不同，在紧密耦合的系统中，每个组件都是专门与其他特定组件一起工作的，模块化产品是由"松散耦合"的组件组成的系统。

模块化在技术和组织上的好处包括分工、降低认知复杂性，以及提升创新生态系统适应性与可进化性。然而，尽管这些众所周知的技术优势支持产业联盟最终实现价值创造，但联盟在模块化的创新生态系统中的价值获取并非那么简单。随着企业加深对创新生态系统的知识与能力重要性的认识，它们通过设计或重新设计产品或服务作为模块化的组件来实现这一点，这些组件可以被分配到一个合作伙伴组织的网络中。这种模块化的程度取决于技术驱动因素和战略选择因素[161]。它在不同的过程和产品行业中是不同的，并且随着产量的变化、批次的大小以及价值链中供应商和买家之间议价能力的平衡而变化。然而，不同企业之间存在差异。根据企业自身技术能力发展情况，企业可以实施一种倾向于纵向一体化和横向一体化或专业化的模块化战略。

模块化对技术以及组织影响的研究受到了学界广泛关注,但是对于模块化如何影响创新生态系统内企业间的相互作用关系(竞争与合作)产生的战略后果对创新生态系统演化的影响研究缺乏广泛关注。模块化为创新者提供了一种战略权衡。在积极方面,它使企业能够更快地创新,从而领先于可能成为模仿者的企业。企业甚至可以通过模块化邀请竞争性进入,以促进整个市场细分。在消极方面,模块化使企业的产品更容易模仿。本书通过划分组件模块化(保护组织知识),探索组件背后技术与知识对核心能力形成以及价值获取的影响,探索不同模块架构下子系统对创新生态系统演化的影响。

企业参与的架构明显影响了它们在生态系统中的表现、共同价值创造和共同演化。目前,尽管有大量研究强调理解系统架构的重要性,但几乎没有关于在大量创新生态系统中观察到的实际架构模式的经验证据。同时,技术组件之间的相互作用究竟促进还是限制了创新生态系统演化有待探索。因此,通过模块化架构模式的探究,为创新生态系统背景下的产业联盟协同创新模式的研究提供理论基础与现实意义。

因此,本节通过使用网络方法测度创新生态系统的模块化架构和揭示创新生态系统协同演化机理,侧重于捕捉创新生态系统不同部分之间存在的耦合级别(即依赖关系或链接)。探索创新生态系统内联盟网络之间技术相互作用的依赖关系,从层次排序和循环的角度对创新生态系统下的联盟网络进行分析,并根据组件在结构网络中的位置对联盟的技术组件分类来确定组件所形成的相互作用模式。

将处于特定区域的先进制造业与生产性服务业两个产业所经历的所有因素的影响而产生的变化简化为两个产业的增加值大小。此时,协同创新服务增加值的变化反映嵌入式融合过程与种群共生状态,且嵌入式融合过程与其所处的种群共生状态可以用改进的 Logistic 方程表示为

$$\frac{\mathrm{d}Q(t)}{\mathrm{d}t} = rQ\left(1 - \frac{Q}{K}\right) \quad (4\text{-}1)$$

其中,$Q(t)$为科技服务企业创新产值随时间 t 变化的函数,这里的时间 t 不仅包括一般时间的概念,还包括信息、技术、资金、产业政策等影响产出或服务水平的外部因素变化;r 为科技服务企业产值的自然增长率或内禀性增长率;K 为在资源条件下科技服务企业的最大产值;rQ 为产值增值的趋势;$(1-Q/K)$ 为 Logistic 系数,代表了环境和资源对科技服务企业产值增长的阻滞作用。

随着科技服务企业产值 Q 的增加,rQ 越大,$(1-Q/K)$ 就越小,因此产值 Q 最终由这两个因子共同作用。对于单一科技服务企业产值增长的 Logistic 方程,得到方程的解为

$$Q(t) = \frac{K}{1 + (K/Q_o - 1)\mathrm{e}^{-rt}} \quad (4\text{-}2)$$

用 $Q_M(t)$ 和 $Q_S(t)$ 分别表示创新型与服务型企业产值，K_M 和 K_S 分别代表创新型与服务型企业在既定技术水平和资源禀赋条件下的最大产值，r_M 和 r_S 分别表示创新型与服务型企业增值率，创新型和服务型企业的共生模型可表示为

$$\frac{dQ_M(t)}{dt} = f(Q_M, Q_S) = r_M Q_M \left(1 - \frac{Q_M}{K_M} - \alpha_1 \frac{Q_S}{K_S} + \beta_1 \frac{Q_S}{K_S}\right) \quad (4\text{-}3)$$

$$\frac{dQ_S(t)}{dt} = g(Q_M, Q_S) = r_S Q_S \left(1 - \frac{Q_S}{K_S} - \alpha_2 \frac{Q_M}{K_M} + \beta_2 \frac{Q_M}{K_M}\right) \quad (4\text{-}4)$$

其中，α_1 为服务型企业技术水平对创新型企业技术水平的影响系数，由于服务型企业技术水平对创新型企业产值提高有积极作用，所以取负值；β_1 为服务型企业资源禀赋对创新型企业产值的影响系数，由于资源的有限性，所以服务型企业资源禀赋对创新型企业产值提高有消极作用，取正值。

令式（4-3）和式（4-4）为 0，可以得到 4 个平衡点：$E_1(K_M,0)$，$E_2(0,K_S)$，$E_3\left(\frac{K_M(1-\alpha_1+\beta_1)}{1-(\alpha_1-\beta_1)(\alpha_2-\beta_2)}, \frac{K_S(1-\alpha_2+\beta_2)}{1-(\alpha_1-\beta_1)(\alpha_2-\beta_2)}\right)$，$E_4(0,0)$。利用近似线性方法判断平衡点的稳定性，并构造 Jacobian 矩阵，可以得到：

$$J = \begin{bmatrix} \frac{\partial f(Q_M,Q_S)}{\partial Q_M} & \frac{\partial f(Q_M,Q_S)}{\partial Q_S} \\ \frac{\partial g(Q_M,Q_S)}{\partial Q_M} & \frac{\partial g(Q_M,Q_S)}{\partial Q_S} \end{bmatrix}$$

$$= \begin{bmatrix} r_M\left(1 - \frac{2Q_M}{K_M} - \frac{\alpha_1 Q_S}{K_S} + \frac{\beta_1 Q_S}{K_S}\right) & \frac{-r_M Q_M(\alpha_1-\beta_1)}{Q_S} \\ \frac{-r_S Q_S(\alpha_2-\beta_2)}{Q_M} & r_S\left(1 - \frac{2Q_S}{K_S} - \frac{\alpha_2 Q_M}{K_M} + \frac{\beta_2 Q_M}{K_M}\right) \end{bmatrix} \quad (4\text{-}5)$$

若行列式 $\det J$ 不为 0，令 $P = (\partial f(Q_M,Q_B))/\partial Q_M + (\partial g(Q_M,Q_S))/\partial Q_S$，$q=\det J$，当平衡点 E 满足 $P>0$、$q>0$ 时稳定，$P<0$ 或 $q<0$ 时不稳定。分别把 E_1、E_2、E_3、E_4 代入式（4-3）和式（4-4），分别计算 P、Q 的值，根据式（4-3）、式（4-4）得

$$\eta(Q_M,Q_S) = 1 - \frac{Q_M}{K_M} - \alpha_1 \frac{Q_S}{K_S} + \beta_1 \frac{Q_S}{K_S} \quad (4\text{-}6)$$

$$\phi(Q_M,Q_S) = 1 - \frac{Q_S}{K_S} - \alpha_2 \frac{Q_M}{K_M} + \beta_2 \frac{Q_M}{K_M} \quad (4\text{-}7)$$

式（4-6）和式（4-7）共同构成了一个竞争–互利动力学模型，其中 $\eta(Q_M,Q_S)$ 中 η 表示 Q_M 的净增长率函数。当 $\eta>0$ 时，Q_M 增加；当 $\eta=0$ 时，Q_M 处于平衡状态。$\phi(Q_M,Q_S)$ 中 ϕ 表示 Q_S 的净增长率函数。当 $\phi>0$ 时，Q_S 增加；当 $\phi=0$ 时，Q_S

处于平衡状态。

令 $\eta(Q_M, Q_S) = 0$、$\phi(Q_M, Q_S) = 0$，以平衡点 E_1 为例，由表 4-1 可知平衡点 $E_1(K_M, 0)$ 的稳定条件，此时，$\eta(Q_M, Q_S) = 0$ 与 $\phi(Q_M, Q_S) = 0$ 可将平面分成三个区域，分别为 D_1：$dQ_M(t)/dt>0$，$dQ_S(t)/dt>0$；D_2：$dQ_M(t)/dt>0$，$dQ_S(t)/dt<0$；D_3：$dQ_M(t)/dt<0$，$dQ_S(t)/dt<0$。

表 4-1 产业联盟创新主体动态博弈矩阵

平衡点	P	q	稳定条件
$E_1(K_M, 0)$	$r_M - r_S(1-\alpha_2+\beta_2)$	$-r_M r_S(1-\alpha_2+\beta_2)$	$\alpha_1-\beta_1<1$ $\alpha_2-\beta_2>1$
$E_2(0, K_S)$	$r_S - r_M(1-\alpha_1+\beta_1)$	$-r_M r_S(1-\alpha_1+\beta_1)$	$\alpha_1-\beta_1>1$ $\alpha_2-\beta_2<1$
$E_3\left(\dfrac{K_M(1-\alpha_1+\beta_1)}{1-(\alpha_1-\beta_1)(\alpha_2-\beta_2)},\dfrac{K_S(1-\alpha_2+\beta_2)}{1-(\alpha_1-\beta_1)(\alpha_2-\beta_2)}\right)$	$\dfrac{r_M(1-\alpha_1+\beta_1)+r_S(1-\alpha_2+\beta_2)}{1-(\alpha_1-\beta_1)(\alpha_2-\beta_2)}$	$\dfrac{r_M r_S(1-\alpha_1+\beta_1)(1-\alpha_2+\beta_2)}{1-(\alpha_1-\beta_1)(\alpha_2-\beta_2)}$	$\alpha_1-\beta_1<1$ $\alpha_2-\beta_2<1$
$E_4(0,0)$	$-(r_M+r_S)$	$r_M r_S$	不稳定

最初的相位点落在区域 D_1，创新型企业和服务型企业产值增长率均大于 0，随着时间的推移，相位点会向右上方移动，进入区域 D_2；若相位点从 D_2 点出发，相位点向右下方移动，但不会进入区域 D_3，而是向平衡稳定点 E_1 移动；若从区域 D_3 出发，创新型企业与服务型企业产值增长率都小于 0，相位点必然会向左下方移动进入区域 D_2，最终趋向平衡稳定点 E_1。其他平衡稳定点相轨线与平衡稳定点 E_1 类似，具体见表 4-1 所示。

4.2 基于创新生态系统的产业联盟协同创新模式划分

模式划分选取的研究对象为"轨道交通装备制造业联盟"，以 1995～2019 年授权发明 1215 项专利为研究数据，数据来自智慧芽数据库。经过文献、书籍查询及研究讨论，采取企业和专利授权人名称检索式辅助，以专利申请号手工代码复合式检索策略，最终确定专利检索代码并下载获取原始专利数据。专利引用、施引数据和法律状态数据来自国家知识产权局专利检索及分析系统。根据 Luo[162] 的研究结果以及 Hofman 等[163]对网络结构的判定，筛选同一个专利中出现两个及以上不同子类的专利代表技术组件间的相互作用，构建结构矩阵（design structure matrix,DSM),通过 Visual C++软件,利用传递闭包 Warshall(沃舍尔)算法,对模块化架构步骤进行划分,具体如表 4-2 所示。

表 4-2 模块化架构划分步骤

步骤	模块化架构划分步骤内容
步骤 1	以 DSM 表示系统。如果元素 j 取决于元素 i,则在 i 列和 j 行之间标注 1,将此矩阵称为 A(一阶矩阵)
步骤 2	计算可传递闭包使用矩阵乘法(Warshall 算法)可预见性矩阵,将矩阵命名为 V
步骤 3	对每个元素 i,将 VFI 作为 i 元素 V 列的和、VFO 作为 i 元素 V 行的和。如果两个连续组件的 VFI 与 VFO 相同,则它们可能是同一循环组的成员
步骤 4	对于一组具有相同 VFI 和 VFO 的组件,检查可预见性矩阵的子集,其中包括所讨论组的行和列,而不包括其他任何行与列。如果子矩阵没有 0,则所有组件都是相同循环组的成员。如果该子矩阵有 0,则该组包含两个或多个独立的循环组
步骤 5	(a)在子矩阵中选择任何组件 i 识别子组;(b)识别子矩阵中的所有其他分量,使 $V_{ij}=1$,这些组件将与 i 处于相同的循环组中
步骤 6	重复。直到子矩阵中的所有组件都被计算在内,计算系统中的循环组和每个组中的组件数,最大的循环组被称为"核心"
步骤 7	定义 X、Y、Z。(a)Nc>$(X–Y)N$,最大循环组可以至少以$(X–Y)$%比例解释系统;(b)Nc>$(1+Z)$ max Nc,最大循环组至少比第二大循环群大 Z%;(c)Nc>$(X+Y)N$,最大循环组可以至少以$(X+Y)$%比例解释系统
步骤 8	如果上一步对(a)、(b)、(c)的回答都为"是",则系统具有"核心-外围"结构;如果(a)、(b)回答为"是",(c)回答"不是",将系统分为边界"核心-外围"结构;如果(a)为"是",(b)为"否",则系统具有多核结构;如果(a)为"否",则判定系统具有层次结构

根据表 4-2 模块化架构划分步骤,分别定义分层排序和循环组中的四种基本系统架构模式。确定创新生态系统不同演进阶段下产业联盟的四种协同创新模式分别为:控制模式(1995~2002 年)、层次模式(2003~2007 年)、核心-外围模式(2008~2015 年)、多核模式(2016~2019 年),如图 4-1 和图 4-2 所示。

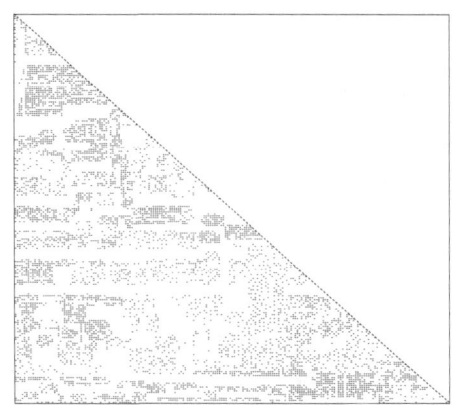

图 4-1 模块化架构可视化

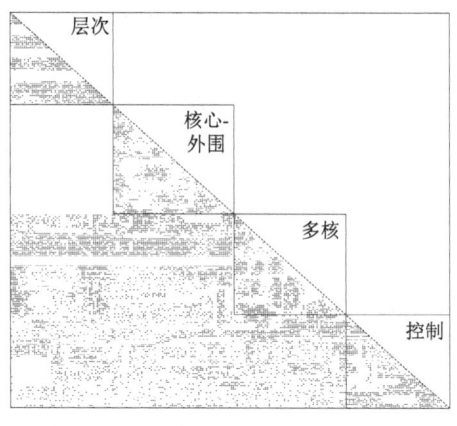

图 4-2 算法处理的模块化架构

其中，核心-外围模式最大循环组占系统比例为35%～40%，出现了最大循环组占系统比例的连续小幅跳跃。系统规模从727增长到1156，反映了联盟创新主体以探索领域内知识加深自主创新为目的降低创新生态系统的复杂性；多核模式出现的循环组占系统的比例为12%～17%，系统规模从630增长到1100；层次模式系统规模从78增长到480，循环组占系统比例约为35%，系统规模在280处出现下降趋势，表明创新生态系统内产业联盟创新主体之间需要掌握更多的技术组件的直接和间接的相互依赖关系，这有利于企业探索领域知识和整合各领域之间的架构知识；控制模式最大循环组占系统比例为11%～14.3%，系统规模从38增长到402，创新生态系统的网络溢出效应与集聚效应较弱。

4.2.1 控制模式

控制模式通常只是在某一特定时刻点，由创新种群之间的单次互动而实现的最基本的创新生态系统运作形式，系统具有随机性、不稳定性、离散性的特点。此时创新生态系统的网络溢出效应与集聚效应较弱，高校与科研机构等知识生产者与企业的关系比较简单，控制模式形成的主要原因是，创新生态系统中由于创新主体技术能力较弱，企业缺乏技术创新能力且缺乏技术转移，企业在技术创新方面寄生于高等院校与科研机构技术输出。科研机构与高等院校的技术应用及知识转移为企业提供了良好的技术供给。由于处于创新生态系统的萌芽期，缺少合作伙伴以及创新环境的支持，联盟成员之间协同创新能力较弱，系统内大多数企业需要不断确定和接触新的伙伴进行彼此之间的知识交流。

4.2.2 层次模式

此模式出现于产业联盟协同创新的初始愿景机构的形成期。在层次模式下，联盟成员间要素匹配与互动是经常性的，且表现在某一时间区间内发生连续性多创新种群协同作用。联盟成员具有较强的自主性，通过创新生态系统的自我调节运转，联盟根据自身情况通过环境扫描感知能力，评估合作伙伴与能力形成协同匹配情况，积极开展对领域知识与非领域的架构知识交流，实现关键共性知识探索与核心知识挖掘。通过内部与外部协同形成规划共生，鼓励联盟各主体之间进行积极的、自由的协同与竞争，使产业联盟发展稳定运行，从网络中尽可能多寻求合作伙伴加强能力，由此形成复杂的技术关系网络。

4.2.3 核心-外围模式

核心-外围模式是基于控制模式和层次模式发展而成的。此模式下创新生态系统开放性强，系统与外界物质、能量交流较快，创新生态系统稳定性、安全性强，与政策环境适应程度高。该模式的复杂性是所有模式中最为复杂的，核心企业子系统成员更替周期长，边缘子系统成员更替周期相对较短，核心企业与外围企业能够在联盟内迅速发展。在核心-外围模式下，对于联盟核心企业而言，其核心任务就是设计并持续优化联盟控制模式与层次模式，通过不同模式的耦合关系强化获取联盟竞争优势，推动整个联盟的持续发展和演进。同时，联盟核心企业要通过协同攻关引导各主体进行网络深度嵌入互联，从关键共性技术与核心技术的创新基因切入，将战略层面与过程优化的协同创新过程不断深化，将联盟发展运行推向一个新的高度。

4.2.4 多核模式

此模式下创新生态系统应重新关注价值共创或自我更新。多核模式将视角聚焦于创新生态系统外部的互联关系上，联盟各创新主体可按照某种规则组建或参与到各自形成的生态圈中。多核模式实现了创新生态系统内部要素全方位协调、匹配与互动。但此模式导致了规模效应，多核模式规模越大，其技术产量越高、竞争力越强、多样性越强、市场容量越大、稳定性和安全性越高，且具有使创新成员通过互惠共赢持续稳定发展的特点，具体如图4-3所示。

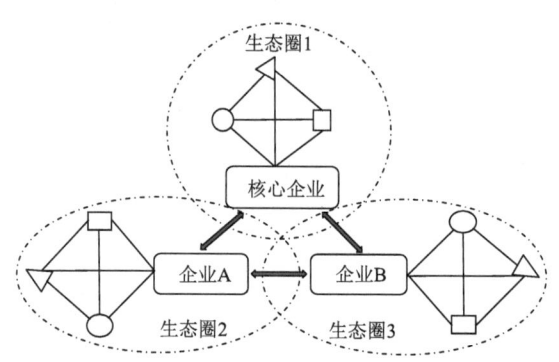

图4-3 多核模式

4.3 基于创新生态系统的产业联盟协同创新模式转换

通过基于创新生态系统的产业联盟协同创新内涵分析和对创新生态系统的演化机理的深入探讨，结合产业联盟创新种群之间互惠共生的演化路径，设计创新生态系统演化过程中的产业联盟协同创新模式，具体包括控制型创新模式、层次型创新模式、核心-外围型创新模式以及多核型创新模式，如图4-4所示。

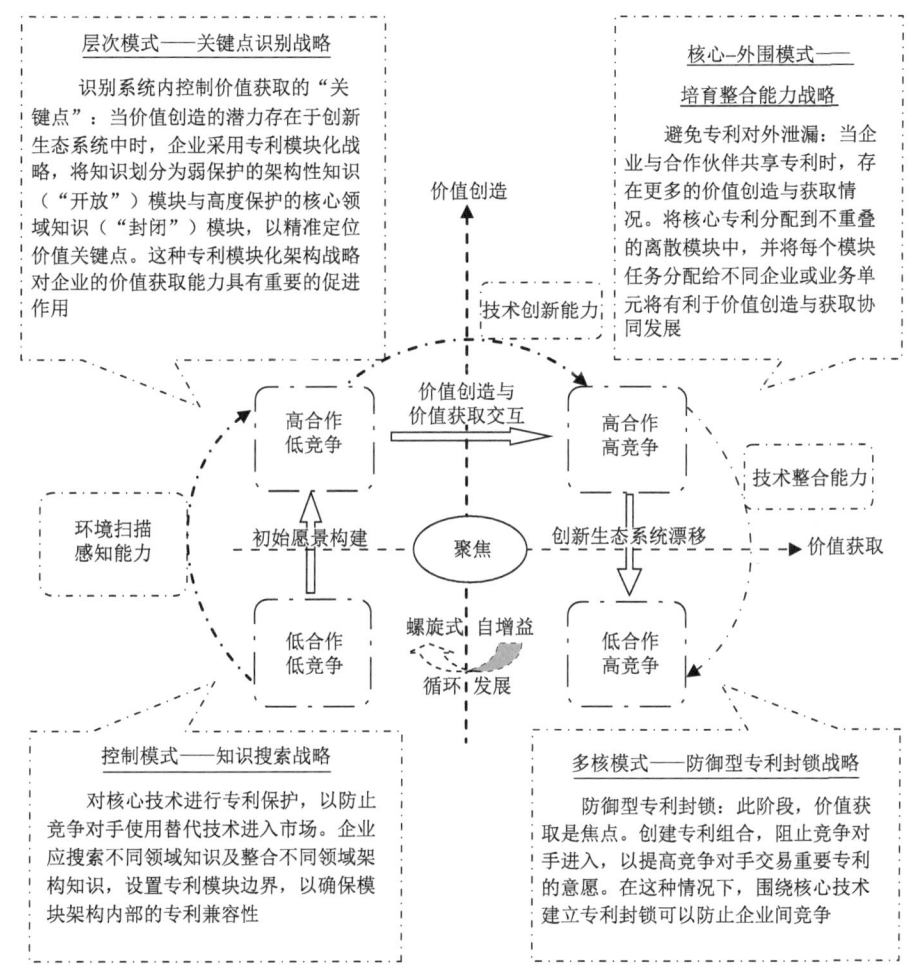

图 4-4 创新生态系统下产业联盟协同创新模式转换

4.3.1 模块化架构下模式分析

（1）控制模式。控制模式下企业创新生态系统具有低价值创造、低价值获取特点。系统内企业技术组件的子类数量较少，企业技术交互活动复杂性较弱，此时，企业创造价值能力有限，技术多样化程度不高。由于缺少资源整合、协作能力、财政支持，企业适合采取知识搜索型模块化架构战略，对核心技术进行专利保护，以防止竞争对手使用替代技术进入市场，并正确评估不同领域内知识以及整合各领域架构知识发挥其在价值创造中的作用，设置专利模块化边界，从网络中尽可能多寻求合作伙伴协同创新，建立创新生态系统关系。

（2）层次模式。层次模式下的企业创新生态系统具有高价值创造、低价值获取特点。系统内企业技术组件的子类数量增加，企业技术交互活动增加。此模式下，企业通过高水平合作伙伴获取所需资源，合力构建企业间价值创造的初始愿景，利用自身发展环境扫描感知能力聚焦于价值创造的应用知识，依据系统内核心领导者确定专利模块化的弱保护与强保护知识，识别创新生态系统价值获取的关键点，对企业创新生态系统价值获取具有十分重要的意义。

（3）核心-外围模式。核心-外围模式下的企业创新生态系统具有高价值创造、高价值获取特点。此模式下，企业以价值获取为导向，利用领域内核心专利与外围专利协同发展培育整合能力战略，通过创新生态系统技术路径预测价值获取目标。在企业有效保护自身领域内知识的同时，将核心专利分配到不重叠的离散模块中，将每个模块任务分配给不同的企业或业务单元，以促进企业创新生态系统价值创造与价值获取的协同发展。

（4）多核模式。多核模式下的企业创新生态系统具有低价值创造、高价值获取特点。企业更多聚焦于价值获取，表明创新生态系统是成熟的。相比其他三种模式对创新绩效影响最大。当价值获取超过价值创造时，生态系统应重新关注价值共创或自我更新。此模式下，企业适合采取防御型专利封锁战略，即拥有使自身区别于系统其他成员的能力。企业创建领域内知识与架构知识专利组合，围绕核心技术建立专利封锁战略，不仅可以提高竞争对手交易重要专利的意愿，还可以降低价值获取不当产生的风险。

4.3.2 产业联盟模式转化

从控制模式到多核模式为一个创新生态循环，企业在持续创新发展阶段重复上一自增益循环过程，呈现螺旋式上升态势。企业创新生态系统依次遵循基于"初始愿景构建—价值创造与价值获取交互—创新生态系统漂移"三阶段演化路径，其演化的内在机理是价值创造与价值获取协同耦合，并且是在环境扫描感知能力、技术创新能力、技术整合能力的动态综合作用下实现了持续演化。

在创新生态系统初始愿景构建阶段，由低合作、低竞争的控制模式向高合作、低竞争的层次模式过渡。在此阶段，企业通过知识搜索战略，利用对环境扫描感知能力合理开展与合作伙伴协同创新的价值创造活动，并通过识别系统内控制价值获取的"关键点"位置，以最大化自身价值获取为目标，构建价值创造与价值获取协同发展的企业创新生态系统初始愿景。

在创新生态系统价值创造与价值获取交互阶段，由高合作、低竞争的层次模式向高合作、高竞争的核心-外围模式过渡。在此阶段，受价值获取关键点识别战略的影响，企业积极开发和部署技术创新能力，利用具有技术相互依赖性的模块强弱连接，通过实施专利模块化架构下培育整合能力战略，将技术、产品和知识联系起来，提升企业创新机会和应对创新威胁的能力，促进创新生态系统价值创造与价值获取协同耦合发展。

在创新生态系统漂移阶段,由高合作、高竞争的核心-外围模式向低合作、高竞争的多核模式过渡。在此阶段,企业技术与资源趋同导致互补资产减少,企业间关系惯性增加,围绕价值获取的激烈竞争可能阻碍价值创造,导致创新生态系统诱发以高价值获取为目的高竞争态势风险,从而脱离系统正常发展轨道形成系统漂移。企业通过将核心专利分配到不重叠的离散模块中,利用技术整合能力创建专利组合,阻止竞争对手进入,以提高竞争对手交易重要专利的意愿,不仅有助于自身价值获取,还有助于识别企业创新生态系统的边界。

4.4 基于创新生态系统的产业联盟协同创新机制研究框架

4.4.1 产业联盟协同创新机制设计原则

根据产业联盟协同演化机理及创新模式,最后设计并提出创新生态系统下的产业联盟协同创新机制设计框架,具体见图4-5。

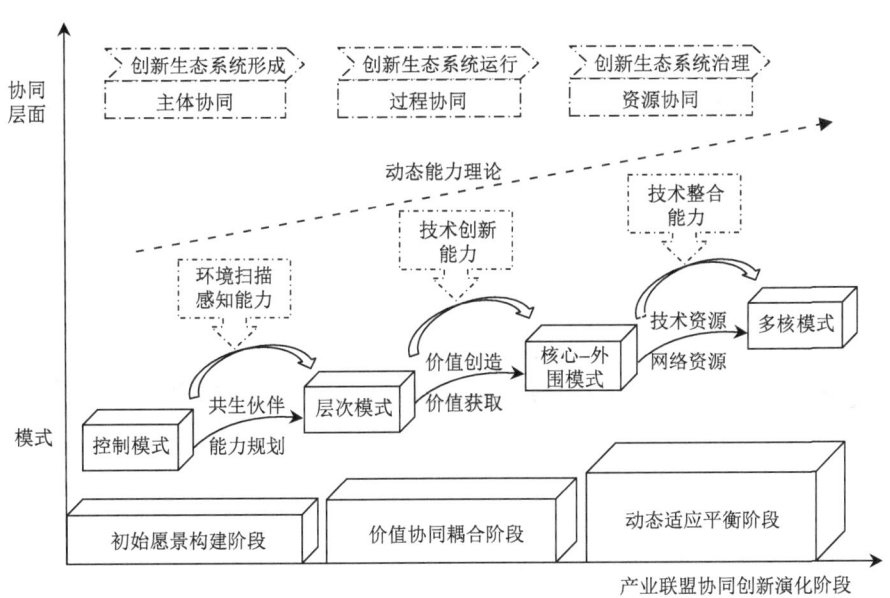

图 4-5 创新生态系统下的产业联盟协同创新机制设计框架

(1) 系统性与匹配性原则。产业联盟协同创新是一个涉及多元主体、多种网络嵌入关系的复杂网络演化过程,其协同创新机制不应局限于单一机制的简单独立运用,其机制设计必须考虑创新生态系统各阶段演化过程特点,形成一个具有系统性、层次性以及连贯性作用的机制体系。同时还应注重联盟多主体、多要素之间的协同关系，各机制还应具有衔接性与匹配性，以保证产业联盟协同创新持续发展。

（2）目标性与协调性原则。产业联盟协同创新机制构建的目标是通过机制作用于产业联盟创新种群间协同创新活动，保障协同创新模式的有效运行，促进产业联盟充分整合内外部优质资源，提升联盟企业技术能力，形成产业发展综合优势。因此，创新生态系统背景下的产业联盟协同创新机制的设计应服务于联盟协同创新的战略目标和方向，满足产业联盟内外部创新资源汇聚整合和创新主体互惠共生原则。

（3）动态性与控制性原则。创新生态系统存在复杂性和不确定性，要求产业联盟协同创新机制能够对外部不确定条件充分利用、适应并形成有效控制，因此必须通过植入动态的战略思维设计联盟协同创新机制，保证协同创新机制具有灵活性和动态控制性，保证产业联盟能面对外部复杂性与不确定性环境，具备持续优化与动态调整的功能。

4.4.2 产业联盟协同创新机制框架构建

基于动态能力理论与协同学理论，以创新生态系统背景下产业联盟协同创新演化机理与创新模式为依据，根据协同创新的内涵属性，遵循相关基本原则，主要从创新生态系统形成的主体协同、创新生态系统运行的过程协同、创新生态系统治理的资源协同三个方面设计产业联盟协同创新机制，以便为产业联盟协同创新活动的持续开展提供保障。基于创新生态系统的产业联盟协同创新机制，是根据创新生态系统演化机理设计的具有规范性、引导性兼顾可持续性的制度安排，是从创新生态系统内涵特征、产业联盟协同创新模式着手而设计的产业管理方法。

基于创新生态系统下的产业联盟协同创新演化路径，设计产业联盟协同创新的规划共生机制、价值共创机制以及平衡机制，有利于产业联盟形成共同愿景、实现协同创新目标。基于创新生态系统的产业联盟协同创新活动不是由上述单一机制决定的，而是由规划共生机制、价值共创机制、平衡机制共同完成，三个机制按照联盟主体与外界复杂的环境变化相伴运行、协同运作。规划共生机制规划指导产业联盟协同创新的战略方向；价值共创机制重点是在确定价值创造与价值获取协同耦合的基础上培育联盟价值共创能力；平衡机制控制产业联盟协同创新的技术资源与网络资源动态平衡，以及通过何种方式提升产业联盟的协同创新绩效。三个机制之间具有较高协同性，主要表现为以下三个方面：第一，围绕动态能力理论、协同学理论、复杂系统理论的内在逻辑设计协同创新机制，促进了产业联盟发展的协同性与可持续性；第二，从机制之间关系来看，不同机制对创新生态系统下的产业联盟协同创新起到不同的作用，多个机制之间相互支撑，形成了联盟成员创新能力最大化网络,实现了产业联盟协同创新过程控制最优、价值目标最大;第三,从具体机制内容设计上,始终遵循演化动力、演化过程、演化规律、协同创新模式的研究脉络设计创新机制,机制设计内容彼此具有较高的逻辑关系。具体研究框架如图 4-6 所示。

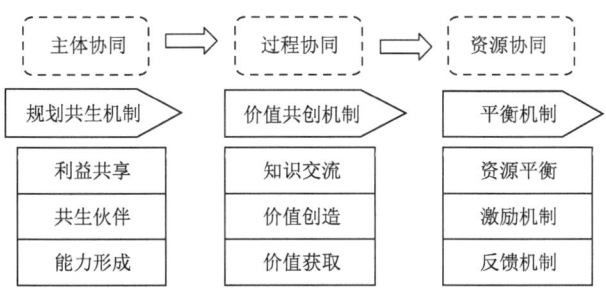

图 4-6　基于创新生态系统的产业联盟协同创新机制研究框架

4.5　本 章 小 结

本章首先提出了基于创新生态系统的产业联盟模块化架构及模式划分;其次,基于创新生态系统发展理念,分析了控制型创新模式、层次型创新模式、核心-外围型创新模式以及多核型创新模式;最后,设计并提出了创新生态系统下的产业联盟协同创新机制研究框架。

第 5 章 基于创新生态系统的产业联盟协同创新规划共生机制

共生是实现创新生态系统健康运行的催化剂，基于创新生态系统的产业联盟创新种群在共生过程中，形成互惠共赢的共生模式。本章遵循创新生态系统下产业联盟协同创新的"愿景驱动—规划引导—协同共生"逻辑，以创新生态系统下的关键创新技术项目为导向，根据产业联盟内部创新种群之间互惠共生的伙伴选择关系，构建创新生态系统下的产业联盟协同创新规划共生机制，以实现创新项目规划、共生伙伴选择、能力规划与提升协同共生、利益共享等产业联盟协同创新的共生目标。

5.1 产业联盟协同创新规划共生机制设计思路

5.1.1 产业联盟协同创新规划共生机制设计要点与功能定位

在创新生态系统的产业联盟协同创新过程中，联盟创新种群通过扩大创新种群间互动范围和深化共生关系来实现关键技术、共性技术创新突破的意愿尚有不足，为实现产业联盟协同创新活动持续、有效地进行，需要构建基于创新生态系统的产业联盟协同创新规划共生机制。基于创新生态系统的产业联盟协同创新规划共生，更强调规划之后各共生单元的共生模式，进一步引导联盟创新生态系统布局共生关系，形成联盟能力规划路径，完成利益共享，最终使得联盟运行与发展过程中各共生单元形成平衡与相对稳定的共生环境。基于此，本章认为协同创新规划共生机制的构建，应遵循"创新项目规划→共生伙伴选择→能力规划与提升协同共生→利益共享"的协同创新逻辑原则，抓住创新生态系统、产业联盟相关特征及协同创新过程中沟通、协调、合作等规律，以共生理论、协同论为指导，构建基于创新生态系统的产业联盟协同创新规划共生机制。

5.1.2 产业联盟协同创新规划共生机制构成

基于创新生态系统的产业联盟协同创新规划机制主要包括创新项目规划、共生伙伴选择、能力规划与提升协同共生、利益共享四个方面内容。其中，创新项目规划是整个协同创新规划的基础环节，来源于科技发展规划、产业发展规划的创新项目会使产业联盟形成生态势差，对该类项目进行规划能够从导向、控制、保障等方面具体指引产业创新方向、控制联盟稳定、加强创新主体协同效应、促进资源合理配置，是后续共生伙伴选择、能力规划与提升协同共生以及利益共享的前提与基础。在创新生态系统背景下，基于战略导向及创新项目规划，产业联盟协同创新活动需要不断深化和拓展技术知识，并经常性寻找能够为协同创新提供有效资源的特定主体，形成互惠共生关系，进而衍生出共生伙伴选择。伴随创新生态系统下产业联盟初始愿景构建形成阶段，以及创新模式的不断升级与发展，共生伙伴选择和能力规划与提升协同共生不断演进，关键共性技术能力、协同攻关能力、资源配置能力等联盟能力持续发展，进一步满足产业联盟不同发展阶段协同创新的战略导向及创新项目规划需求与具体任务。此外，产业联盟协同创新过程中的利益获取主要经由创新主体个体努力、彼此交互实现，基于联盟系统内部创新主体对利益的追求，利益共享机制将有利于进一步加强联盟稳定性，保障协同创新活动的持续性。

5.2 产业联盟协同创新项目规划机制

在参与创新生态系统价值共创过程中，创新生态系统参与者普遍缺乏扩大技术合作项目、积极参与创新生态系统合作及共性技术研发投入的意愿，针对创新生态系统稳定发展的项目规划机制尚未完全形成[164]。因此，有必要对基于创新生态系统的产业联盟协同创新项目规划机制进行分析，以促进选择共生关系的合作伙伴知识交流，进而促进联盟能力规划路径共生形成。本章涉及的伙伴选择是基于已存在的产业联盟盟主（创新项目主持单位）根据项目开发需要在联盟内部或联盟之间重新组织的具有共生关系的合作伙伴，进而构建创新项目产业联盟。

5.2.1 创新项目规划的内涵

创新项目通常是为了产出新颖独特的创新成果而建立的，临时组织结构和过程的建立能够维持与发展一个组织当前的创新活动，但同时也起到创新引擎的作用，不同的创新项目往往需要特定的组织结构与之相匹配。产业联盟协同创新与创新项目是紧密相关的，产业联盟本身是一个具有开放性的创新系统，从生态视角，联盟建立、运行、发展过程中创新主体借助创新生态系统内高度融合的知识链、创新链和产业链完成以资源共享、优势互补、风险共担、价值共创等准则的一系列协同创新活动。产业联盟在解决产业共性和关键技术问题、支撑产业技术创新等方面起到重要作用，日常运行会受到由科技发展规划、产业发展规划与专项计划分解所形成的创新项目的影响。同时，参与项目推进运行的联盟创新主体、创新资源也会因创新项目的重要程度、项目特性与技术难度的差异而进行动态调整,即使同一创新主体在不同的创新项目中,也可能因创新活动内容与创新职能的差异而表现不同,因其具有的创新势能不同,故生态位也具有异质化特征[165]。之前的研究结论表明,建立健全面向产业联盟的创新项目管理规划机制具有重要的实际意义[166]。联盟创新项目可分为:①基础研究项目,侧重于产业技术相关基础研究与知识前沿探索;②运行支撑项目,包括产业技术成果转化、产业化及其示范项目,针对联盟创新管理的软科学研究项目,联盟运行范围内涉及相关创新平台和科技资源建设项目;③重大创新项目,聚焦产业整体发展、技术创新发展过程中的关键性问题,包括关键共性技术研发项目、重要技术突破与推广应用项目等;④创新专项项目,即在发展阶段、技术领域、联盟任务、创新主体等方面有特殊限定的创新项目。基于创新生态系统的产业联盟协同创新项目规划是指联盟运行发展过程中为实现联盟整体稳定、协同创新持续,形成具有引导创新努力方向、规范协同创新行为的一系列方法手段,为联盟共生伙伴选择、能力规划与提升协同共生、利益共享提供明确指引。

5.2.2 创新项目规划的目的与功能

1. 创新项目规划目的

创新项目的合理规划布局、有效实施运行有利于强化创新生态系统非线性作用、增加主体间互动行为、放大其协同效应,使要素流动、价值传递速度更快,整个创新生态系统的生态性逐步增强,实现协同创新,具体目的如下。

(1) 由于各类创新项目具有明确目标与功能导向及前瞻性,充分体现了科技发展规划、产业发展规划与专项计划的意志性,通过规划联盟创新项目,可使产业联盟协同创新目标更加明确、不同创新主体间创新活动趋向更加清晰,为联盟共生伙伴选择、能力发展提供标准。

(2) 对创新项目进行规划,不仅可使联盟获得充分的经费支持,支撑联盟协同创新的有效持续,而且能进一步引导和统筹联盟系统内外部创新资源,有效促进创新要素流动、为创新生态系统提供动力,促进自增益循环形成,从而真正提高联盟创新主体创新意愿与产业联盟创新种群各方互利共生水平。

(3) 通过对创新项目的规划,可从资源配置、利益共享等方面对联盟运行、协同创新活动过程施加控制,增强主体间共生协调性,及时代谢影响联盟稳定性的风险因素,改善协同创新效率与效果,完成价值共创。

2. 创新项目规划功能

联盟支撑产业、服务产业并实现可持续性发展的起点是创新项目规划的合理性,要以产业实际发展规划、技术当前布局、技术创新需求及重要问题为导向有的放矢地规划联盟创新项目,对从宏观产业规划中析出的众多零散的创新项目进行有机整合。因此,在实际联盟运行、协同创新过程中,创新项目规划机制应在满足产业发展规划、联盟工作条例的基础上,具备指引创新方向、促进联盟生态化发展、加速创新资源流动等引导功能,为共生伙伴选择、能力规划与提升协同共生、利益共享建立基础。

(1) 指引创新方向。依据产业发展战略规划、产业发展共性与关键技术需求的具体要求,将其分解为联盟运行过程中可执行的创新项目,通过创新项目规划有效指引产业创新方向、联盟工作重点方向。

(2) 促进联盟生态化发展。产业联盟本质是创新生态系统,通过对创新项目的合理规划,可进一步对共生伙伴选择、能力规划与提升协同共生、利益共享等环节产生正向影响,使联盟生态性不断增强,协同效应及其优势更为突出。

(3) 加速创新资源流动。在对联盟创新项目进行规划后,可在一定程度上影响联盟资源配置,引导联盟内外创新资源合理地配置在联盟内部各创新主体间、技术创新的各环节中,使协同创新各个环节更有效地对接与互动。

5.3 产业联盟协同创新共生伙伴选择机制

5.3.1 产业联盟协同创新共生伙伴选择过程分析

在创新生态系统下,产业联盟需要不断深化和拓展技术知识,基于由盟主(创新项目主持单位)根据项目开发需要,组建创新项目联盟伙伴,并基于战略导向动态筛选具备知识互惠能力的伙伴,以推动联盟知识共享与协同发展。就知识深度而言,联盟有可能与那些在类似技术领域拥有专门知识的企业结成联盟互惠共生合作伙伴。就知识广度而言,联盟更有可能与那些在相同技术领域拥有专门知识及其不同配置方式的企业结成联盟合作伙伴。基于创新生态系统的产业联盟强调通过知识共生推动共生伙伴选择。然而,在概念化技术知识时,先前关于联盟的研究并没有区分领域知识(企业拥有不同技术领域的知识)和架构知识(企业拥有如何整合不同技术领域的知识)之间的共生关系。产业联盟通过搜索在领域知识方面相似的互惠共生合作伙伴深化自身领域知识,而寻找在架构知识方面不同的合作伙伴拓宽自身知识。当两个创新种群在领域知识上相似而在架构知识上不同时,产业联盟中核心企业的战略导向可能就形成互惠合作伙伴选择。

在创新生态系统开放式创新环境中,产业联盟需要不断地加深和扩大自身现有的知识。在联盟形成的初始阶段,联盟通过搜索新的技术知识,扩大拥有知识基础的互惠共生合作伙伴选择范围。在对联盟技术知识概念化时,多数研究只考虑了联盟形成于特定技术领域知识。然而,与产业联盟对于知识领域深度探索一样，整合各领域的架构知识对联盟伙伴选择同样至关重要。领域知识和架构知识两者具有互惠共生的差异性特征，因此二者可能以不同的方式影响联盟共生伙伴选择。因此，本节重点根据产业联盟知识共生的构成：基于探索不同技术领域的领域知识以及整合不同技术领域的架构知识的互惠共生特征分别对产业联盟共生伙伴选择问题进行研究。

1. 基于领域知识共生的伙伴选择

当联盟创新主体之间领域知识具有较高相似度时，它们对彼此的知识更加熟悉，产业联盟中的核心企业围绕战略导向，基于领域知识选择多样性合作伙伴，从而使它们更容易成为互惠共生合作伙伴，究其原因主要集中在以下两点。

首先，解决企业在其领域内遇到的技术复杂问题往往需要深入的专业领域知识。当企业之间在领域知识上有很高的相似性时，可以带来必要的知识深度，从而帮助企业理解和概念化待解决的复杂问题。创新主体可以与高等院校、科研机构等通过协同创新搜索领域知识，迅速缩小知识范围差，提升企业在创新生态系统中的知识生态位，从而降低寻求解决复杂问题的成本。此外，虽然在领域知识上具有高度相似性的企业可能彼此熟悉对方的领域知识，但彼此在解决创新问题的方法上仍可能有所不同，这也为产业联盟企业之间成为互惠共生的合作伙伴选择创造了机会。

其次，基于领域内知识的伙伴选择，可以获得事先评估和识别领域内知识的学习机会。由于信息不对称，企业往往很难对其他企业的知识和能力进行评估，特别是当这些知识和能力在本质上是隐性的，并嵌入到联盟的组织惯例中时，这种信息不对称性会带来逆向选择风险，并最终影响联盟伙伴选择决策。当企业缺少不同的领域知识时，就难以对其他企业的知识进行准确的评估。相反，当创新主体拥有相似的领域知识时，潜在的合作伙伴可以更好地了解彼此基于知识能力的性质和程度，这将有助于它们评估和确定学习机会，并最终成为互惠合作伙伴。

2. 基于架构知识共生的伙伴选择

在创新生态系统环境下，产业联盟的技术新颖性来自现有技术的重组或突破式创新。无论是技术重组或突破式创新，都涉及整合复杂的、高阶的不同领域架构知识。因此，产业联盟伙伴选择不仅需要伙伴之间熟悉彼此特定的领域知识，还需要集成来自不同领域的知识并理解领域之间知识的互惠共生关系，以进一步帮助产业联盟解决伙伴选择这一复杂性问题。

然而，联盟可能会发现很难在内部开发新的架构知识。首先，技术重组的创新搜索过程表现出特定的路径依赖特征。若联盟的搜索过程趋于稳定，那么联盟考虑的技术重组可能与之前考虑的重组具有较高的相似性。当新的技术重组较少时，联盟内部新的架构知识的发展就会受到阻碍，这会对产业联盟发展关键共性平台技术产生抑制作用。其次，技术重组或突破式创新的过程较为复杂，因为随着知识元素数量的增加，联盟可能的技术重组和配置的数量呈现非线性增长趋势，这种复杂性的增加使得联盟创新主体很难发现哪些新的技术重组或突破式创新能够继续深入挖掘，而哪些不值得继续探索。由于在企业内部开发架构知识存在困难，而通过产业联盟形成互惠合作伙伴是获取新知识的一个极具吸引力的选择，企业可能会寻求联盟合作伙伴帮助它们开发架构知识，不同的架构知识对联盟伙伴选择的影响主要集中以下两个方面。

一方面，考虑到企业具有从事创新搜索的自然倾向，联盟在寻找潜在合作伙伴时，根据自身领域知识展开伙伴搜索策略，在类似的技术领域，由于技术景观的相似性，联盟创新主体将这些领域知识以及不同领域的知识，整合成具有战略性垂直竞合关系的架构知识，更有可能吸引合作伙伴的加盟，更能在关键共性平台技术方面有所突破。因此，探索共同的领域知识，以及整合不同领域知识共生组合方式，有可能会为联盟的共生伙伴选择带来机会。

另一方面，由于具有不同架构知识的企业具有不同的知识配置情况，所以它们为彼此提供有潜在价值的学习机会，以提高架构知识广度。当企业具有不同的架构知识时，通过与具有不同架构知识的合作伙伴结成联盟，企业有可能快速了解共生伙伴的隐性知识，从而在理解技术对接和知识领域之间的相互依存关系方面相互补充。联盟共生伙伴可以通过知识交流确定哪些知识共生组合有效，哪些组合不起作用，还可以根据联盟共生伙伴提供的经验判断哪些创新方向值得探索，哪些创新方向可能徒劳无功。

5.3.2 产业联盟协同创新共生伙伴选择影响因素

根据5.3.1节对产业联盟的伙伴选择过程分析可知，基于领域知识与架构知识组成了创新生态系统背景下的产业联盟伙伴选择的知识网络，网络形成的过程受到来自创新生态系统的共生任务、共生利益、共生风险、共生目标等因素的影响。本节主要分析这些因素如何对创新生态系统下的产业联盟协同创新共生伙伴产生影响，旨在为5.3.3节构建共生伙伴选择匹配模型选择更合适的指标。

产业联盟内部的创新种群，企业、高等院校、科研机构等越来越多地结成联盟，以获取所需的能力、知识来寻求竞争优势。企业可以与共生伙伴通过互补资产获得协同优势。协同优势可以帮助企业快速进入新市场并弥补技能短板，使其能够在关键联盟中占据核心地位，创造新的机会和培育新的能力。林雨洁和谢富纪[167]认为协同优势的另一个作用是，共生伙伴企业可能比两家企业各自具备更大的专业化，因为每个共生伙伴都可以继续从事自己的特定业务，而不是试图掌握和管理几个业务方面，同时开发所有必要的资源和能力。共生有助于获得新的能力，而不需要进行不可逆转的沉没成本投资，也不需要面对变革的许多惯性约束。

产业联盟协同创新共生伙伴选择是联盟成功发展的关键因素，即使是活跃度较高的产业联盟，也不足以克服初始伙伴选择的不足。之前对伙伴选择的研究，通常侧重于建立一般概念性的联盟伙伴选择机制，这只能解决静态伙伴选择问题。构建有效的动态共生伙伴选择的概念框架，对创新生态系统下以创新项目为导向的产业联盟协同创新共生伙伴选择具有重要的实践价值，并能够做出更有效的共生选择决策。因此，基于联盟创新发展的动态性要求，本节试图通过新的、更加稳健的全面联盟共生伙伴选择框架平衡伙伴选择的权衡关系，探索影响产业联盟协同创新共生伙伴选择的综合框架，并在该框架中增加了新的维度，从而使共生伙伴选择可以更加稳健地获取所需能力、获取知识和寻求竞争优势[168]。

根据行业和企业情况，企业存在一个从极小到非常重要的连续学习维度。因此，联盟伙伴综合选择框架在联盟伙伴选择决策阶段都应加入与学习相关的关键因素。识别与知识共生相关的关键因素和识别与共生任务相关的关键因素；识别联盟内部开展关键共性技术创新存在的风险以及通过构建激励机制合理分配利益等因素。更完整的与学习相关的共生伙伴评估不仅包括评估潜在合作伙伴的具体知识的水平，还包括与合作伙伴如何容易获取其知识有关的三个方面。这三个与学习相关的关键因素值得考虑。首先，联盟必须向核心企业提供它所确定的支持其企业和联盟目标所需的特定知识能力；其次，联盟一旦运行，其共生伙伴必须能够克服知识嵌入问题，有效地共享显性和隐性知识，并利用彼此相关的知识网络，以及时、有效的交流方式获得所需知识；最后，联盟还应通过知识交流向共生伙伴提供更好的战略预测和目标任务。

本节提出的共生伙伴选择框架包括对四个关键共生伙伴选择标准（关键成功因素）的新观点和分析。①与共生任务相关：促进或抑制联盟目标成功完成的与任务相关的关键成功因素；②与知识学习相关：潜在联盟共生伙伴中的关键，有期望属性，可以提高学习成果；③与共生利益相关：可以加强联盟如何展开与利益分配的关系因素；④与共生风险有关：伙伴相互依存的共生因素，在实践中往往被忽视。在共生伙伴选择过程中，将这些因素纳入一个全面的、动态的共生伙伴选择框架，以帮助联盟管理人员、创新主体、高等院校与科研院所等机构制定共生伙伴选择的标准。

除了从符合环境条件的联盟创新主体目标中得出联盟目标外，该框架还增加了具体的联盟目标，这些目标转化为共生伙伴选择因素，平衡了任何伙伴企业在以下四个方面的不同需求：联盟希望完成的具体任务、联盟的学习方面、在联盟期间出现的关系问题、需要减轻的潜在风险，这些不同因素随着时间的推移相互作用。风险和合作因素与以任务为中心的因素相对应，联盟管理者往往直接跳转到与任务相关的目标,而不是适当地考虑风险和合作目标。此外,学习因素包括强调在所有联盟伙伴选择分析中如何考虑到特定的学习因素或知识转移,如图5-1所示。

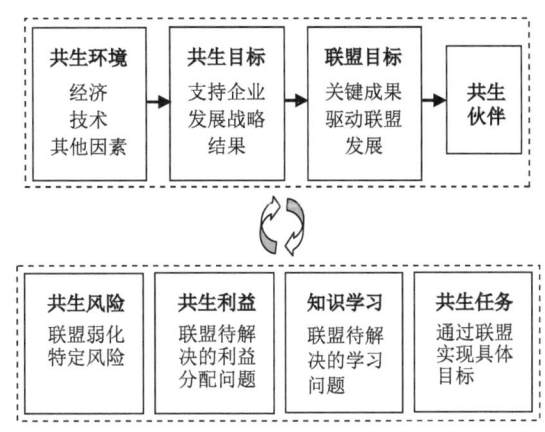

图 5-1 共生伙伴选择框架

动态视角为联盟共生伙伴选择添加了动态共生元素,如图 5-1 中的交互箭头所示。动态视角展示了联盟初始合作伙伴选择和随后合作伙伴管理问题的潜在汇合点。联盟管理者通过预先评估的联盟伙伴选择关键因素,加强合作伙伴选择,并改善联盟合作伙伴的选择结果。

大多数联盟伙伴选择研究的重点是伙伴选择的一般或更具体的动机或其他问题,而没有提出实施伙伴选择过程的工具。通过共生伙伴选择框架的构建,可以发现,"最合适"的共生合作伙伴是一个被认为对联盟的成功最相关和最重要的因素提供最高一致性的伙伴。

5.3.3　产业联盟协同创新共生伙伴选择匹配模型

在战略制定过程中,SWOT(strengths,weaknesses,opportunities,threats,优势,劣势,机会,威胁)分析能够帮助组织识别自身的优势、劣势以及外部环境中的机会与威胁,从而提出可行的联盟标准任务策略。然而,SWOT 分析本身存在一定的局限性。例如,结果偏重定性、缺乏量化比较的支撑。为克服这一缺陷,可以引入 QSPM-GAP 分析(quantitative strategic planning matrix-gap analysis,定量战略规划矩阵-差距分析)。QSPM-GAP 分析的核心在于:在识别组织战略差距的基础上,运用定量方法对不同战略方案进行比较和优选。它通过将 SWOT 分析中提取的关键因素赋予权重和吸引力分值,构建定量矩阵,计算各战略方案的综合得分,从而明确哪一种战略最能弥补组织的差距并契合发展目标。与传统

SWOT 分析相比，QSPM-GAP 不仅能提供战略方向，还能在多个备选方案中进行客观的量化排序，使战略选择更具科学性和可操作性。这样就可以通过检查面对环境条件和组织情况的联盟标准的可行性与一致性来评估，加权和减少标准数量。因此，本节将采用这种方法制定评估共生伙伴的主要标准。根据 Nasab 和 Milani[169] 利用模糊 QSPM 矩阵来识别重要的策略这一做法，应用多个标准决策和模糊用于改进 QSPM 矩阵的数字。其中，模糊 QSPM 矩阵用于计算联盟对共生伙伴选择总吸引力得分，联盟共生伙伴选择标准如图 5-2 所示。

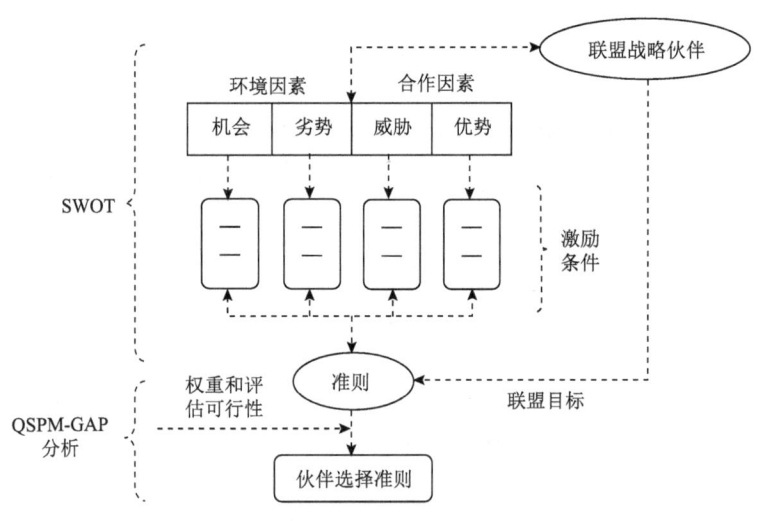

图 5-2 联盟共生伙伴选择标准

（1）根据 SWOT 的分析结果，创建产业联盟协同创新共生伙伴选择评价表（SO、WO、ST、WT）作为标准和动机（S、O、W、T），如表 5-1 所示。

表 5-1 产业联盟协同创新共生伙伴选择评价表

关键因素	分数	SO_1-SO_m	WO_1-WO_m	ST_1-ST_m	WT_1-WT_m
S_1-S_n					
W_1-W_n					
O_1-O_n					
T_1-T_n					
总评价分数					
可行性分数					
准则权重					

(2)用模糊分数确定任何共生（S、W、O、T）的吸引力分数。这些分数是根据外部环境和联盟影响因素来确定的。

(3)确定关于共生标准（联盟策略）的模糊评分。

(4)使用以下公式计算共生标准化吸引力分数。

$$\overline{A}^p = \frac{A_i^p}{\sum_{i=1}^{N} A_i^p}, \quad p \in (l,m,u), \quad i=1,2,\cdots,N$$

其中，N 为激励的个数；A_i 为第 i 个共生条件的模糊吸引力得分。

(5)使用以下公式计算归一化标准分数：

$$\hat{x}_{ij}^p = \overline{A}_i^p x_{ij}^p, \quad p \in (l,m,u); \quad i=1,2,\cdots,N; \quad j=1,2,\cdots,M$$

其中，M 为准则的个数；x_{ij}^p 为第 j 个准则下第 i 个共生准则的模糊分数；$\overline{A}_i^p$ 为第 i 个共生条件的正常吸引力得分。

(6)使用以下公式计算任意一个共生标准的总标准分数：

$$\text{TCS}_j^p = \sqrt[1/N]{\prod_{i=1}^{N} \hat{x}_{ij}^p}, \quad p \in (l,m,u); \quad i=1,2,\cdots,N; \quad j=1,2,\cdots,M$$

(7)确定共生标准在面对专家对联盟条件和共生标准情境的看法时的可行性分数。这是关于联盟共生条件的可行程度标准。

(8)将各标准 TCS 的总分乘以其可行性程度，确定模糊共生标准权重：

$$W_j^p = \text{TCS}_j^p \times f_j, \quad p \in (l,m,u); \quad j=1,2,\cdots,M$$

其中，W_j^p 为模糊共生标准权重；f_j 为可行性程度。

(9)在这一步中，利用基于模糊排序的差距分析如下。

第一，从 M_i（l_i,m_i,u_i）到 M_j（l_j,m_j,u_j）的标准值可等效地表示如下：

$$V(M_i \leqslant M_j) = \text{hgt}(M_i \cap M_j) = \mu M_i(d) = \begin{cases} 1, & m_j \geqslant m_i \\ 0, & l_i \geqslant u_j \\ \dfrac{u_i - l_j}{(m_j - u_j) - (m_i - u_i)}, & \text{其他} \end{cases}$$

其中，d 为 μM_i 和 μM_j 之间最高交点 D 的纵坐标；V 为可能度；hgt 为高度。比较 M_i 和 M_j、$V(M_i \geqslant M_j)$ 和 $V(M_i \leqslant M_j)$ 两者价值，如图 5-3 所示。

第二，凸模糊数大于 N 个凸模糊数 m_i（$i=1,2,\cdots,N$）的可能度可定义为：$V(M \geqslant M_1, M_2, \cdots, M_N) = V[(M \geqslant M_1), (M \geqslant M_2), \cdots, (M \geqslant M_N)] = \min V(M \geqslant M_1)$，其中，$i=1,2,\cdots,N$。

第三，对于 $K \neq I$，$K=1,2,\cdots,N$，$GW_j = \min(M_i \geqslant M_k)$，间隙权重如下：

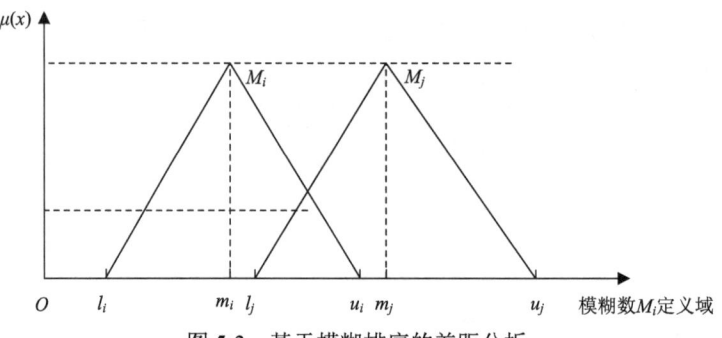

图 5-3 基于模糊排序的差距分析

$$GW_j=(GW_1,GW_2,\cdots,GW_m), j=1,2,\cdots,M$$

第四,使用以下公式计算任何标准的加权归一化间隙:

$$NGW_j = \frac{GW_j}{\sum_{j=1}^{m}GW_j}$$

然后,将产业联盟的评价反馈到分析阶段,寻求哪些备选方案将最有效地支持实现最终目标。出于这些原因,可使用多准则决策方法。

上一阶段确定的伙伴选择准则及其模糊权重作为 ARAS-F、COPRAS-F、Fuzzy Moora 和 Fuzzy TOPSIS 方法的输入①,利用博尔达计数法(Borda)选择共生合作伙伴,如图 5-4 所示。

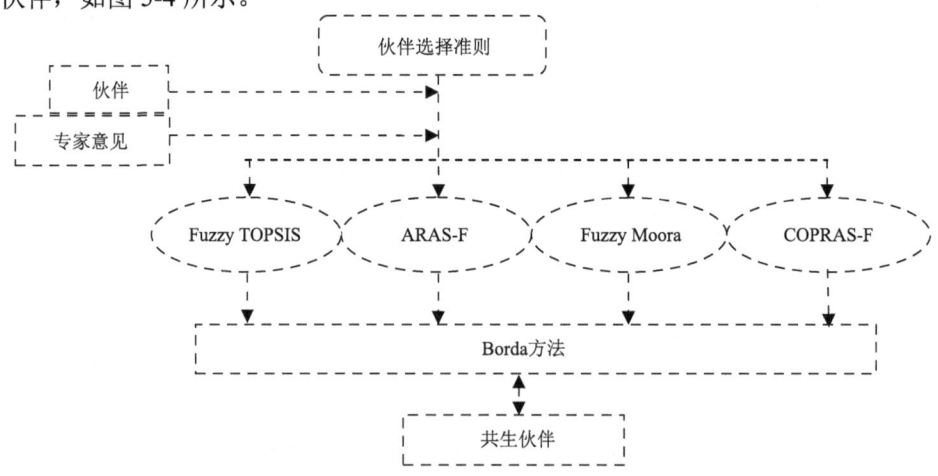

图 5-4 产业联盟协同创新共生伙伴选择框架

---

① ARAS-F(fuzzy additive ratio assessment,模糊加性比率评估法),COPRAS-F(fuzzy complex proportional assessment,模糊复杂比例评估法)、Fuzzy Moora(fuzzy multi-objective optimization on the basis of ratio analysis,模糊多目标比率分析法)、Fuzzy TOPSIS(fuzzy technique for order preference similarity to ideal solution,模糊逼近理想解排序法)。

根据图 5-4 描述的产业联盟协同创新共生伙伴选择流程以及表 5-1 产业联盟协同创新共生伙伴选择评价，得到产业联盟协同创新共生伙伴选择流程，如表 5-2 所示。

表 5-2　产业联盟协同创新共生伙伴选择流程

步骤	伙伴选择程序
步骤 1	通过联盟解决共生伙伴选择问题
步骤 2	基于语言变量的 SWOT、QSPM、ARAS、COPRAS、MOORA 和 TOPSIS 方法的模糊量化
步骤 3	基于 SWOT 分析和共生伙伴的评价标准如下： 1.确定因选择共生伙伴而获得的关键机会 2.确定选择共生伙伴所面临的主要威胁 3.确定企业的主要劣势 4.确定企业的主要优势 5.比较内部优势和外部机会，确定最有效的 SO 共生策略 6.比较内部劣势和外部机会，确定最有效的 WO 共生策略 7.比较内部优势和外部威胁，确定最有效的 ST 共生策略 8.比较内部劣势和外部威胁，确定有效的（或非有效的）WT 因素 9.确定 SO、WO、ST 和 WT 为共生伙伴标准
步骤 4	将准则输入到模糊 QSPM 矩阵中，并对其进行加权
步骤 5	基于模糊排序的差距分析通过可行性检验减少准则数量
步骤 6	获得共生伙伴的标准
步骤 7	根据共生伙伴的选择准则使用 ARAS-F、COPRAS-F、Fuzzy Moora 和 Fuzzy TOPSIS 方法对每个潜在合作伙伴的绩效进行评估
步骤 8	在 Borda 方法的基础上，综合其他方法的结果，得到最终的结果

5.4　产业联盟能力规划与提升协同共生机制

产业联盟基于初始愿景的内部与外部协同，是在产业联盟成员之间通过共生伙伴选择与知识吸收逐渐形成的产业联盟能力，这种联盟能力是在创新生态系统下产业联盟初始愿景构建形成阶段，以及在创新模式的不断演化过程中形成的，产业联盟能力规划与提升协同共生，是基于联盟通过长期的知识交流和对隐性知识的不断积累。企业所拥有的联盟经验积累能够有效提高联盟绩效，而且联盟能力的不同会导致联盟整体价值创造的差异[170]。此外，基于产业联盟能力构建视角，强调联盟经验、联盟学习以及联盟机制等在产业联盟能力构建中的重要作用；而另一种基于联盟能力形成的视角，强调联盟能力是完成重要联盟任务所必需的。基于联盟能力构建视角的定义主要强调联盟经验、联盟学习与联盟机制等对联盟能力构建的影响。具体来说，联盟经验是发展联盟能力的必要但不充分条件，联盟能力具体表现为联盟内部企业为了储存、积累、整合与扩散企业及其成员的联盟经验和相关知识而专门设计的惯例或机制[171]。Asgari 等[172]基于知识层面，将联盟能力定义为构建成功联盟的能力，并认为拥有联盟能力的企业更容易获得成功。联盟能力是企业通过学习联盟管理和内部联盟知识获得的，是帮助企业采用稳定、重复的行为模式捕捉、分享、传播和应用联盟管理知识的相关机制，依赖于企业内部联盟管理知识的吸收、积累、整合与扩散过程。

5.4.1 产业联盟能力规划与提升协同共生影响分析

产业联盟能力是联盟内部的创新种群，包括企业、高等院校、科研机构等通过互惠合作的方式实现新技术开发和应用的过程，是联盟通过创新生态系统整合分散资源提升联盟绩效的一种有效方式。在分析产业联盟能力影响因素时，既要考虑单纯的联盟主体（即成员企业），也要考虑联盟成员之间的关系，还须从联盟目标考虑联盟整体构成。因此，在创新生态系统的背景下，本书将产业联盟能力形成抽象为点、线、网三个层面。其中，"点"表示产业联盟中的每一个创新种群，"线"表示联盟创新种群之间的竞合关系，"网"表示产业联盟整体的网络关系。在借鉴已有的关于联盟能力、联盟管理能力影响因素相关研究的基础上，结合产业联盟内部创新种群之间的伙伴选择与知识交流协同过程，从点、线、网三个层面分析产业联盟能力影响因素。

1. 创新主体层面影响因素分析

（1）资源禀赋。资源禀赋既包括核心企业资源，又包括共生伙伴资源，主要强调创新主体的可支配资源数量。基于资源基础理论，资源禀赋组合构成了联盟整体的资源基础，并影响联盟的形成、结构及绩效。联盟资源基础的规模和互补性程度越大，创新主体间存在的相互影响关系越强[173]。而企业文化背景、信息沟通、技术资源和合作意愿等因素不但能够提升联盟能力，还能提高产业联盟合作伙伴的合作创新绩效。联盟协同创新须将不同企业的技术知识进行创造与重构，这涉及将不同创新主体的领域知识与架构知识进行转移、共享、整合、重构，并以不同企业的异质性知识为基础创造新知识，从而提升联盟能力[174]。

（2）共生伙伴属性。在产业联盟构建过程中，根据合作创新目标对所需技术能力、技术知识进行评价，并选择拥有相关知识背景的共生伙伴构建产业联盟。共生伙伴属性在很大程度上会影响联盟合作伙伴所拥有的资源禀赋。不同类型共生伙伴所拥有的知识广度和深度存在很大差异，知识获取难度也不同，因而会在较大程度上影响联盟能力的形成[175]。创新生态系统内部的供应商、竞争对手、客户等不同类型合作伙伴的资源具有多样性，这说明要获得差异化知识和资源，需要与多个不同类型的共生伙伴进行合作[176]。同时内外部的知识搜索能力也会对联盟能力产生促进作用。

(3) 创新种群联盟经验。创新种群的联盟经验是指创新主体在以前联盟和现有联盟中对成功与失败的学习和整合能力。与缺少联盟经验的企业相比，拥有联盟经验的企业能够更好地选择合适的共生伙伴以规划联盟能力发展路径，对于联盟边界有更清晰、更明确的认识，能够与联盟共生伙伴之间建立信任，有效应对复杂的联盟环境、处理联盟问题。因此，拥有丰富联盟经验的创新主体可采取更好的规划策略与其他创新主体共生，从而能够达到互惠共赢的发展目标，进而降低合作创新导致的失败风险。根据既往研究对联盟经验的划分，将联盟经验分为专有联盟经验和一般联盟经验两种[177]。专有联盟经验是指与同一个共生伙伴协作积累的经验，随着与同一共生伙伴多次合作，专有联盟经验不断提升，有助于改善与特定共生伙伴的交流方式，能够以最佳处理方式与共生伙伴进行联盟合作，也有助于联盟创新绩效目标的达成。一般联盟经验是指企业与差异性企业合作所获得的联盟经验，有助于联盟创新活动的规划管理，有助于更好地沟通、协调以及处理联盟中的相关问题，有助于联盟创新绩效的提升。因此，无论是专有联盟经验还是一般联盟经验，都对创新生态系统下的开放式产业联盟能力规划与提升协同共生效应具有正向推动作用。

2. 竞合关系层面影响因素分析

在协同创新过程中，须对联盟不同成员所拥有的知识进行整合，并创造出新知识。虽然联盟成员会为了联盟目标进行知识和信息共享，但仍有联盟成员会采取机会主义的"搭便车"行为。在此种情况下，为了实现联盟能力规划与提升协同共生，需要在联盟成员间建立信任关系，加强联盟成员之间的沟通。创新生态系统下的产业联盟创新种群之间，更需要成员间的彼此合作与竞争。合作作为一种正式协调机制，能够协调联盟创新成员的共生行为，并大幅度增加知识转移量，从而对联盟能力规划产生正向影响。除了合作之外，联盟能力还需要强调成员之间彼此的竞争、沟通交流，冲突、依赖关系也会对联盟能力的形成产生较大影响。产业联盟创新主体之间的竞争与合作等均可以看作成员间的关系质量，其在很大程度上会影响彼此之间的行为，如知识共享、知识转移，进而对知识创造产生影响，最终影响联盟能力规划。

3. 联盟网络层面影响因素分析

产业联盟网络层面影响联盟能力规划与提升协同共生因素包括联盟规模和网络结构两种。从联盟规模来看，联盟规模越大，涉及成员越多，越有利于联盟能力的形成与规划。但联盟成员间的关系越复杂，越会加大路径规划的管理难度。一方面，随着联盟成员数量的增加，产业联盟中会有更多异质性、多样性知识融入联盟能力规划的共生过程中；另一方面，随着联盟网络节点数量的增加，联盟能力规划路径难度也会不断增加，如此更容易发生机会主义行为，导致有些企业产生"搭便车"行为，进而影响其他投入知识、资源的企业，最终对联盟能力产生负面影响。因此，应根据联盟协同创新目标制定详细的共生伙伴选择标准，对潜在的共生伙伴进行评价，选择最佳的企业、高等院校、科研机构等构建网络式联盟整体能力，这对创新生态系统下的开放式产业联盟能力规划具有积极的推动作用。

4. 联盟能力影响路径的科学计量分析

关于联盟能力的文献运用了各种概念与理论阐述联盟能力的形成与发展，基于上述对联盟能力影响因素分析，以下通过具体的文献计量分析，得出更详细的关于产业联盟能力的影响路径。

本节选择产业联盟、创新生态系统、协同创新为检索对象，数据来源于科学之网（Web of Science，WOS）数据库 SCI（Science Citation Index，科学引文索引）子库与 SSCI（Social Sciences Citation Index，社会科学引文索引）子库。参考朱桂龙等[178]对关键词的设置，确定检索关键词：产业联盟（industry alliance）、伙伴选择（partner selection）、产业技术创新联盟（industrial technology innovation alliance）、联盟能力（alliance capability/competence）、联盟管理能力（alliance management capability/competence）。整理、筛选检索结果共得到相关文献 733 篇（截至 2018 年 12 月，时间跨度为 2004～2018 年）。"alliance capability*" OR "alliance competence*" OR "relational capability*" OR "relational competence" OR "relationship capability*" OR "relationship competence*" OR "collaborate competence*" OR "collaborate capability*"，具体步骤、查询历史与查询结果如表 5-3 所示。

表 5-3　数据搜索结果

步骤	查寻历史	查询结果
步骤 1	TS=（alliance capability）OR	97
步骤 2	TS=（alliance competence）OR	120
步骤 3	TS=（relational capability）OR	109
步骤 4	TS=（relational competence）OR	85
步骤 5	TS=（relationship capability）OR	134
步骤 6	TS=（relationship competence）OR	62
步骤 7	TS=（collaborate competence）OR	55
步骤 8	TS=（collaborate capability）	71

将文献整理成 Pajek 的文件格式，输入 Citespace 可视化分析工具的冲击流生成器中，通过网络布局，以单位时间切片呈现不同时段下的联盟能力影响因素，具体如图 5-5 所示。

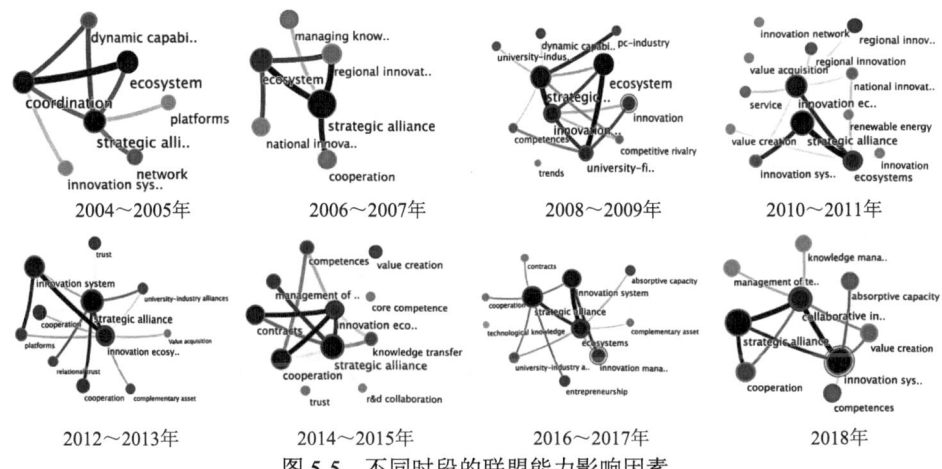

图 5-5 不同时段的联盟能力影响因素

联盟能力的影响维度主要涵盖联盟管理能力、技术能力、吸收能力以及能力的开发与培育等。通过上述分析，本书认为联盟能力是在差异化项目规划的共生过程中，受共生伙伴选择条件影响，通过整合不同能力而持续演进形成的共生路径，具体如图 5-6 所示。

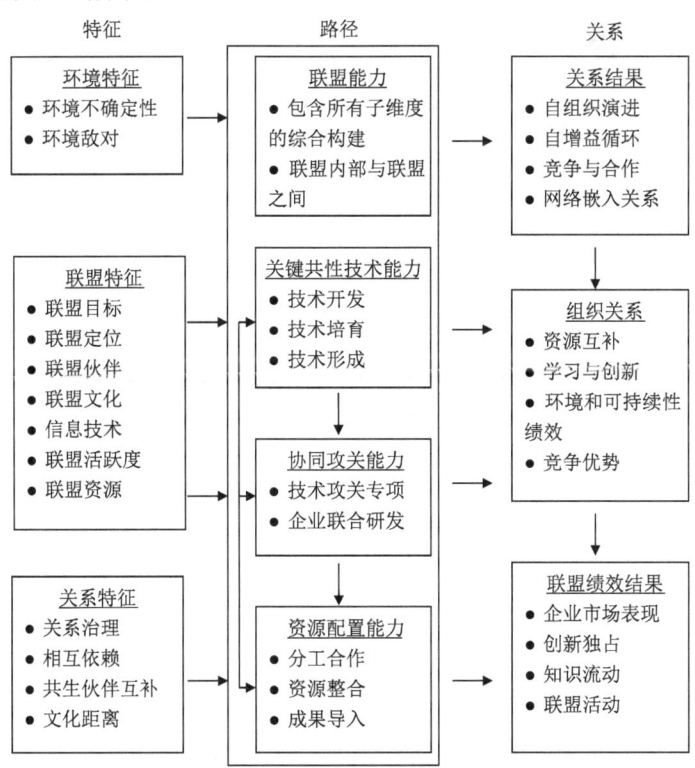

图 5-6 联盟能力规划路径分析

5.4.2 产业联盟关键共性技术能力开发

厘清关键性技术的发展状态,实现关键技术突破,已经成为决定创新生态系统升级和经济发展方式转变的关键。以关键共性技术的识别与开发为战略引领,加强关键共性技术研发主体间的协同关系,寻找关键共性技术高效的培育路径、建立技术标准,形成技术生态体系,加快形成良好的创新生态系统。

1. 产业联盟关键共性技术识别与开发

产业联盟关键共性技术的识别与开发,是在创新生态系统背景下提升产业联盟关键共性能力规划路径共生的前提与基础,同时也是对创新生态系统愿景层面发展的战略定位。

(1)关键共性技术开发。关键共性技术标准和行业标准更多是推荐性功能标准,不具有排他性。关键共性技术能力的识别与开发,首先是要确立特色鲜明的能够引导和支持相关产业发展的国家战略需求;其次,要积极探索行业架构知识防止出现能力刚性陷阱,进一步提升关键共性技术创新能力可行路径;最后,利用产业联盟的联合开发、利益共享、技术互补等优势,展开关键共性技术攻关,突破关键共性技术瓶颈,提高技术创新成果的辐射能力。

(2)关键共性技术动力。关键共性技术创新动力来源于以下三个方面。首先,针对创新生态系统形成期的紧迫需求和技术瓶颈,产业联盟应集成企业、高等院校、科研机构等各方优势,实现关键共性技术的突破,规划关键共性技术路线,实现关键共性技术创新方式的转变;其次,产业联盟作为产学研利益共同体,在关键共性技术创新中应积极发挥引领作用;最后,利用创新生态系统与外部环境的有利条件,积极推行关键共性技术发展政策,有利于促进科研成果及时转化为生产力。

(3)整合技术创新主体,积累联盟经验。我国关键共性技术与国际接轨"从头到尾"的研发项目相对较少,关键共性技术研发不仅需要高额硬件投资和大量专业人才,更需要高层次研发数据库保障。产业联盟创新主体之间普遍缺少关键共性技术研发经验和数据积累,产业联盟成员之间的研发信息开放与资源共享机制没有完全建立。通过创新生态系统的形成,政府作为关键支点集聚创新资源,积极推进联盟经验积累与研发力量整合,进而获得势均力敌的技术话语权,借力核心企业实现关键共性技术突破,实现产业创新扶持政策的杠杆功能。

2. 关键共性技术能力培育

通过产业联盟培育关键共性技术协同攻关,将在创新生态系统的背景下,围绕产业技术创新链,合理运用创新生态系统内部创新资源,实现企业、高等院校和科研机构等创新种群在联盟能力规划与提升层面的有效协同,共同突破关键共性技术发展瓶颈。产业联盟关键共性技术能力培育应该集中在以下三个方面。

(1) 建立关键共性技术供给机制。关键共性技术供给机制是成功实施关键共性技术研发的重要保障。然而,有效的关键共性技术供给机制包括政府干预机制、产学研协作攻关机制、成果导入扩散机制等。在创新生态系统形成初期,需要企业、高等院校、科研机构等主体统筹协调、形成合力,通过利益分配机制、成果扩散转移机制及充足的资金保障与相应的法律保障等措施,为关键共性技术供给体系形成战略定位支撑与政策扶持。

(2) 建立联盟成员协调机制,有分工、有重点地支持关键共性技术发展。同时,联盟理事会决定联盟能力方向,决定联盟重点项目与任务,协调成果转化、资金筹措与使用等联盟重大决策事宜,批准关键共性技术项目立项和结题。联盟创新主体向政府部门、联盟理事会等部门提出项目及任务建议,确定关键共性技术的研究主题。联盟采取定期交流、联席会议等方式,确定彼此之间待协同攻关的关键共性技术领域,避免联盟功能重复,对于一些交叉管理部分,可以有不同的侧重。

(3) 以工业强基工程为牵引,重点组织攻关联盟。通过联盟中金融主体将资金的分散使用状态改为集中攻关重点产业、具体待攻克技术。重点组织工业基础技术研发联盟,在联盟成立之初,给予启动科研经费,根据关键共性技术研发周期给予连续支持,直至突破关键共性技术。管理单位应承担指导、约束、监督和激励作用,引导会员企业和研究机构真正投入人员与资金共同攻关。

3. 关键共性技术能力形成

加快产业关键共性技术发展,要以创新项目规划为导向,以形成产业核心竞争力为目标,建立和完善以企业为主体、高等院校与科研机构协同发展的产业联盟协同创新体系,突出重点项目、重点任务的关键技术,根据创新生态系统集聚创新资源,依靠产业联盟创新种群协同创新实现关键共性技术突破,提升产业联盟关键共性技术能力竞争力。通过企业、高等院校和科研机构共同推进关键共性创新成果的推广应用,共同突破关键共性产业发展的技术瓶颈,为产业联盟关键共性技术的升级、提质增效提供帮助。具体的关键共性技术能力机制包含以下三个方面。

(1) 要加快制定产业技术路线图和技术标准体系,明确企业关键技术突破方向和零部件研发目标。政府与产业协会可以借鉴发达国家经验,建立相关部委协调机制,鼓励联盟核心企业参与或主持产业技术路线图和技术标准制定。

(2) 加大关键零部件研发投入,培育关键共性技术自主创新能力,获取关键共性技术知识产权。充分利用国家科技组织动员和协同集成能力,组织力量对可能发生革命性变革的科学前沿和关键领域进行攻关，加强军用技术和民用技术的双向转化。借助联盟内核心企业研发平台，加大关键零部件研发投入，提升关键共性技术自主研发能力，推进实施专利战略，获取关键共性技术知识产权。

（3）整合技术创新主体，建立关键共性技术和核心零部件研发产业联盟，建立科技报告制度，鼓励科技设施与技术信息实现产业联盟内共享；产业联盟以关键互补资产并购等方式，使核心技术产业联盟走向创新生态系统；促进关键共性技术研发核心人员组建关键核心技术与核心零部件研发攻关产业联盟。

5.4.3 产业联盟协同攻关能力培育

产业联盟以规划产业关键技术、共性技术创新以及重要科技基础设施为主线，依托最有优势的创新单元，整合产业乃至世界创新资源，建立目标导向下的共生合作伙伴选择，通过联盟内部创新种群协同攻关、开放共享的新型运行机制，形成功能互补、良性互动的协同创新新格局。培育突破型、引领型、平台型一体化产业联盟协同攻关能力。

创新生态系统以开放式创新特征寻求知识、技术和创新的外部研究力量，以协同攻关、协作创新、合资和开源模式共同推动联盟能力形成与发展的创新方式的实现。寻求创新的外部来源能力是一种重要的组织能力，与联盟创新绩效正相关。开放创新不仅可以加速产业联盟创新过程，更主要的是通过联盟成员参与的各种研发协议，引导联盟形成协同攻关能力、关键共性平台技术能力等推动联盟发展。产业联盟具有强大联盟能力不仅能够适应创新生态系统的演化发展，更能够通过形成的联盟能力改变与其他联盟、组织、经济体以及科研机构与高等院校的合作关系，如图 5-7 所示。

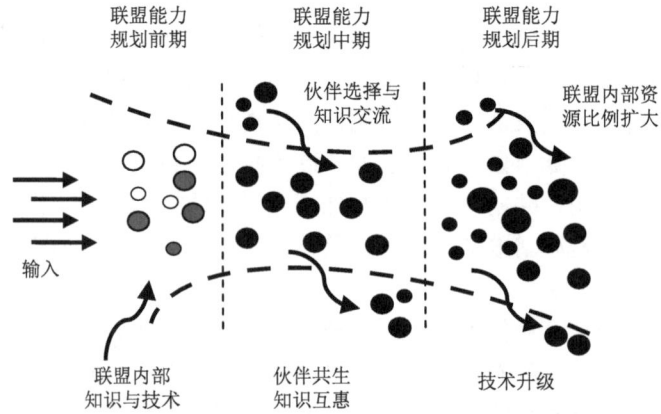

图 5-7 创新生态系统下产业联盟协同创新开放式创新来源

联盟核心创新主体拥有丰富的科研人才和丰富的创新资源，也拥有大规模的创新平台，但是在协同攻克核心技术、探索产业技术创新研发及项目协同创新运行的机制和体制等方面还存在明显短板。共性技术供给体系不够完善，单个企业进行关键技术攻关风险大，对于产业共性技术的研发往往缺乏积极性，坐享其成"搭便车"。行业创新平台在很大程度上被寄予希望承担共性技术研发和供给的任务，但缺乏资金来源从而制约平台内部，公共性在一定程度上难以保障。企业与市场紧密结合，对产品研发方向具有敏锐的触角，高等院校和科研机构理论基础好，具有技术和人才优势。但目前，关键共性技术发展的瓶颈主要有：企业往往寄予成熟的技术，对研发难度大的关键共性技术不愿投入，而高等院校本身也受到投入的制约，迫切需要政府加大支持力度，建立基于创新生态系统的产业联盟，从而攻克关键共性技术。

基于上述分析可知，为充分调动联盟成员积极攻克关键共性技术，可以通过以下几个方面对协同攻关能力进行培育。

1. 构建产业联盟协同攻关创新机制

做好产业链上、中、下游企业间协同；产业联盟创新主体、高等院校、科研机构等主体协同；"赛马机制""协同机制"的机制协同。产业联盟以协同创新任务联合科研机构、高等院校等研究单位，各企业从上、中、下游一起联合攻关，这些经验从市场、技术、产业等角度，以及对项目的实施、衔接等，都起到关键的推动作用。

2. 形成一套全方位、立体化的产业推动模式

聚焦攻关产业，产业联盟还应携手政府部门，利用政策组合方式，除编制产业规划、组建产业创新联盟及探索协同攻关外，还要搭建协同创新科技资源共享服务平台、实施应用示范工程、制定技术标准与规范、组建专家委员会和智库等，实施协同攻关产业合作等措施，形成一整套全方位、立体化的产业联盟协同攻关推动模式。

3. 设置基础类重大关键共性技术攻关专项

以产业联盟亟待突破的重大关键共性技术为基础，设立关键共性技术攻关专项，以创新生态系统的创新客体保障种群为主体，依托具有关键共性技术平台优势的高等院校、科研机构，牵头政府投入主要研发经费，联合产业联盟内部的核心企业，组建关键共性技术攻关小组。充分调动各方面力量进行攻关，高等院校加强理论基础和应用基础研究，企业应用实践验证，攻关成果向整体产业推广。

5.4.4 产业联盟资源配置能力调控

通过组织协调来配置合理资源，能够提升产业联盟协同创新的能力。产业联盟协同创新资源分配能力以产业联盟能力形成为导向，整合产业联盟内部成员的各方优势资源，打破联盟内部界限，构建合理的资源分配机制，聚焦关键共性技术、核心技术，激励联盟开展协同攻关，为高质量创新发展提供有力支撑。

同时，联盟也需要清醒地认识到过度的风险、缺乏核心技术、不充足的资金等也在很大程度上阻碍了创新活动的开展设计、材料及技术选择、知识搜索等。因此，应强化基础研究、技术研发和联盟经验积淀，继续发挥技术自主创新、联盟协同创新的制度优势。产业联盟在协同攻关项目之间进行关键的资源分配，并且资源提供者始终面临确定哪些项目值得投资的艰巨任务。在协同创新的过程中，通常技术复杂且结果不确定性很高，创新主体将特别关注创新项目的外部可观察特征或从属关系。因此，应从分工合作、资源整合、市场导入三个方面构建相应机制有效应对联盟资源分配。

1. 分工合作

产业联盟内部的企业、高等院校、科研机构与政府等分工合作机制既是创新成员之间沟通、协调与合作的协同创新过程，也是协同创新各环节的对接与耦合，创新生态系统背景下的产业联盟协同创新一般要经历企业、高等院校、科研机构等各环节在组织学习、技术研究、产品生产等不同功能模块的分工、协作与集成。产业联盟的资源配置协同是对需求与创新要素、创新资源和创新机制进行有效整合，是联盟能力形成的基础。

2. 资源整合

实施创新资源整合有利于产业联盟发挥创新资源的最大价值，促进创新资源优势互补，提升创新资源整体效用。创新资源整合应该以创新资源平台建设为基础，联盟内金融机构通过产业联盟协同攻关项目，要建成联盟科技金融服务平台，通过产品、技术设计、知识产权等将闲散资金、机构资金与联盟协同项目进行有效对接，致力于为联盟创新主体提供资金解决方案，同时完善创新资金的评价和评估机制，调动创新主体参与整合的积极性和原动力。

3. 市场导入

首先，通过市场导入机制，优化联盟资源配置以满足联盟能力不断发展的需求。科技成果转化是实施市场导入机制的开端，高等院校与科研机构应该根据企业对于科技成果的需求预期、需求程度、需求内容，通过搜集相关知识与技术信息,分析科技成果转化过程中可能遇到的难题,确定市场导入机制。其次,要制订并选择科技成果转化方案,包括参与成果转化人员、转化时机、转化的工作内容以及转化后的预期效果。再次,企业根据市场需求,整合资源推动科技成果集成创新,围绕创新链培育产业链形成闭环,让创新主体协同制订科技成果控制方案,以有效监控科技成果转化过程,保证科技成果转化效果顺利推进。最后,在整个科技成果转化过程中加强对市场导入效果的考核,有效激发联盟成员的创新动力,不断调动联盟成员的积极性和创新活力,从而合理有效地对联盟资源开展分配。

5.5 产业联盟协同创新利益共享机制

5.5.1 产业联盟利益分类与利益共享内涵

产业联盟利益均是围绕联盟自身与各个创新主体生存和发展而产生的客观价值性需求。协同创新本身是一个价值增值的过程,了解该过程中涉及的不同类别的联盟利益有助于更好地实现利益共享。结合先前研究与本章研究内容,总结联盟利益构成如表 5-4 所示。

表 5-4 产业联盟利益构成

创新主体类别	利益构成
控制主体	规划统筹能力、协调管理能力
面向研发行为主体	异质性知识或技术、研发经费、知识产权、领域声望、学术地位、专业影响力、其他类型经济收益
面向市场行为主体	由技术或产品投入市场所获取利润、信誉、行业地位、知识产权、社会影响力
中介服务主体	服务专业化程度、服务费用、行业知名度

当前产业发展背景下,产业联盟形成的重要成因是利益共享。在产业联盟协同创新规划机制中,除须首先对创新项目进行规划,进而完成联盟伙伴选择、联盟能力发展外,利益共享也是产业联盟运行发展、开展协同创新过程中的关键因素与重要机制。在实际由不同联盟创新主体所构成的创新生态系统中,虽然开放式的创新形式使得不同创新主体交互逐渐增多,整体联盟实现正向收益,但是创新主体多数在联盟内部所做出的创新行为仍多以个体利益最大化为导向,创新主体间关系更多是竞争合作,而并未形成协同效应最大的互惠共生。在产业联盟协同创新过程中,受到不确定性(如技术来源、不同技术匹配程度、产品价值实现可能性等)的影响,不同主体间知识流转、实现利益共享的不确定性也同

步增加。总体来说，不同创新主体在联盟协同创新过程中的努力程度与所获个体收益间非均衡性、整体联盟利益分配的不合理性会对产业联盟利益共享的实现以及协同创新过程稳定性产生重要影响。因此，在联盟协同创新规划过程中，充分考虑产业联盟多方利益、多种利益，建立合理利益共享与分配机制能够有效保障创新主体的创新积极性及其在创新生态系统中与其他主体的交互程度，提高联盟协同创新的稳定性。

5.5.2 产业联盟利益共享影响因素

产业联盟协同创新过程始终伴随要素流动与价值增值，即该过程可视为各个创新主体（利益主体）所构成的价值网络增值过程。影响产业联盟利益分配、共享的因素主要源于协同创新过程中联盟创新主体对创新活动的努力，包括知识与技术交互程度、创新投入额度、风险抵御能力。

（1）知识与技术交互程度。知识与技术均具有复杂性，广度反映了知识与技术的范围；深度反映了知识复杂程度、技术关键程度及可掌握程度。在产业联盟协同创新过程中，不同创新主体自身具有的知识与技术的广度、深度不同，协同使得知识、技术等要素在创新生态系统中循环流动，主体按需在创新互动中吸收与学习新知识（显隐性知识）、了解新技术。在获得收益后，主体会更愿意进行知识与技术交互，提升其面向伙伴的交互程度，最终主体间形成利益共享。

（2）创新投入额度。在协同创新各个阶段，创新主体均要投入大量创新成本（研发经费、试验设备、人力资本等），这些一旦投入，往往不可逆。若创新投入额度较高，但后续所获得的创新收益较小，两者间的不平衡会对共享意愿产生较大影响。

（3）风险抵御能力。在产业联盟协同创新过程中，不确定性（如技术来源、不同技术匹配程度、产品价值实现可能性等）可能会使风险抵御能力较弱的创新主体在承担联盟创新任务过程中对风险的辨识与分析产生偏差，出于保护自身的本能，共享意愿会削弱，从而影响创新行为以及利益共享关系的稳定。

除联盟创新主体努力外，不同创新主体间的关系也会影响利益共享。在联盟协同创新过程中，若各个创新项目间不发生冲突、各个创新主体间互动顺畅，有利于形成良好的创新生态关系（主体间共生等），达成利益共享的共识。

5.6 本章小结

基于创新生态系统的产业联盟规划共生机制设计原则，首先，依据产业联盟协同创新项目规划机制的内涵与目的，规划选择联盟共生合作伙伴，分析产业联盟协同创新共生伙伴选择过程及影响因素，提出产业联盟协同创新共生伙伴匹配模型；其次，分别对产业联盟能力的内涵与特征、构成以及影响因素进行了详细分析，提出了产业联盟能力形成机制，包括关键共性技术能力开发、协同攻关能力培育以及资源配置能力调控；最后，构建产业联盟协同创新利益共享机制，以确保创新生态系统背景下的产业联盟协同创新顺利开展。

第 6 章　基于创新生态系统的产业联盟协同创新价值共创机制

根据创新生态系统的产业联盟协同创新的共生机制，本章以知识交流为起点，围绕创新生态系统开放式运行逻辑的价值创造过程与价值获取方式展开研究。本章分析价值创造内涵、价值创造的关键点识别与价值获取途径及价值获取的过程，构建产业联盟协同创新价值共创机制，以便了解创新生态系统下的产业联盟创新主体之间如何通过协同创新效应共同创造价值与获取价值。

6.1　创新生态系统中的价值创造逻辑与机制解析

在创新生态系统演进的运行阶段，产业联盟创新主体基于自组织演化的价值增值过程，在实现技术能力与联盟绩效提升的基础上，最终目标是获取价值，因此，要清楚地了解产业联盟的价值创造过程，以及如何获取价值。

在创新生态系统构建的形成阶段，产业联盟创新主体为未来的生态系统提出一个吸引共生伙伴加入的发展"蓝图"，即一个明确的初始愿景——创新生态系统价值主张（即创造了什么价值、如何创造价值、为谁创造价值）以及相关的治理和互动结构（即谁做什么、谁控制什么，以及每个创新主体将如何受益）。创新生态系统下的联盟初始愿景可以有效减少技术不确定性，促进产业联盟创新主体彼此协同创新，并使产业联盟中的核心企业能够将未来的生态系统描绘成即将发生的现实，促使潜在的利益相关者尽早加入产业联盟。在创新生态系统存在较高的不确定性情况下，厘清影响产业联盟价值创造的因素，以及产业联盟如何识别产生价值创造的关键点位置。这两个问题，对创新生态系统背景下的产业联盟价值创造过程具有重要意义。

6.1.1　产业联盟协同创新价值创造内涵分析

随着新的服务和知识经济的出现，价值的概念正变得越来越关注知识、社会，更加主观、无形和复杂，并正在摆脱成本、效率、客户期望等因素。价值共同创造不再局限于二元结构，因为它涉及供应商和客户所属的至少两个创新生态系统构成的复杂网络之间的交互。价值创造活动分为基本活动和辅助活动，价值创造方式历经工业经济时代向互联网时代的转变。工业经济时代厂商在价值链内部通过开展一系列活动完成价值创造；而互联网时代价值创造取决于企业开展的活动、目标顾客和相关理论基础[179]。基于创新生态系统视角，产业联盟核心企业通过价值创造活动，与其他创新主体相互作用而产生价值群落，并整合联盟内部与外部资源共同形成新的组织形态[180]。Dye 等[181]对联盟价值创造效应的界定为，企业与其联盟伙伴之间通过交换知识、技术和互补资产等方式，带来的企业市场价值上的改变。

此外，根据 Ethiraj 和 Levinthal[182]的研究发现，知识产权直接影响创新生态系统中创新主体的价值分配以及对生态伙伴关键技术的供给。知识产权管理对创新生态系统的成功发展至关重要，对知识产权的创造特别是对专利申请及引用的数量、质量、时间、类别构成非常重要，是创新生态系统演化研究的重要衡量手段。"价值""价值创造""价值获取"的多层次和多行为者视角将创新生态系统与传统价值链和交易网络区分开，说明创新生态系统成员如何从传统的竞争思维转向更多的开放性思维和生态化行为是很重要的[183]。根据相关研究成果，创新生态系统下的产业联盟的价值创造是指通过技术配置形成可遗传的创新能力[184]。在创新生态系统演化过程中，产业联盟创新主体势必会考虑竞争与合作所涉及的价值获取在关键节点带来的收益对价值创造的影响。价值创造更多地代表创新主体之间的协同创新，而价值获取表示竞争，价值创造与价值获取两者之间是相互影响、协同耦合的复杂作用关系。

综上所述，本书认为基于创新生态系统的产业联盟创新主体为了实现各自价值最大化的共同目标，不断地通过竞争与协作的博弈最大程度地共享信息资源，并且最终通过产业联盟协同机制的成熟度以创新生态系统自组织演化过程不断地创造新的价值，推动价值的起伏增长，进而实现技术与知识价值增值，即价值创造[185]，如图 6-1 所示。

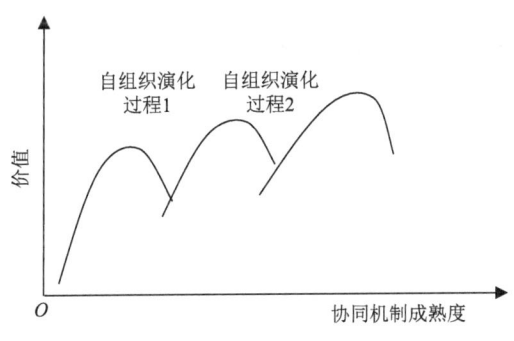

图 6-1 产业联盟价值创造过程

6.1.2 产业联盟协同创新价值创造关键点识别

创新生态系统在提高价值创造方面具有相当大的潜力。在直接和间接网络外部性的驱动下，创新生态系统可能通过进化（或被引导）带给产业联盟创新主体可观的价值回报。为了从创新生态系统中获得价值，产业联盟内的创新主体需要识别和获取控制"关键点"，大部分价值都是通过识别关键点位置创造的。对于这些控制点，联盟以动态控制方式通过技术路径标记方法识别未来可能会创造价值的关键点，但这些受控制的关键点并非一成不变，而是从创新生态系统下的产业联盟协同创新的蓝图设计中不断推演出来。产业联盟在关注核心技术以及关键共性技术的同时，还须以知识产权模块化管理方式推断未来的价值创造关键点位置。

产业联盟创新主体的创新过程不是线性的，而是越来越复杂和动态的。因此，不能根据线性定义的过程来设计创新活动；相反，它们是在创新生态系统的演化过程中发生的。它的演化过程是由各种影响因素以及协同机制之间的协调驱动完成的。随着创新主体在联盟中合作关系的日渐增多，它们会分享知识，发现新的、更多的互补性资源。这将导致合作主体之间产生额外的链接，并使创新主体努力扩大价值创造。发现和利用的互补性越大，创造的价值越高，联盟持续的时间越长。

当联盟创新种群发现具有互补资产的合作伙伴时，两者通过建立高度的非正式信任时，当联盟创新主体间共享知识并根据合作伙伴的具体情况进行互补资产投入时，联盟就创造了价值。联盟中资源相互依赖的程度决定了联盟能够多快地发挥其创造价值的潜力，也决定了联盟可能多快解散。探究这些关键点识别因素背后的驱动力，是厘清价值创造过程的基础。动态能力理论为创新生态系统视角下产业联盟协同创新驱动价值创造提供了动态视角。产业联盟获得互补资产是形成联盟的最初理由，但随着时间的推移，互补的好处可能会减弱。根据动态能力理论，产业联盟需要通过联盟能力、环境扫描能力、感知能力确定价值创造关键点的存在并进行有效识别。

1. 联盟能力

联盟能力是联盟实际创造有影响力的创新能力，包括技术知识、研发产生的技术诀窍以及其他技术特定的知识资产。联盟能力在本质上导致了联盟内资源的高消耗，促使内部企业通过长期的资源配置与高等院校、科研机构通过各种合作来吸收新的外部知识，创造新的知识。具有较高联盟能力的联盟不仅具有积极消耗资源和开发新知识的能力，同时也往往通过建立强有力的机制来保护其专有资源。当外部知识流动增加时，实力雄厚的联盟会加强对自身知识的控制，以保护知识的侵占，并通过构建治理机制来避免浪费过多价值创造关键点。这些保护性反应和降低风险的行动促进了合作伙伴的知识整合，促进了开放性创新生态系统的突破性创新。

2. 环境扫描能力

产业联盟需要利用外部环境影响、监控和更新策略等动态视角，建立对创新过程的动态控制，以确保新出现的联盟价值主张持续发展。同时，产业联盟通过控制价值创造关键点促进内部创新主体博弈之间获胜，以实现产业联盟协同创新价值共创。环境扫描能力是产业联盟通过与外界环境作用所获取信息的能力，这些信息将有助于产业联盟创新主体识别、理解联盟价值创造关键点发展的威胁与机会。

3. 感知能力

感知能力可以为产业联盟浏览、监控内外部技术和市场发展状况，推测或创造有关技术发展、市场反应、组织认知等相关信息。感知能力是联盟创新主体识别和创造价值增值机会的能力。通常情况下，市场需求力、政策推动力与动态控制力的不断变化，给联盟内部创新主体提供了更多的价值创造机会，促使联盟利用感知能力获取外部环境信息，进而判断价值创造关键点的变化趋势，最终形成产业联盟的价值创造目标。

6.1.3 产业联盟协同创新价值创造过程分析

获得互补资产是创新主体组成联盟的初始愿景，但初始愿景是一个静态模型，随着时间的推移，互补资产在联盟内的优势可能逐渐减弱。因此，通过动态视角分析导致更高价值创造的因素，以构建一个具有动态视角的价值创造过程，不仅强调合作伙伴互补资产的相互依赖是决定联盟价值创造模式的关键，特别是对于联盟产生价值的速度和解散价值的速度产生影响，还有助于深入理解各种因素如何推动价值创造的形成，以下从两个路径分析价值创造的形成过程。

1. 互补资产合作关系路径

产业联盟创新种群间建立的重复联盟关系，可以利用创新主体之间专用性资产和知识共享惯例投资带来更大的信任与更好的协调，以便从产业联盟中获得更大的利益。产业联盟创新种群利用互补资产建立互惠共生的合作关系，会因合作伙伴的资源汇聚变得多余，从而导致联盟伙伴之间为获取价值而加剧竞争。互补资产是提供价值创造潜力的状态变量，互补资产与合作伙伴之间的依赖程度是影响价值创造动力的主要方面。联盟创新主体通过战略协同找寻合作伙伴，就是寻找在创新生态系统范围内能够以互惠共生关系形成互补技能的企业,联盟其他成员拥有互补资产是促使企业建立联盟关系的动力。

在一些联盟中,价值被企业期望通过合并有形资产来创造。在这些资产中,合作各方正试图利用互补的有形资产识别未来技术选择范围。例如,通过对轨道交通装备制造业供应商和买家(垂直)联盟研究发现,在很大程度上该联盟是通过协调互补资产来创造价值的,这些规则利用互补的有形特征,围绕这些有形的互补资产形成的联盟可能从专有关系资产的投资中获益。因此,从动态的角度来看,为了获取互补的有形资产而形成联盟,更有可能通过合作伙伴的有形资产实现价值创造。相反,围绕无形资源形成的联盟,特别是以技术探索为目标的联盟,更有可能从知识交流过程中创造价值。

2. 资源相互依赖路径

从互补资产中产生价值的关键因素是联盟创新种群之间建立伙伴关系的成本以及在创新生态系统下创新种群嵌入网络的程度,这是由资源相互依赖的性质形成的复杂网络。联盟创新主体之间的相互依赖需要复杂和重叠的分工,需要持续的相互调整,要求每个合作伙伴与其他合作伙伴紧密和定期地展开协同创新活动。伙伴之间协调的复杂性随着相互依赖程度的增加而增加。在相互依存的背景下,协同创新活动获得互补资产的复杂性越高,伙伴就越需要在关系特定的更高层次的资产和知识交流方面进行协调。由于创新主体协同创新的需要,互补资产之间的高度相互依赖需要对关系专用性资产和知识交流能力进行投资。关系专用性资产和知识交流能力随着时间的推移而共同进化。产业联盟决定投资关系专用性资产时,通常能够利用这些资产创建企业间知识交流能力;同样,当企业建立企业间知识交流能力时,它们经常发现通过对关系专用性资产的额外投资会创造其他价值,从而增加了创造价值的潜力,具体如图6-2所示。

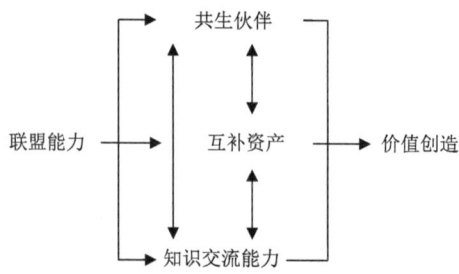

图6-2 产业联盟价值创造过程模型

6.2 基于创新生态系统的产业联盟协同创新价值获取机制

在创新生态系统背景下，企业需要首先考虑如何在产业联盟中实现合作和价值创造，其次再考虑如何从产业联盟中获取价值，并与共生伙伴分享收益。那么，创新主体如何在联盟内实现价值获取，以及如何利用战略阻止竞争对手过多地获取价值是本节所讨论的问题。

6.2.1 产业联盟协同创新价值获取途径分析

创新生态系统视角下，建立联盟的企业必须首先考虑它们计划如何在这些联盟中实现合作和价值创造。但是，它们还需要考虑如何从联盟中获取价值，将收益与合作伙伴分开。一般地，创新主体可以通过三种方式获取价值：直接获取、间接获取，或通过直接和间接交互获取。产业联盟可以通过积极寻找合作伙伴，以扩大和优化其创新生态系统内的创新活动，以便创新主体在生态系统中的创新活动直接获取价值。下面将通过"国家先进轨道交通装备创新中心"案例，详细分析创新主体如何随着时间的推移成功获取价值。

1. 典型案例选择

国家先进轨道交通装备创新中心（简称国创中心）是由中车株洲电力机车研究所有限公司、中车株洲电力机车有限公司、中车株洲电机有限公司、清华大学等企业、高等院校、科研机构等12家单位为创新成员，共同创建的产业联盟。国创中心建立初期，其发展的主要任务：一是明确中心定位，抓好关键共性技术研发；二是针对产业发展的弱项，有目的地加强建设，提升产业发展的辐射带动能力；三是整合资源，进一步汇聚产业内外部创新资源；四是推动创新模式发展，形成可持续发展的商业模式。

国创中心在国家创新生态体系建设的政策指导下，通过创新生态系统"协调者"身份以服务产业为目标，以市场需求为导向，以项目研究为载体，以产学研协同创新为主要形式，通过"开放、竞争、联合"的运行机制充分发挥行业科技龙头和设施先进、人才聚集、机制灵活等优势，面向国内外科研机构、高等院校、企事业单位，采取灵活多样的方式，广泛开展基础技术合作、前沿技术探索、实验方法研究与学术交流探讨。

2. 基于项目合作的价值获取途径

2017年，国创中心与国内外高校、科研机构、企业等开展多层次的合作，先后与华东交通大学、西南交通大学、清华大学、同济大学、中南大学、重庆大学、湖南工业大学等高校开展了产业项目合作，与美国 Broadsens Corporation、德国 Avasition GmbH 公司等开展了项目合作。产业联盟创新主体之间通过明确自身与合作伙伴各自的研发领域、知识产权归属、支付专利费用、专利转让数、技术交易数以及专利质押融资额等方式获取价值，以此形成良性动态协同创新循环，具体如表 6-1 所示。

表 6-1 基于项目合作的价值获取途径

序号	合作伙伴	技术研发情况	价值获取途径
1	华东交通大学	储能电源电容健康状态管理技术研发	专利转让数 技术交易数
2	湖南工业大学	高速重载列车用 3D（three dimensions，三维）喷射成形钛合金制动盘	专利转让数
3	Broadsens Corporation	钩缓系统在线故障监测及健康管理技术研究	专利转让数 技术交易数
4	Avasition GmbH	具备辅助动力多流制甲醇主电路技术研究	专利质押融资额 专利转让数
5	西南交通大学	具备辅助动力多流制甲醇主电路技术研究	专利转让数 专利质押融资额 技术交易数
6	重庆大学	快速动力集中动车组（Ⅱ型）动力转向架驱动系统转子动力学及参数优化	专利转让数 技术交易数
7	清华大学	产品大数据算法开发项目	专利转让数 专利质押融资 技术交易数

3. 知识产权发展战略获取价值途径

通过案例发现，国创中心重视高质量联盟建设、高水平联盟有效运行的基础与保障，同时更加注意利用联盟内专利发展战略获取价值。

（1）进攻性专利封锁。进攻性专利封锁是国创中心利用自身技术的专利变体来阻止其他联盟或企业以竞争性替代品进入市场的一种价值获取行为。这一战略目的是使其他联盟避免使用自己的技术，这不仅是对一种技术申请专利，而且对那些在很大程度上具有替代性的技术替代品也申请专利。进攻性的专利封锁提高了进入壁垒，增加了轨道交通装备制造业市场参与者的预期利润。同时，国创中心还基于"组织能力"逻辑的模块化加强知识产权保护。为了实现这种类型的知识产权模块化，国创中心的核心企业将其系统设计为一组具有非重叠 IP (intellectual property，知识财产）的离散模块。每个模块的生产可以分配给不同的供应商、合作伙伴或业务单位。

（2）组织能力。从动态能力的角度来看，国创中心的组织能力是在默会知识中习得的、高度模式化的、重复的或实践行为的集合。特别是国创中心内部的创新搜索，是在国创中心初始愿景的构建阶段，从各种资源中获取价值。由于所在行业合作伙伴之间的工作流程不同，国创中心内部的创新主体间会遇到更多的冲突，合作协同也会减少。因此，国创中心利用创新搜索影响国创中心内部技术重组新思想的产生过程以及创新结果，管理不同合作伙伴之间的冲突，在知识溢出中吸收有价值的知识。

（3）技术能力。作为价值获取的主要因素，技术能力是国创中心实际创造与获取有影响力的创新能力，包括技术知识、由研发产生的专门知识和其他技术特定的智力资产。尽管国创中心内部核心企业从所在联盟中获得适当的知识，但如果没有足够的能力水平获取价值，就无法将其转化为绩效。国创中心明确自身的研发领域、知识产权归属以及支付专利费用等获得新的有前景的专利，拥有更多以知识产权作为背景知识去建立新的技术能力，以此不断形成动态良性循环驱动国创中心内部资源配置和各种合作吸收新的外部知识，从而能够获取更多的价值。

6.2.2 产业联盟协同创新价值获取方式分析

专利转让数、技术交易数以及专利质押融资额是国创中心知识产权价值获取的重要方式。国创中心通过邀请行业内世界领先的企业、高等院校、科研机构等合作伙伴参与研发，将多方商定的具体知识产权项目纳入联盟合作项目协议中，明确各自研发领域、知识产权归属以及支付费用等，最终达成知识产权合作项目。国创中心通过选派内部创新主体的科研人员加入共生合作伙伴的研究团队共同参与基于创新生态系统下的创新项目，同时允许合作伙伴依据个性需求开展自有研究。国创中心以此模式与世界领先企业、高等院校、研发中心、政府等建立了广泛而密切的合作关系。

国创中心通过知识产权合作以下面三种方式获取价值。

（1）创新生态系统下的国创中心初期阶段，主导了知识产权合作与转让活动，通过技术转让和非股权关系的大幅增长，表明国创中心可能已经从价值创造探索转化为价值获取的竞争。国创中心可从技术转让项目中获得合作伙伴支付的项目费用，用于产业关键共性项目研发背景下知识产权费用的支出。

（2）国创中心获得了大量知识产权所有权，这些权利可以是共同所有权、独有权或者具有授权权利的非独占许可。国创中心利用自身知识产权通过建立知识产权合作，获得新的知识产权前景，将拥有的更多知识产权作为背景知识去建立新的知识产权合作，以此不断形成良性自增益动态循环过程。

（3）国创中心通过与技术或市场中介机构合作，直接通过转移、许可、出售技术和生产衍生产品来获得知识产权收益。当技术及其相关知识产权与新的知识产权合作关联不大或者技术已经成熟地应用于市场时，国创中心将一次性买断，并将其转移到外部其他公司，或者孵化其他子公司，将商业成果完全剥离，以避免与合作伙伴产生商业竞争。

6.2.3 产业联盟协同创新价值获取模式分析

根据 6.2.2 节的案例研究，国创中心在实现价值的情况下获取价值，但随之而来的是伴随价值获取带来的风险，基于对价值获取途径与获取方式的分析，本节提出"知识产权模块化"概念，考虑到国创中心内部创新主体需要以知识产权管理方式获取价值。在创新生态系统背景下，通过知识产权管理系统的模块化架构，国创中心内部创新主体必须同时决定产品和工艺模块的技术界限以及每个模块中部署的知识产权。同时将系统的模块化架构与知识产权管理相结合，以协调分布式价值创造的机会和获取价值的需求。国创中心价值获取机制主要体现为两个方面。

1. "企业+联盟"模式

在"企业+联盟"的价值获取模式中，国创中心取代了以往核心企业的中心地位，改变了大多由核心企业担当协调者这一角色。国创中心的"企业+联盟"创新模式在创新产权清晰程度和技术转化效应上具有两个方面优势：一方面，国创中心通过独特的知识产权管理明确知识产权的归属，创新成果的产权界定十分细致清晰；另一方面，国创中心的"企业+联盟"创新模式的技术转化与关系嵌入式的网络资源相比，有更大的灵活性和更好的辐射性。

2. 知识产权模块化治理模式

创新生态系统下的产业联盟公平竞争的第一要务便是基于平等公开的市场竞争环境，而知识产权是公平、充分竞争的重要法则之一。国创中心通过保护知识产权的独占性，不断激励联盟内部创新主体的创新活动，努力营造良好的价值获取竞争环境。国创中心价值获取机制以知识产权治理为基础，这既是国创中心以"企业+联盟"模式的延伸，也使得该模式有别于其他研究机构主导的创新生态系统。

国创中心通过"企业+联盟"的创新模式，以知识产权模块化方式获取价值。国创中心从"技术优势"中获取价值，是自身创造价值的主要目标。在创新生态系统构建阶段，国创中心的创新种群已经提出了以知识产权模块化管理方式积极探索协同创新路径。同时，国创中心通过制定和实施优于竞争对手的价值获取战略组合，利用内部创新种群的竞争优势和可持续发展能力，在价值创造的关键过程中使用对技术发展路径标记的方法，以及借助知识产权的模块化架构管理方法标记价值获取的关键点，进而实施价值获取战略，促进自身成功并获取价值，具体如图6-3所示。

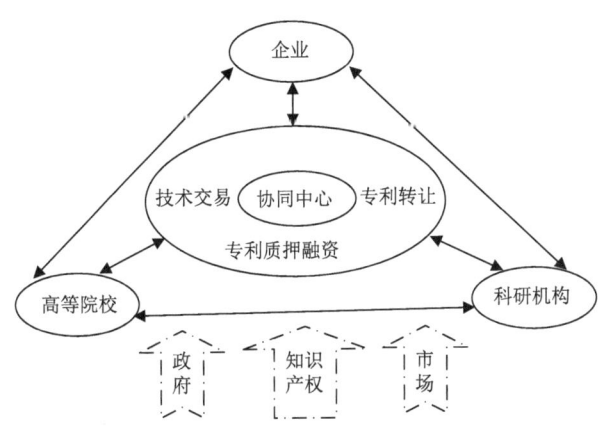

图6-3　产业联盟价值获取概念模型

6.3　产业联盟协同创新价值创造与价值获取协同耦合机制

在创新生态系统背景下，产业联盟是一个极具包容性的顶层价值主张下的各主体单元互联、互动和互赖的耦合体。联盟根据其内部的各主体间的耦合效应放大外部的互联优势（尤其是联盟内部各主体的外部互联优势），终极目的是在耦合效应的基础上促成产业联盟内部形成一种良性正反馈循环，推动联盟实现一种螺旋上升的持续演进和永续式的价值共创发展。在这一基于创新生态系统的协同耦合过程中，产业联盟将通过促进内部主体在"互联、互动与互赖"价值方面发挥特殊作用，联盟通过对内部成员的价值主张培育、价值创造与获取机制的建立，根据创新生态系统的阶段性演进路径，统筹调配价值从一个创新主体流向另一个主体。

通过指出创新生态系统的成员如何解释和管理价值创造与价值获取过程来展示创新生态系统的生命周期。首先，解释了创新主体在构建创新生态系统目标时价值创造与获取方面的初始愿景。创新生态系统下的产业联盟创建是一个由产业联盟内部创新种群精心策划的集体发现的过程，企业试图尽可能拖延其注入互补资产承诺，以防止错误判断而导致联盟解体。其次，为理解企业如何能成功地驾驭这种环境，强调以创新生态系统下的动态视角以建立对创新主体协同创新过程的动态控制。具体来说，利用影响、监控和更新策略，以确保新出现的价值主张将以这样一种方式发展，即联盟中创新主体希望通过这些技术控制点获取实际应用所创造的价值，强调了根植于创新生态系统价值共创的视角和嵌入企业价值获取的活动愿景中的路径标记。最后，由于联盟初始愿景的不断拓展以及伙伴选择与知识交流的完善，联盟内成员开始考虑价值创造并试图最大化它们的价值获取目标。

因此，通过价值主张、价值创造、价值获取这一逻辑，根据创新生态系统自组织演化过程构建价值网络，实现联盟创新主体价值创造与价值获取协同耦合，进而助力产业联盟创新主体获取竞争优势，共同实现价值共创，如图6-4所示。

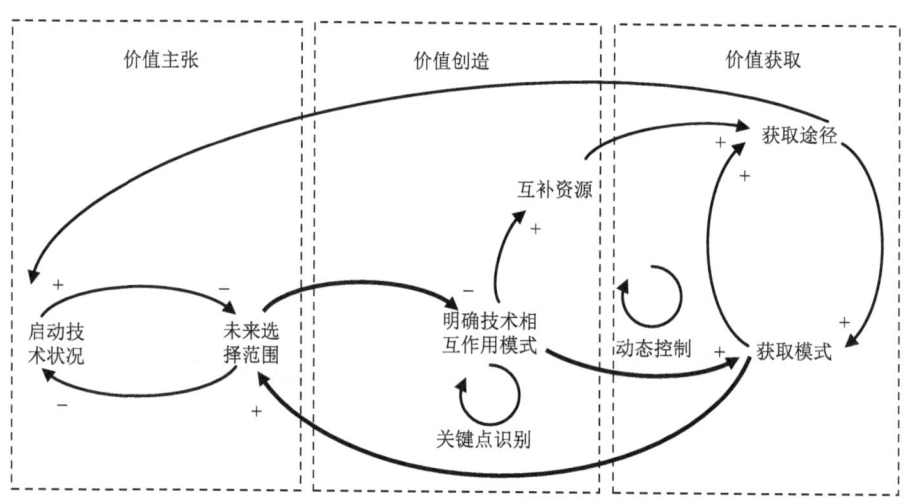

图6-4 产业联盟价值创造与价值获取协同耦合过程

6.3.1 产业联盟价值主张与技术发展协同耦合

在创新生态系统背景下构建产业联盟的初始过程阶段，关键是向待进入的联盟伙伴展示创新主体协同创新原始共同愿景的价值主张。其目的是完善产业联盟，通过价值主张与未来技术的协同发展，筛选匹配的互惠共生合作伙伴。

1. 引导联盟实现价值主张

通过创新生态系统，产业联盟内部创新主体通过引导客户产生一个协同创新过程实现复杂的价值主张，同时确保它将从协同创新的过程中实现价值创造与价值获取并获益。创新生态系统下的产业联盟初始愿景构建被描述为一个创造性的过程，创造性地思考联盟可以为关键性技术创新做什么，同时它也是一个管理过程。鉴于时间跨度和不确定性，所有参与者的创造性以及不断增加的路径依赖性，促使创新主体以一种动态性方法构建创新生态系统背景下的产业联盟。对于产业联盟初始愿景构建，是相互参与和创新主体之间不断增加的信用承诺，将最初广泛的初始愿景具体化为更清晰的开放式驱动、开放式管理、开放式结果三个部分。关于价值主张、价值创造和价值获取的新的多层面角色，如图6-5所示。

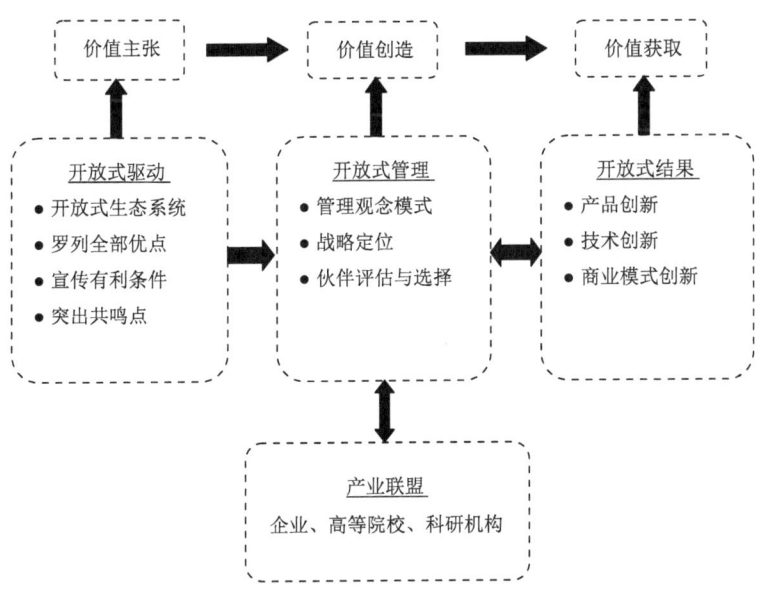

图 6-5　产业联盟价值主张形成过程

通常，在不确定性较高的情况下，产业联盟内核心企业通过协同其他创新者构建产业联盟形成期的初始愿景。

首先，对于需要多方协作的日益复杂的产品和服务，需要新的视角去理解创新主体如何为现有客户创造更多的价值，或一起创造全新的价值主张。在这种背景下，创新生态系统既具有实际意义，又具有理论意义，因为创新生态系统视角可能让企业重新思考价值是如何被创造的，即围绕一个关键的价值主张选择某些产品以满足其独特性的需求，在此基础上，企业需考虑两个问题：如何超越竞争对手以及如何找到与竞争对手的差异点。从创新生态系统的角度来看，联盟能够通过内部创新主体从根本上扩大企业可能解决的客户异质性问题，从而扩大联盟可能创造的价值。其次，创新生态系统对改善产业联盟价值获取具有相当大的优势。在直接和间接网络外部性的推动下，可能会通过引导联盟发展方式为企业带来巨大的异常回报。

2. 启动技术状况

企业清楚地了解哪些资产可以在生态系统中利用，并通过选择合适的合作伙伴，得出技术和社会相互依赖关系的伴随式设计。技术与产业级别的价值系统或体系结构是给定的一组相互依赖关系，在这些关系中，它们需要识别战略瓶颈以创建产业联盟价值创造与价值获取的初始愿景机制。为价值获取定义了这样的控制点，企业可以通过产业联盟的发展战略相互依赖性，确定潜在的互补者和供应商。这些策略的特别之处就是确保同步性，在适当的时间，外部合作伙伴将产生所需的投入价值主张。联盟内核心企业与高等院校及科研机构应该规划线路和抢占先机，为未来的价值创造指明方向，从而为当前的未来价值获取提供合理的投资。为了实现实际的未来价值创造，核心企业应该与高等院校及科研机构联合产生协同创新共鸣，即一个加强的技术反馈回路，导致联盟外部和内部参与者之间对互补资产承诺的放大。这种共振循环产生了越来越多的技术路径依赖性，从而减少了创新生态系统的风险不确定性，并使创新生态系统下的产业联盟发展轨迹朝着一个共同的价值主张发展。

6.3.2 产业联盟价值创造与价值获取路径协同耦合

在创新生态系统背景下，通过产业联盟协同创新共同构建初始愿景有助于联盟伙伴选择，进一步缩小潜在的应用范围，但关于新出现的创新生态系统下的联盟蓝图设计的不确定性仍然很高。产业联盟中创新主体面临一个两难困境：如果不知道未来创造的价值是什么，它们就无法在当前进行可靠的投资，对未来价值获取控制点的合法所有权具有巨大潜力。然而，这样的静态控制并不足以确保价值捕获，因此，存在两个特别重要的关键性因素：技术依赖路径以及控制动态关键点路径。

1. 技术依赖路径

考虑到创新生态系统创建过程中产业联盟内创新主体技术水平的不确定性，在确定未来价值获取关键点时，企业选择的行动方案需要再次对创新进行搜索，并进一步缩小有前景的范围，而不是基于对未来的明确愿景引导目前的一系列行动，包括模糊的价值获取控制点。虽然产业联盟在创新生态系统中创造的价值具有模糊性，但仍然可以通过构建价值创造与价值获取机制推动联盟识别未来创造和获取价值的能力，以便：①知道在哪里引导发展联盟的创新生态系统（标记路线的过程）用于最终的价值获取；②识别联盟中其他创新主体获取价值的不必要的发展并防止某些创新主体先发制人。这些动态标记有助于为创新生态系统设想蓝图阐明合适的角色分布，以便联盟的创新主体可以进一步融入一个共同愿景中。

核心企业利用价值主张这一方式控制协同创新的方向和速度,在实现自身价值捕获的同时,依托市场异质化布局和资源壁垒构建,有效制约生态参与者的战略选择空间。为了从创新生态系统博弈中获得价值,产业联盟需要识别并获取控制点,临界点大部分价值是通过创新生态系统内的生态位创造的。通过技术路径测度识别未来的、可防御的技术瓶颈或控制点,这些控制点是移动目标,取决于企业当时的战略和可用资源,不一定与直接的价值获取相关联,它是从明确的动态创新生态系统设计蓝图中不断推演出来的。

2. 控制动态关键点路径

创新生态系统需要在价值创造和价值获取目标之间取得平衡,以便能够创新和生存。反过来,这种平衡需要对创新生态系统价值、生态系统价值创造和生态系统价值获取有新的认识。高度竞争的环境阻碍了创新生态系统的共同创造。虽然在创新生态系统路径标记阶段,产业联盟的价值创造具有模糊性,但仍然可以通过构建价值创造与价值获取机制推动联盟识别未来技术的选择范围。当价值获取超过价值创造时,生态系统应重新关注价值共创或自我更新。这不仅强调了创新生态系统重新评估其内部企业、高等院校、科研机构等提供和创建价值的必要性,同时,也可以通过定位技术选择范围减少观望策略的风险。当产业联盟无法专注于创新生态系统层面的价值共创时,从价值共创到低价值创造的转变应该是创新生态系统正在下滑的警告信号。

6.3.3 产业联盟价值创造与价值获取过程协同耦合

1. 价值创造与价值获取耦合过程分析

产业联盟价值创造与价值获取协同耦合作用,会导致联盟自身以及创新生态系统的属性发生缩小或放大的变化。价值创造与价值获取可以看作创新生态系统的两个子系统,这两个子系统之间存在相互影响、相互制约、相互作用的关系。一方面,核心企业作为协调者,在协同创新中驱动多方沟通协作,实现价值共创。通过优化知识交流过程与知识网络,为联盟技术创新能力提供知识支持与动力,从而创造价值。另一方面,价值获取又是技术选择战略为知识交流能力提供知识反哺的过程,通过知识创造产生知识增量,补充联盟的知识库,促进知识创造、流动、扩散和应用等。价值创造与价值获取二者的协调发展产生协同耦合效应,实现产业联盟最终的战略目标并推动产业联盟稳定、持续地发展,具体如图 6-6 所示。

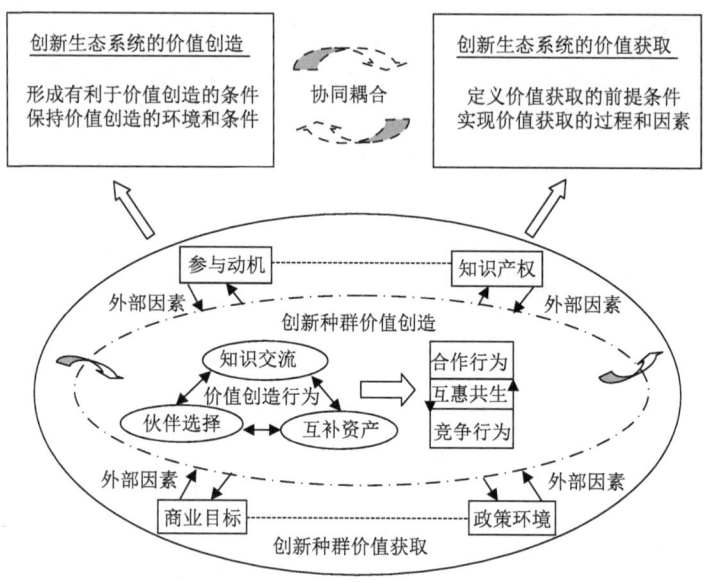

图 6-6　基于创新生态系统的产业联盟价值创造与价值获取协同耦合过程

根据图 6-6 可知,伙伴选择与知识交流产生的协同效应通过缩小技术可选择范围来巩固创新生态系统的演化轨迹。在政策环境、知识产权以及商业目标等外部因素的作用下,产业联盟创新主体通过知识交流、伙伴选择以及互补资产三者之间的合作与竞争行为,形成创新生态系统下的联盟价值创造子系统与价值获取子系统之间互惠共生的协同耦合创新过程。

2. 基于自组织演化过程的价值创造与价值获取协同耦合

创新生态系统的自组织演化过程,就是各子系统之间紧密相连且相互影响,形成统一的"力量"驱动系统发生质变的过程。在描述系统状态的诸多变量中,存在某一个或几个变量,当系统处于无序状态时其值为零,伴随系统从无序向有序的转变。通过某一个或几个变量由零逐渐向正的有限值变化,来描述系统的有序程度称为序参量。与系统其他变量相比,序参量随时间变化缓慢,有时称其为慢变量;而其他变量随时间变化较快,故称为快变量。

当系统发生非平衡变化时,序参量的大小决定了系统有序程度。序参量决定系统相变的形式与特点,并且支配、主宰、役使系统其他变量。从这个意义上讲,序参量也可以称为"命令变量"。在系统自组织演化过程中,众多变量形成某些序参量;反过来,序参量又可以使其他状态变量发生变化。系统发生相变的过程是由系统状态变量形成系统序参量,序参量又役使系统其他状态的变量的过程,模型(6-1)说明了系统演化这一变化过程。

第6章 基于创新生态系统的产业联盟协同创新价值共创机制

由于创新生态系统下的产业联盟各个创新主体拥有实现其自身价值、效益、效率最大化的共同目标,因此,在本质上体现了价值创造的思想,即创新生态系统背景下的产业联盟协同创新过程是一个以协同为基础、以价值创造与价值获取为核心的价值创造系统,其自组织演化过程就是一个伴随着价值创造与价值获取协同耦合的过程。因此本书认为,在基于创新生态系统的产业联盟自组织演化过程中,价值创造与价值获取就是其序参量。

联盟的两个变量,假设它由两个状态变量 X(表示价值获取)和 Y(表示价值创造)描述其状态,遵从的演化方程为

$$\begin{cases} \dfrac{dX}{dt} = \alpha X - XY \\ \dfrac{dY}{dt} = -\beta Y + X^2 \end{cases} \quad (6\text{-}1)$$

若不考虑非线性项,则成为两个相互无关的方程,给定参数 $\beta>0$,Y 是表示价值创造逐渐减弱的衰减变量。$\alpha>0$,X 发散,趋于无穷;$\alpha<0$,则 X 的变化规律与 Y 一样。假定 α 取值可正可负,β 仅取正值,这时称 Y 为稳定模,趋于稳定,X 为不稳定模,它的稳定依赖 α 的正负取值。

若考虑非线性项,方程相互耦合,假设 X 与 Y 关系已知,对方程可解出:

$$\frac{dY}{dt} = -\beta Y + X^2 \quad (6\text{-}2)$$

$$Y = \int_{-\infty}^{t} e^{-\beta(t-\tau)} X^2(\tau) d\tau \quad (6\text{-}3)$$

其中,τ 为过去的时间点(积分变量);t 为当前时间。利用了初始条件 $Y(-\infty)=0$,为理解役使演化原理,对式(6-3)进行部分积分,有

$$Y = \frac{X^2}{\beta} - \frac{2}{\beta}\int_{-\infty}^{t} X \cdot \dot{X} e^{-\beta(t-\tau)} d\tau \quad (6\text{-}4)$$

计算式(6-4)右侧第二项:

$$\frac{2}{\beta}\int_{-\infty}^{t} X \cdot \dot{X} e^{-\beta(t-\tau)} d\tau \leqslant \frac{2}{\beta}\int_{-\infty}^{t} |X \cdot \dot{X}|_{max} \int_{-\infty}^{t} e^{-\beta t} e^{\beta \tau} d\tau$$

$$= \frac{2}{\beta} |X \cdot \dot{X}|_{max} e^{-\beta t} \frac{1}{\beta} e^{\beta t} d\tau = \frac{2}{\beta^2} |X \cdot \dot{X}|_{max} \quad (6\text{-}5)$$

式(6-5)中,可以忽略右侧第二项 $\left(\dfrac{2}{\beta}|X \cdot \dot{X}|_{max} e^{-\beta t} \dfrac{1}{\beta} e^{\beta t} d\tau\right)$ 的条件为

$$|X| \gg \frac{2}{\beta}|\dot{X}|_{max} \quad (6\text{-}6)$$

此条件可解释为 X 变量的变化速度特别慢，称 X 为慢变量。从上述例子可以看出，若 X 为慢变量并满足式（6-5）时，式（6-1）中第二个方程的解为 $Y = X^2/\beta$，这个式子可看作对由式（6-1）所示演化系统在 X 为慢变量时，将 X、Y 关系式 $Y = X^2/\beta$ 代入式（6-1）中得到单变量 X 的微分方程：$\dot{X} = \alpha X - \beta X^3$，这时得到 X 变量满足尖拐点突变方程，X、Y 之间的函数存在耦合关系。

由此可见，在创新生态系统的自组织演化过程中，序参量"价值"作为主导并支配产业联盟创新主体的行为，此时序参量的形成动因来自系统内部的协同耦合机制的动态整合能力。在创新生态系统的自组织演化过程中，产业联盟依靠其自身的协同耦合机制的作用形成了价值序参量，同时在价值序参量的驱动下实现了价值创造与价值获取。协同耦合机制的主要功能在于创新生态系统中的动力要素转化为产业联盟内部的价值，进而实现价值创造与价值获取。成熟的协同耦合机制能够充分地利用创新生态系统中任何可以获得的动力要素，并且能够有效地通过激发价值获取关键点将其转化为价值。

6.4 本章小结

本章构建了基于创新生态系统的产业联盟协同创新价值共创机制，首先，对产业联盟价值创造内涵、关键点识别以及价值创造的过程进行了详细分析；其次，针对价值获取的途径、价值获取的方式和价值获取的模式进行了深入探索；最后，利用创新生态系统的自组织演化模型，系统论述了产业联盟价值创造与价值获取的协同耦合关系，并提出动态整合能力是推动创新生态系统背景下产业联盟产生价值序参量的根本动力。

第7章 基于创新生态系统的产业联盟协同创新平衡机制

产业联盟经过协同创新价值共创过程之后，会进入创新生态系统治理的产业联盟协同创新平衡控制过程。产业联盟创新种群之间价值创造与价值获取以及伙伴选择与知识交流的网络协作，使联盟主体间实现互惠共赢，形成了相互依赖和共生演进的网络关系。本章构建产业联盟协同创新平衡机制，主要包括规划目标与项目进度平衡机制、技术资源与网络资源动态平衡机制，平衡风险预警机制、平衡反馈机制、平衡激励机制等，这些机制是基于创新生态系统下的产业联盟创新主体充分发挥各自创新优势并完成协同创新目标的重要保障，是一种具有创新生态系统愿景的适应性控制机制。

7.1 产业联盟协同创新规划目标与项目进度平衡机制

7.1.1 产业联盟协同创新规划目标与项目平衡

创新生态系统的产业联盟规划目标与项目进度平衡机制是对创新项目愿景的预判，具有平衡目标与进度的作用，是基于创新生态系统的产业联盟协同创新机制中的一项子机制，是产业联盟协同创新的一套战略性综合协调管理机制。创新生态系统的产业联盟规划目标与项目进度平衡机制协调规划共生机制及价值共创机制的各个环节创新活动的一致性，保障联盟内部各种协同创新活动的连续性，使创新生态系统内部的创新资源在有限空间与时间范围内能够合理分配。

规划目标与创新项目的平衡，更多地需要通过共生理论加以阐述。共生理论来自社会科学衍生的范畴，其内容包含共生单元、共生环境及共生模式。基于创新生态系统下的产业联盟中的共生单元是由企业、高等院校及科研机构组成，而共生单元间的共生模式就是联盟内部或联盟之间所形成的组织模式及成员间的关系。基于共生理论构建规划目标与项目进度平衡机制，是实现产业联盟共生单元协同创新资源平衡的准则，是实现联盟绩效评价的系统性、统一性、连续性的必要保证，能够保证创新生态系统下产业联盟协同创新目标规划控制机制的总体平衡。目标规划与项目进度平衡机制的主要功能包括以下两点。

（1）预判联盟协同创新规划目标的开展进程。对创新项目愿景（目标与任务进度）进行预判。在创新生态系统背景下的产业联盟协同创新过程中，应与创新生态系统的初始愿景的规划目标紧密结合，以规划目标为导向，进一步整合资源，预先判断技术选择路径，开展技术预测，可适当地根据目标进程，构建规划目标资源平台，明确产业联盟协同创新规划目标发展的优先级，通过技术配置能力的调控，以及技术整合能力的培育，有效开展规划目标进程。

（2）预判联盟协同创新项目进度的进程。在创新生态系统的背景下，对产业联盟协同创新的任务进度等环节进行预判。规划目标与项目进度平衡机制保证了生态系统内部共生单元间的良好互动，能够使产业联盟内部的研发活动按照创新任务依次有序进行。在创新生态系统的形成阶段，通过突破关键共性技术引导科技创新方向，通过技术整合能力推动进度完成，通过技术配置能力促进创新生态系统内部优质资源顺利流动，通过技术重叠程度促进创新主体间的创新任务顺利完成，具体如图 7-1 所示。

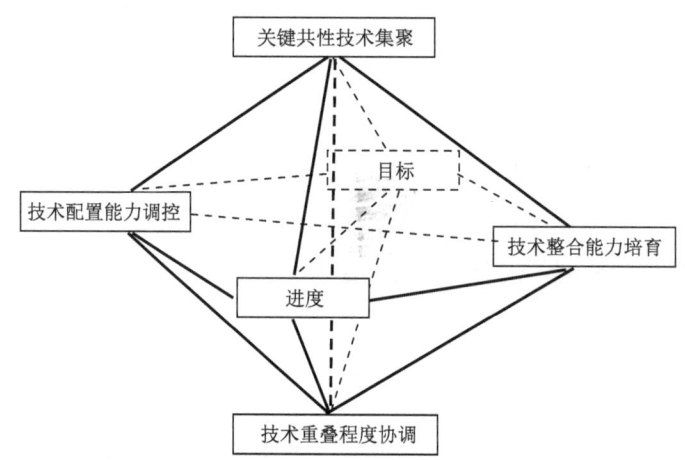

图 7-1　规划目标与项目进度平衡机制钻石模型

图中实线表示钻石模型各要素连接的正视效果；虚线表示"目标"要素（背面）与其他要素之间的连接关系的透视效果

7.1.2　产业联盟协同创新规划目标与项目进度平衡机制构建原则

为了使所构建的平衡机制能有效地平衡规划目标与项目进度，推动产业联盟稳定迅速发展，平衡机制的建立要依据相关的原则。

（1）目标统一。在规划目标与项目进度平衡机制构建时要确保目标与进度之间不冲突，都是为系统整体资源平衡的目标服务。在创新生态系统背景下，平衡机制都应该围绕产业联盟协同创新发展的目标和协调各项任务进度之间的平衡、技术资源与网络资源之间的动态平衡来设计。

(2)愿景协同。规划目标与项目进度平衡机制的构建是为了促进产业联盟协同创新的发展,要求产业联盟及各联盟成员都要有明确的职责及范围,联盟成员之间需要相互配合。在创新生态系统下的产业联盟形成的初始愿景基础上,构建内部创新主体之间的协同合作制度,使创新主体间顺利完成阶段性项目进度,共同促进创新生态系统背景下产业联盟协同创新发展。

7.2 产业联盟协同创新技术资源与网络资源动态平衡机制

产业联盟通过对资源配置方式的调整,在联盟创新主体协同创新实现价值共创的前提下,提升联盟绩效。对技术资源及网络资源的有效配置,有助于提高技术创新速度,以及提升联盟自身协同创新能力。资源配置方式是联盟伙伴间通过交互活动所转移的资源,包括联盟技术资源以及联盟网络资源[186]。二者在创新主体协同创新过程中相互作用形成一种互惠关系。

7.2.1 产业联盟技术资源与网络资源协同创新

联盟技术资源主要涵盖技术选择、技术标准、技术预测、技术接受度和影响力等交互产生的专有规则[187]。作为技术资源的关键因素,技术选择决定了产业联盟技术是否被市场认可。技术选择涉及从众多可用选项中选择最佳技术,是一个与联盟创新主体所处系统的联盟内部资源紧密相关的"创新进程"。当前,对技术选择与技术进步的研究较为丰富。Landqvist 和 Lind[188]将技术选择分解成技术成熟性与技术先进性两个维度,从质量和产品两个方面阐述由技术选择带来的优势与弊端。张悦等[189]认为对要素禀赋结构进行技术选择和创新投入有助于资源平衡。但技术选择并非越先进越好,过度强调技术先进性不利于联盟内部资源利用率的提高[190]。技术选择本身也要遵循行业要素禀赋结构所决定的比较优势,通常偏离要素禀赋的技术选择都体现着较鲜明的行业战略发展意愿[191,192]。因此,应当科学决策产业联盟创新主体在技术选择上应该"因势利导"地严格遵循要素禀赋的演进趋势,还是应该"适度赶超"地领先于要素禀赋积累速度。这对创新主体将何种技术选择纳入创新生态系统资源平衡范畴,并在互补资产的匹配下实现产业联盟协同创新发展具有重要作用[193]。

此外,互补资产作为联盟网络资源,对联盟资源平衡具有重要意义[194]。通过梳理文献发现,学者相对注重互补资产与联盟创新绩效的转换过程而忽略了互补资产对联盟内部资源整合的调节作用和影响关系[195]。结合新木桶理论可知,互补资产对联盟内部资源平衡被证实具有调节作用。而在互补资产对联盟资源的影响方面,Kapoor 和 Furr[196]认为企业在技术创新过程中占有及掌控与新技术商业化密切关联的专业化制造能力和互补技术、社会网络关系、互补设备等资产是企业形成创新生态过程的重要依据。互补资产是创新主体彼此协同合作维持资源平衡的有效途径,在获取创新租金过程中互补资产扮演重要角色。互补资产通常具有独特的路径依赖性,其在体现价值的同时往往难以模仿,企业对互补资产的培育有利于形成竞争优势[197]。Colombo 和 Dawid[198]认为互补资产可用性增加会导致企业研发投入的增加进而打破资源平衡。Tripsas[199]认为现有企业与新企业商业绩效受技术能力和互补资产专用性两个因素的平衡与相互作用影响。Pisano 和 Teece[200]研究发现企业若拥有较强互补资产可能会削弱其在上游专用领域的研发偏好。宋燕飞等[201]同样认为创新者若拥有强大的互补资产,就能比相对于拥有相似技术的竞争对手创造出更大的价值。薛红志和张玉利[202]通过对企业在技术变革中经历的技术劣势后发现,这种技术劣势转化为商业劣势的程度取决于企业的互补资产数量。

尽管合作伙伴的资源组合之间的互补性存在协同作用的潜力,但也存在合作伙伴的资源聚合(意味着资源可能冗余)或分化(通过资源配置、剥离或战略上的变化)的潜力,从而导致互补性减弱。这表明,联盟中资源组合之间的互补性程度不是固定的,因此,需要对其进行预判、控制与调整等,具体如图 7-2 所示。

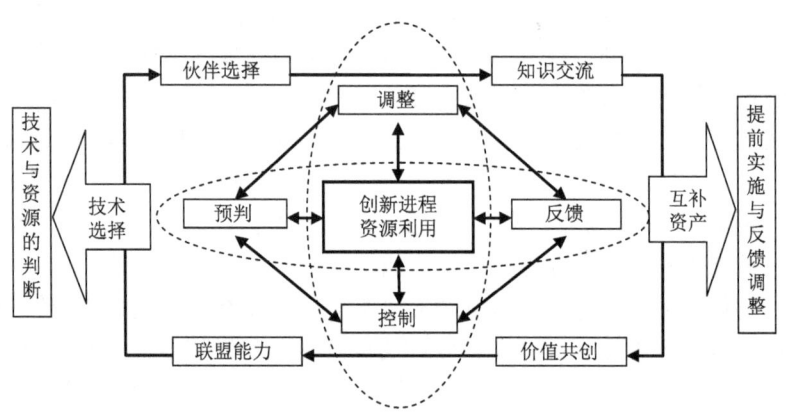

图 7-2 创新进程与资源利用动态平衡关系

产业联盟协同创新资源的动态平衡是以网络嵌入性特征为切入点,以网络嵌入性下的关系嵌入和结构嵌入特征展开技术选择与互补资产动态平衡研究。Ashraf 等[203]、宋华和杨璇[204]、Fuentelsaz 等[205]、Weng 等[206]、黄海昕等[207]通过研究发现,联盟创新网络嵌入正向影响网络资源平衡。产业联盟通过内部创新主体的创新活动积累知识,通过外部学习吸收创新主体或联盟成员知识发展自身核心能力。联盟网络资源决策的前提是针对联盟技术资源的分析,因为网络资源本身具有联盟网络特征属性，而只有当网络资源和技术资源相互作用达到联盟初始愿景的规划共生与联盟价值共创之后，网络资源与技术资源之间的动态平衡才具有控制联盟资源平衡的属性。所以，如何根据网络资源特性去发现、选择、利用技术资源，是创新生态系统背景下产业联盟技术资源与网络资源协同创新的关键。联盟外部资源存在两种方式：一是联盟网络纵向资源，指联盟内部创新主体基于行业内部的领域知识与其他创新主体通过网络嵌入性建立的深入与稳定性程度；二是联盟网络横向资源，指联盟内部创新主体基于行业外部的架构知识与其他创新主体基于网络嵌入性整合的广泛与多样性程度。

实际上，产业联盟技术资源与网络资源的平衡，从一定意义上反映了一个联盟的综合能力，是基于创新生态系统下价值共创的最终控制。联盟内部创新主体丰富的冗余资源为产业联盟发展战略变革提供了资源"缓冲"作用，联盟主体之间通过网络连接为创新主体整合行业的架构性知识提供了异质性资源支持，能够有效控制和平衡创新生态系统背景下的产业联盟协同创新的稳定发展。

7.2.2 产业联盟协同创新资源动态平衡影响方式分析

产业联盟可以通过获取大量的联盟外部资源，进而对其进行整合与吸收重组，用来弥补联盟自身内部资源不足的现状。无论是联盟内部的资源平衡还是联盟之间的资源平衡，最终的资源平衡都是作用于联盟的创新绩效，通过对联盟创新绩效的影响，反映联盟内外部资源的平衡的合理状况。因此，本节分别从联盟内部资源、联盟外部资源以及联盟内外部资源的交互作用对创新绩效的影响进行分析，试图探索案例联盟的资源平衡方式对联盟创新绩效的作用，以便对案例联盟的资源平衡形式做出评价。

创新生态系统理论认为，根据网络嵌入特点，联盟网络内企业通过扩大产业链上游的研发投入与重构下游制造经营活动形成竞争优势完成创新生态系统自增益循环过程。研发投入过程通常历经从外部技术获取到内部创新研发环节，其间经历了对技术的选择、引进、消化、吸收、再创新。在此过程中，适宜的技术选择逐渐被视为提升联盟绩效的关键。技术选择作为一项复杂、动态、非线性的过程，是多种因素共同作用的结果。技术选择与互补资产开发对企业创新绩效的影响取决于网络嵌入程度，即企业在多大程度上参与了相互关联的企业间关系网络[208]。创新主体网络结构与其网络嵌入性程度和网络占据势能正相关，并且越具有网络结构优势越容易获得互补资产[209]。目前，网络嵌入性研究主要集中在关系嵌入性与结构嵌入性对创新绩效的影响上，针对研究背景的差异，关系嵌入性与结构嵌入性对创新绩效呈现不同影响。但大多数研究局限在单一网络嵌入视角，由于企业通常在多个联盟网络中扮演不同角色，单个网络嵌入不足以描述企业在创新活动中扮演多种角色所面临的嵌入性约束困境。这种约束困境往往使企业在技术选择与互补资产开发平衡过程面临两难选择：一方面企业在面对激烈的技术变革时究竟应该"因势利导"还是"适度赶超"；另一方面，互补资产在与技术选择的匹配过程中究竟发挥"资源缓冲"还是"透视折射"的作用。目前，学术界针对基于创新生态系统的网络嵌入性这一特征，根据技术选择与互补资产协同创新的动态控制方式对联盟绩效这一过程形成的影响有待探索。同时，技术选择与互补资产的相互匹配对联盟绩效的影响机理以及二者作用关系呈现协同增益或此消彼长也有待深入探讨。

本章以网络多元化方法揭示网络嵌入性研究新视角，根据产业联盟技术选择的探索研发及互补资产挖掘所涉及的联盟活动背景，构建探索性联盟网络（探索性网络 ra）与挖掘性联盟网络（挖掘性网络 it），通过度中心性和结构洞指标测度，详细阐述互补资产在技术选择变革时所扮演的角色的同时，反映联盟内部与联盟之间技术选择与互补资产协同的动态平衡作用方式对联盟绩效的影响，进而对产业联盟技术资源与网络资源的平衡状况做出预判，对产业联盟协同创新资源平衡进行预控制。

7.2.3 假设提出与变量测度

1. 联盟网络内部的资源平衡影响分析

当网络嵌入性约束程度较低时，意味着联盟内各创新主体间联系程度较为松散，此时探索性或挖掘性联盟网络内结构洞数量相对较少，创新主体可以在产业链活动相同的联盟网络内通过创新伙伴合作或自主研发增加新技术（互补资产），抵消来自网络内的嵌入性约束，此时联盟绩效随着新技术、互补资产的增加逐渐提升。随着联盟内创新主体技术选择的变化升级及互补资产的交叉重组，探索性（挖掘性）联盟网络创新主体间嵌入性约束逐渐增大，但创新主体通过调节结构洞填充、闭合控制技术选择探索与互补资产挖掘活动，制约新进入的创新主体伙伴选择。此时，创新主体并非占据结构洞而获利，而是凭借占据结构洞中介位置获取技术选择或互补资产同质知识数量与效率上的优势正向影响联盟绩效，并使联盟绩效达到最大值。下一阶段，当创新主体继续增加联盟网络内技术选择（互补资产）投入时，有可能阻碍其联盟绩效发展，甚至成为其发展的桎梏。此时，结构洞的增加对创新绩效具有抑制的负效应。以探索网络研发活动为例，初始阶段高性能核心技术对创新绩效具有正向影响。伴随不同技术间的相互交融，创新主体对核心技术背后的核心知识认知距离逐渐缩短，认知惰性逐渐产生，为防止核心技术刚性发生，创新主体须通过逐渐增加关键性互补资产技术领域知识搜索摆脱网络嵌入性约束困境束缚，追求创新绩效最大化。这种困境束缚既可以提供给合作伙伴共享的外部知识，也可以限制焦点企业与合作伙伴分享知识，这在一定程度上缓解了创新主体因嵌入较多异质知识而无力追求结构洞的境况。结构洞增加数量相对呈现放缓趋势，网络嵌入性约束也随之变小。但是，倘若创新主体无法有效实施技术选择，一味通过高性能核心技术提升联盟绩效，势必产生联盟绩效下降的趋势。因此，企业探索性（挖掘性）联盟网络的结构洞对创新绩效的影响随技术选择（互补资产）的变化呈现非单调关系（倒"U"形）。根据上述分析，本章提出预测性假设：

H1：随着创新主体技术选择性能的提升，探索性网络结构洞数量与联盟绩效呈倒"U"形关系。

H2：随着创新主体互补资产加大开发程度，挖掘性网络结构洞数量与联盟绩效呈倒"U"形关系。

2. 联盟网络外部的资源平衡影响分析

随着创新活动在多个联盟网络展开，探索性网络与挖掘性网络彼此会产生协同效应，有效抵消网络嵌入性约束。这种协同效应为创新主体提供识别和开发新技术的机会。这种机会导致探索性与挖掘性网络结构在信息与资源的冗余程度和关系嵌入程度方面具有差异化。具体地说，探索性网络创新主体合作更多是知识间竞争性互依关系，挖掘性网络创新主体更多是产业链纵向共生性依赖关系。探索性网络本身具有跨时空特性，创新主体基于竞合关系的技术研发活动、基于共生关系的互补资产匹配活动决定了差异化联盟网络间协同演化的适应结构。这种适应性结构的无边界特征可以在一定程度上突破网络间束缚，降低嵌入性约束困境和协同演化不确定性带来的风险。以探索性网络企业技术选择活动为例，创新主体通过适宜的技术选择提升研发投资的边际收益而加大研发投资比例，创新成果商业化所需互补资产的挖掘比例也随之提高，当探索性网络内互补资产不足以与技术选择匹配时，鉴于联盟中互补资产的交换与互动的互惠性，创新主体此时寻求其联盟合作伙伴的支持，享受联盟合作伙伴的共享资源。但企业也同样面临分享自身资源的压力。因此，企业在联盟中往往会遇到资源占用与资源侵占风险之间的悖论。这迫使探索性网络创新主体利用网络间协同效应跨越到挖掘性网络内与其创新主体采取共生性互依合作。此时，互补资产与技术选择匹配程度越高，代表创新主体能够运用技术优势生产差异化产品的能力越强，持续的跨网络互补资产开发可以帮助创新主体确定未来技术研发探索活动的需求和方向。但这种需求与方向对创新主体创新绩效的影响受制于网络嵌入性约束带来的利益与风险，这种利益与风险的存在又受制于创新主体对结构洞的束缚控制。因此，创新主体通过增强彼此兼容性和互补性共同抵御研发不确定带来的风险，利用跨网络效应对结构洞的影响改变网络嵌入性约束影响[210]。通过突出不同网络间异构性影响的相互作用来影响创新主体的行为和创新绩效。根据上述分析，提出假设：

H3：探索性网络的结构洞与挖掘性网络互补资产具有积极关系，且正向影响探索性网络创新绩效。

H4：挖掘性网络的结构洞与探索性网络技术选择具有积极关系，且正向影响挖掘性网络创新绩效。

3. 联盟内外部网络交互的资源平衡影响分析

创新主体受到网络内与网络间嵌入性约束的联合效应影响，其网络位置关系与结构洞数量共同影响技术选择与互补资产获取途径。通过中心性指标反映创新主体占据网络的核心-边缘位置，体现企业外围联系关系的频度，侧面反映企业能够获取互补资产的富裕程度。中心性较高的企业面临较多替代性选择，获取新的有价值的信息、权力和其他利益越多，越有利于摆脱网络嵌入性约束的限制。创新主体网络嵌入性程度决定网络位置，网络位置的差异对创新主体技术选择与创新绩效产生影响。处于网络核心位置的创新主体一方面凭借其特有的知识积累与快速学习能力形成互补资产匹配核心技术；另一方面创新主体将互补资产产生的部分创新收益投入到与技术选择匹配的环节，使其为积累核心技术能力提供保障。

因此，核心位置企业有更多机会通过技术选择与互补资产的开发稳步提升自身创新绩效。当探索性网络嵌入性约束程度较高时，核心企业积累了相当的高性能核心技术。此时，与网络内关键性互补资产技术相比，核心位置企业更倾向认为互补资产比关键性互补资产技术更能够提升创新绩效。因为创新主体认为，互补资产充当重新审视技术选择轨迹带来变化的棱镜折射角色更重要。在挖掘性网络中，核心企业拥有较丰富的互补资产与互补技术，此时，核心企业对技术研发提升创新绩效生态化发展路径更重视。通过比较探索性网络与挖掘性网络的嵌入性约束程度，核心企业往往倾向于解构产业链发现挖掘性网络内独特的互补资产，然后利用互补资产换取技术效能提升自身在挖掘性网络内的技术竞争地位。此时，互补资产扮演影响创新主体激进式技术变革过程中资源缓冲的角色。根据前述，网络嵌入性约束程度决定创新主体技术选择与互补资产之间相互取舍来影响创新绩效。根据上述分析，本章提出预测性假设：

H5：越居于探索性网络的核心位置，创新主体越倾向于以技术选择换得互补资产提高联盟绩效。

H6：越居于挖掘性网络的核心位置，创新主体越倾向于以互补资产换得技术选择提高联盟绩效。

探索性与挖掘性网络内技术选择与互补资产作用关系的研究框架如图 7-3 所示。

第7章 基于创新生态系统的产业联盟协同创新平衡机制 ·101·

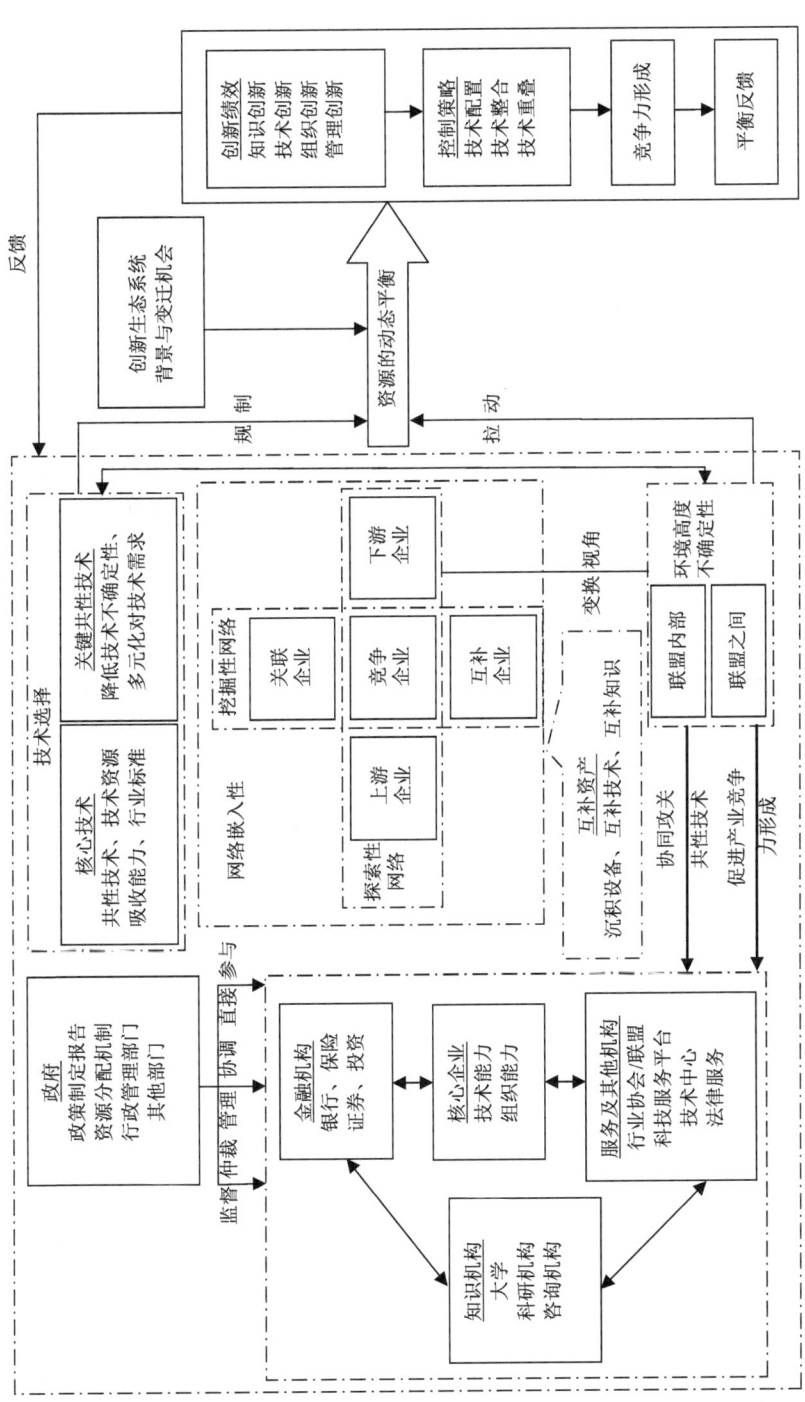

图 7-3 技术选择与互补资产协同创新框架图

4. 数据来源

本章中涉及轨道交通装备制造业 9 家联盟合计 72 家企业（2010~2018 年）的公开数据。其中，44 家企业参与技术选择探索活动，28 家参与互补资产挖掘活动，其中技术选择与互补资产活动共同涉及企业 23 家。企业互补资产数据、市场占有率、企业利润等数据来自各企业（2010~2018）年报、万得数据服务（Wind Data Service，WDS）和中国经济金融研究数据库（China Stock Market & Accounting Research Database，CSMAR）上市公司数据。企业专利数据来自 2010~2018 年国家知识产权局专利检索数据库，其他数据来自 2010~2018 年《中国统计年鉴》。

5. 变量测度

1）因变量

联盟绩效（AP）：反映联盟创新主体针对不同技术和互补资产性能的衡量标准。因为不同的技术创新有不同的效率也有不同成本，因此，直接使用技术效率指标不能完全体现创新绩效，故使用销售增长率捕捉成本和效率之间的技术差异来表示创新主体获取最大化产出能力下的联盟绩效更贴切。

2）自变量

（1）节点融合中心性（CE）。对于探索性与挖掘性网络形成动态融合网络而言，其拓扑结构由于网络融合而具有新的变化，因此本章结合其特性重新提出节点融合中心性指标[211]，从节点促进网络融合的角度反映其重要性，这里定义度中心性指标为

$$D_i = \frac{g_i}{n-1}\left(2 - \frac{|N_a - N_b|}{\max\{N_a, N_b\}}\right) \qquad (7\text{-}1)$$

其中，g_i 为节点 v_i 的度；N_a 为节点 v_i 的邻居节点中属于探索性网络 a 的节点数量；N_b 为节点 v_j 的邻居节点中属于挖掘性网络 b 的节点数量。对于非融合节点，式（7-1）符合经典度中心性公式。对于融合节点，$N_a \neq 0$ 且 $N_b \neq 0$，则 $\frac{|N_a - N_b|}{\max\{N_a, N_b\}} < 1$，即通过式（7-1）使其度中心性加强。考虑其邻居节点的性质，与节点 v_i 相邻的不同网络节点的数量越均匀，v_i 对网络融合的贡献越大（即 D_i 值越大）。此外，在探索性与挖掘性两个网络中，各存在 N 个节点的随机个体，考虑核心和边缘两类主体情况，分别代表核心节点集和边缘节点集。按照概率 $\gamma_1 = \gamma$ 将节点划分到核心部分，用概率 $\gamma_2 = 1 - \gamma_1$ 将节点划分到边缘部分。最后，对于每一个属于组 (g_i, g_j) 的节对 (i, j)，根据关系矩阵 p_{ab} 对应概率 p_{g_i, g_j} 添加有向边，$g_i \in \{1,2\}$。因此，在给定 γ 和 p 时，则概率 p 如式（7-2）所示：

$$P(A,g\mid p,\gamma)=\prod_{i=1}^{n}\gamma_{g_i}\prod_{(i,j)}^{n}p_{g_i,g_j}^{A_{ij}}\left(1-p_{g_i,g_j}\right)^{1-A_{ij}} \tag{7-2}$$

其中，γ_{g_i} 为节点属于组 g_i 的概率网络结构，分组 g 的联合概率；A_{ij} 为网络的邻接矩阵，核心部分具有更多的连边，而边缘部分相对自身更偏好与核心部分相连[212]。

（2）结构洞（SH）。结构洞动态变化驱动了网络知识流动的动态更新，这种动态性更加强调网络多样性与开放性双重结构特征。网络知识的流动不仅推动网络资源沿不同路径向多样性、开放性网络结构转换，更重要的是探讨结构洞形成有利于调节知识交互作用和整合创新动态过程，实现多样性开放网络动态结构与知识流动的多维匹配[213]。本章以 Z_{ij} 表示企业 i 对企业 j 的专利直接引用比重，表示企业 i 到企业 j 专利引用所有通过 q 的路径，C_{ij} 为非直接连带关系强度之和，Z_{ij} 衡量企业 i 对企业 j 的间接引用关系强度，如式（7-3）所示：

$$C_{ij}=\left(Z_{ij}+\sum_{q}Z_{iq}Z_{qj}\right)^{2},\ q\neq i,j \tag{7-3}$$

（3）技术选择（TS）。本书参考崔敏和魏修建[214]等对技术选择指标的处理，定义技术选择如式（7-4）所示。其中 K_i/L_i 表示该创新主体最优资本密集度，K 表示该产业资本禀赋，L 表示该产业劳动力禀赋。

$$\text{TS}=\frac{K_i/L_i}{K/L} \tag{7-4}$$

（4）互补资产（CS）。在传统互补资产框架内，创新主体设备销售收入、固定资产、市场占有率和附加值扮演着重要的角色。但对于轨道交通装备制造业特定发展背景而言，逆变器系统、电池储能装置、导电连接组件、栅极控制设备构成轨道交通装备制造业主要互补资产。因此，本章通过构建创新主体互补资产系数矩阵，即各创新主体完全拥有上述四种设备记为 4，拥有三种记为 3，以此类推，四种互补资产均没有记为 0，最后通过 Gephi 软件计算各创新主体互补资产系数。此外，考虑到技术与知识角度形成的互补资产对企业创新绩效同样具有影响，因此，本章用 1 减去知识相似度的处理方法，知识相似度用因网络位置不同而产生的专利技术类别数量的交集除以并集来计算[215]。本章定义互补资产如式（7-5）所示：

$$\ln\text{CS}=\ln\delta+\ln(\text{FS}/S)+\ln(\text{AV}/S)+\ln\text{MS}+\ln\text{CP} \tag{7-5}$$

其中，CS 为互补资产；δ 为互补资产系数；FS 为固定资产；S 为销售额；AV 为附加值[216]；MS 为产品市场占有率；CP 为不同创新主体之间专利合作数。其中，附加值为企业利润、折旧、利息和税金的和[217]。

3）调节变量

（1）研发投入强度。研发投入强度是技术创新的物质基础和重要前提，在考虑创新主体研发经费和研发人员投入强度的同时，也考虑了政府对轨道交通装备制造产业联盟创新主体研发投入强度及对应的产出弹性。

（2）专利引用（PI）。利用联盟网络中创新主体2010~2018年引用其他企业、高等院校、科研机构成功授权专利数量作为影响企业创新绩效的调节变量。利用专利授权数量不仅能反映创新主体内外部知识持续交流与广泛碰撞激发企业创新绩效的提升，还能有效规避创新主体因研发支出产生信息披露的自我选择问题。

7.2.4 描述性统计与结果分析

1. 描述性统计分析

采用 STATA 12.0 对变量分别进行描述性统计和相关性系数分析。各影响因素 t 检验的 p 值是 0，表明具有强效应，所检验的变量对模型有显著影响。F 值为 5.24，表明回归总体较显著，R^2 值为 0.6422，表示回归拟合程度良好，详细结果如表 7-1 所示。

表 7-1 描述性统计和相关系数

变量	误差平方和	自由度	均方差	观察值数量 = 72	
				$F(7, 17)$ =5.24	
				Prob>F=0.060 7	
回归误差平方和	0.348 906 827	9	0.049 844 127	R^2=0.642 2	
残差平方和	0.342 878 333	19	0.020 169 022	调整后的 R^2=0.302 3	
总体平方和	0.691 782 562	28	0.028 824 261	残差标准差=0.142 03	
变量	系数值	标准误	t 值	p>t	95%置信区间	
技术选择	0.003 130 7	0.008 246 7	2.83	0.003	0.020 529 6	0.034 215 9
节点融合中心性（探索性网络）	0.427 660 0	0.505 030 0	2.25	0.027	0.594 041 0	1.263 076 0
节点融合中心性（挖掘性网络）	0.334 361 7	0.288 670 3	1.62	0.236	0.274 742 3	0.943 358 5
结构洞（探索性网络）	0.122 726 6	0.002 023 0	1.22	0.072	0.052 584 5	0.060 217 2
结构洞（挖掘性网络）	0.000 355 3	0.000 109 0	0.15	0.009	0.000 233 7	0.000 253 1
互补资产	0.024 572 4	0.026 732 8	0.90	0.000	0.032 723 7	0.080 502 2
专利引用	−0.002 701	0.000 084 5	−1.26	0.133	0.000 312 8	0.000 334 1
研发投入强度	0.003 462 3	0.005 192 5	1.74	0.016	0.003 345 7	0.018 559 6
常数项	1.034 590 0	0.108 385 6	7.27	0	0.810 864 2	1.268 215 0

2. 结果分析

选择带有随机效应的负二项回归模型是因为本案例中个体数据出现了方差大于期望的情况,并且 Hausman(豪斯曼)检验在 $p<0.05$ 的水平下解释变量与随机扰动项不相关,拒绝了固定效应模型,且满足外生性条件,使得回归估计量无偏。同时,使用随机效应的负二项模型在 0.1% 的水平上拒绝了泊松分布,因此使用负二项回归模型优于泊松模型,详细分析结果如表 7-2 所示。

模型 1 单纯考察调节变量对创新绩效的影响。回归结果表明,探索性网络专利引用与研发投入强度对创新绩效的影响系数分别为 0.358 和 0.349,两个系数对创新绩效的影响分别在 0.1 与 0.05 水平上显著;挖掘性网络专利引用与研发投入强度对创新绩效的影响系数分别为 0.272 和 0.244,两个系数对创新绩效的影响不显著。通过比较发现,探索性网络创新主体相对于挖掘性网络创新主体而言,更重视通过研发投入提升创新主体创新绩效。专利对技术创新的时滞性以及创新主体研发投入结构多元化合理性都是对创新绩效具有显著性影响的关键因素[218]。

模型 2 首先考察探索性网络内结构洞对创新绩效的影响,结果显示,探索性网络创新主体结构洞对创新绩效呈现非单调影响(倒"U"形关系)。表现为结构洞平方项对创新绩效影响系数为 −0.273 且在 0.01 水平上显著影响,且调节变量专利引用值在 0.05 水平显著,这与企业通过专利引用增加异质性知识减少网络嵌入性约束有关。其次考虑挖掘性网络在结构洞作用下对创新绩效的影响。H2 预测创新主体互补资产加大开发程度,其结构洞数量对创新绩效的影响具有先升后降的效果(倒"U"形关系),回归结果表明,挖掘性网络结构洞平方项对创新绩效影响为 −0.463,在 0.01 水平呈现显著特征。因此,H1、H2 得到验证。

模型 3 重点考察创新主体通过技术选择与互补资产网络间效应对创新绩效的影响。根据结果分析,探索性网络结构洞系数 0.506,挖掘性网络结构洞系数 0.485,两者均在 0.01 水平上对创新绩效显著影响。在探索性网络内,探索性网络技术选择与结构洞(挖掘性网络)的乘积系数为 0.337,在 0.05 水平上正向影响探索性网络创新绩效。这与创新主体以技术优势为背景广泛吸纳产业链下游企业互补资产实现垂直一体化发展模式有关。在挖掘性网络内,挖掘性网络互补资产与结构洞(探索性网络)的乘积为 −0.225,在 0.1 水平上对创新绩效负向影响显著。因此,模型 3 提供的回归结果支持 H3 假设,H4 假设未通过。

模型 4 考察探索与挖掘性网络核心-边缘创新主体基于探索性网络与挖掘性网络技术选择与互补资产取舍对创新绩效的影响。研究表明,在探索性网络内核心企业技术选择系数为 0.473,互补资产系数为 0.435;边缘企业技术选择系数为 0.383,互补资产系数为 0.308。分别比较两组变量之比可知,探索性网络核心企

表 7-2 随机效应的负二项回归模型

变量	模型 1 探索性网络	模型 1 挖掘性网络	模型 2 探索性网络	模型 2 挖掘性网络	模型 3 探索性网络	模型 3 挖掘性网络	模型 4 探索性网络 核心企业	模型 4 探索性网络 边缘企业	模型 4 挖掘性网络 核心企业	模型 4 挖掘性网络 边缘企业
节点融合中心性（探索性网络）			0.528 (0.354)	0.471 (0.269)	0.455*** (0.274)	0.273 (0.183)	0.436* (0.288)	0.371 (0.177)	0.256 (0.108)	0.223 (0.194)
节点融合中心性（挖掘性网络）			0.635** (0.397)	0.534** (0.326)	−0.553 (0.282)	−0.193 (0.927)	0.455*** (0.274)	−0.446** (0.209)	0.273*** (0.183)	0.392** (0.221)
结构洞（探索性网络）			0.417** (0.237)	0.184 (0.101)	0.506*** (0.193)	0.325 (0.127)	0.447** (0.203)	0.373** (0.168)	0.297 (0.235)	0.485 (0.202)
结构洞（探索性网络）的平方			−0.273*** (0.328)	0.336 (0.128)	−0.296** (0.118)	0.229 (0.192)	−0.380** (0.198)	−0.163* (0.109)	0.411 (0.349)	0.664 (0.316)
结构洞（挖掘性网络）			0.239 (0.106)	0.368 (0.283)	0.276 (0.138)	0.485*** (0.228)	0.336 (0.182)	0.245 (0.122)	0.531** (0.364)	0.301** (0.194)
结构洞（挖掘性网络）的平方			0.218 (0.196)	−0.463*** (0.425)	0.385 (0.217)	−0.260* (0.133)	0.429 (0.277)	0.253 (0.314)	−0.218*** (0.159)	−0.143** (0.102)
技术选择			0.396 (0.118)	0.677 (0.582)	0.359** (0.183)	0.325 (0.231)	0.473*** (0.316)	0.383*** (0.193)	0.412* (0.157)	0.292* (0.187)
互补资产			0.332 (0.205)	0.393** (0.328)	0.302* (0.206)	0.563*** (0.261)	0.435*** (0.278)	0.308*** (0.194)	0.380*** (0.398)	0.311** (0.249)
专利引用	0.358* (0.223)	0.272 (0.125)	0.377*** (0.282)	0.398 (0.021)	0.547** (0.327)	0.206 (0.193)	0.469*** (0.335)	0.253* (0.314)	0.542* (0.202)	0.218 (0.132)

续表

变量	模型 1 探索性网络	模型 1 挖掘性网络	模型 2 探索性网络	模型 2 挖掘性网络	模型 3 探索性网络	模型 3 挖掘性网络	模型 4 探索性网络核心企业	模型 4 探索性网络边缘企业	模型 4 挖掘性网络核心企业	模型 4 挖掘性网络边缘企业
研发投入强度	0.349** (0.231)	0.244 (0.168)	0.661** (0.482)	0.208* (0.177)	0.629** (0.392)	0.296** (0.118)	0.474*** (0.283)	0.312** (0.157)	0.534* (0.326)	0.492 (0.187)
技术选择与结构洞（挖掘网络）的乘积					0.337** (0.268)		0.208** (0.398)		0.361** (0.277)	
互补资产与结构洞（探索性网络）的乘积						−0.225* (0.131)		−0.205** (0.353)		−0.273** (0.328)
卡方	93.57	98.62	108.33	113.68	126.51	137.67	152.18	145.26	164.73	164.73
卡方检验	0	0	0	0	0	0	0	0	0	0
似然估计	−72.49	−67.02	−53.66	−48.97	−43.81	−42.98	−37.18	−31.83	−29.02	−26.57

注：表中所列为标准化回归系数，括号内为该系数的 t 检验值

*为 $p<0.1$；**为 $p<0.05$；***为 $p<0.01$

业互补资产与技术选择之比为 0.920，边缘企业互补资产与技术选择之比为 0.804。探索性网络核心企业倾向以技术选择换取互补资产的意愿是网络边缘企业的 1.144 倍。由此可见，创新主体越趋近于探索性网络核心位置，越倾向通过技术选择换取互补资产提升创新绩效。在挖掘性网络内，网络核心企业技术选择系数为 0.412，互补资产系数为 0.380；网络边缘企业技术选择系数为 0.292，互补资产系数为 0.311。分别比较两变量之比可知，挖掘性网络核心企业技术选择与互补资产的比为 1.084，挖掘性网络边缘企业技术选择与互补资产的比为 0.939。由此可见，挖掘性网络核心企业倾向以互补资产换取技术选择的意愿是挖掘性网络边缘企业的 1.154 倍。由此可见，创新主体越趋近于挖掘性网络核心位置，越倾向通过互补资产换取技术选择提升创新绩效。模型 4 对 H5、H6 的相关验证提供了支持。

由此得出，技术选择与互补资产之间存在的协同效应大于网络嵌入性对创新绩效的影响。这表明产业联盟创新主体更在意利用技术资源与网络资源的协同的动态平衡方式控制联盟绩效，也即两者之间存在的协同效应对联盟绩效具有动态控制作用。在创新生态系统的产业联盟协同创新初始愿景下，技术选择是产业联盟创新主体具有生态化、前沿性的技术资源预测与判断的重要方式，随着创新生态系统的不断演化，与技术选择相适配的网络资源也随之发生变化，技术选择与互补资产两者之间可以根据创新主体对创新生态系统环境下资源的依赖程度保持动态平衡。但是，技术选择具有预见性质，导致创新主体对技术的需求往往出现提前预判的可能。因此，技术选择具有一定的预测属性，所以，技术选择的提前变化，也会导致创新生态系统背景下的互补资产发生适应性变化，从而引发关键共性技术、技术重叠程度等平衡变量具有对产业联盟协同创新资源平衡的动态控制属性。

7.2.5 产业联盟协同创新资源动态平衡策略

在创新生态系统背景下，剖析网络嵌入性对产业联盟技术选择、互补资产的获取和联盟创新绩效的不同影响效应，阐明创新生态系统的网络嵌入性特征对产业联盟技术选择与互补资产协同机理。通过构建关键共性技术平台资源集聚、技术配置能力调控、技术整合能力培育等机制，支撑产业联盟内部技术选择与互补资产的协同创新动态平衡。

1. 关键共性技术平台资源集聚

关键共性技术平台是在创新生态系统背景下，联盟发展的重要战略选择和组织形式，是产业联盟协同创新过程中保持"开放"与"封闭"动态平衡的关键。关键共性技术平台使联盟创新主体在进行技术选择与互补资产协同创新活动时，具有一定"平衡弹性"，能够使企业的技术选择活动同技术和市场变化共同演进，同上下游相关供应商之间的互补资产协同演进。产业联盟打造关键共性技术平台是以关键共性技术以及前沿技术的研发与应用为核心，有效推进关键共性技术项目，打造关键共性技术平台资源集聚[219]。

2. 技术配置能力调控

创新生态系统下的产业联盟技术配置是由所有参与产业联盟企业设计的相互依存的技术选择组合而成的。产业联盟制定合理的技术配置需要考虑以下两种选择：一种是已知可行的成熟技术；另一种是预期的技术，其可行性并不能完全确定。产业联盟在面临这两种技术选择轨迹以及评价何种技术适宜联盟发展技术创新时还要综合考虑现有互补资产。互补资产的出现可以增加创新主体对技术不确定性的议价能力。面对不确定的技术变革时，探索式联盟通常以高性能核心技术发展加强互补资产的应用范围，从而提高现有互补资产的使用价值，夯实技术配置能力，提升联盟绩效。挖掘式联盟通常更倾向权衡互补资产与关键性互补资产技术带来的嵌入性约束程度，利用互补资产的资源缓冲角色作用，遵循技术选择的"适度赶超"原则，通过向高性能核心技术能力升迁路径提升联盟绩效。在互补资产扮演棱镜折射角色的作用下，产业联盟的核心企业更倾向在合理的要素禀赋配置下遵循"因势利导"的技术配置战略。这就需要创新生态系统中企业以创新为导向，扩大技术配置下技术选择组合体系范围，营造合理产业联盟技术配置机制，科学推动产业联盟稳定发展。

3. 技术整合能力培育

创新生态系统背景下，联盟创新主体的技术整合内容主要包括联盟成员的知识的单元价值和链接价值，因此，创新主体必须具有较强的技术选择的控制能力和吸收能力，并且具有消化外部技术和知识资源附着载体的能力。创新生态系统背景下的开放式创新，需要联盟创新主体不断预见技术选择路径变化、整合预见和政策制定过程的网络化系统、衡量知识的反馈形成。更要注重联盟之间技术协同发展，并强调联盟之间探索互补资产所带来的优化整合过程的动态平衡，不断反馈，以提高联盟技术整合能力。

产业联盟通过技术选择与互补资产协同创新培育技术整合能力，能够有效解决联盟创新主体之间缺乏信任而保留核心能力、互补资产专用性较弱与核心技术发展不匹配、联盟知识协同与成果分享难以实现等问题。

4. 技术重叠程度协调

网络嵌入性约束困境会对联盟协同创新产生不确定性影响，而适度的技术重叠在互补资产的新颖性与技术选择之间保持了系统资源动态平衡。产业联盟之间应有效识别技术重叠程度，保持技术选择与互补资产二者之间的协同关系。产业联盟面对技术重叠程度较高的目标联盟时，知识冗余会降低联盟获得知识新颖性价值的能力，弱化知识获取产生的激励效应；产业联盟面对技术重叠程度较低的目标联盟时，意味着联盟创新主体选择"与自身技术知识明显不同"的合作伙伴，将为互补资产的更新提供机会。因此，适宜的技术重叠程度为联盟在技术选择与互补资产之间提供一种平衡，这不仅增强了联盟识别和了解合作伙伴隐性要素的能力，而且对联盟能力探索方向选择以及如何探索具有积极作用。

产业联盟技术选择围绕联盟能力的提升，通过互补资产活动实现对异质性知识吸收、转化，提升联盟绩效。随着技术选择与互补资产之间不断相互作用，联盟创新主体对互补技术、互补知识的认知距离缩短，认知惰性逐渐产生，为防止技术刚性发生，创新主体通过增强架构知识，以整合互补性专业化能力。这一行为的网络结构变化表现为，创新主体代表的节点度中心性增大，并以较低的成本和较高的效率探索异质性知识及获得潜在收益，这在一定程度上缓解了自身因嵌入较多异质性知识而缺乏探寻结构洞的困境。因此，创新主体增加度中心性会促进更多结构洞的生成，以形成技术知识库和实践相似性促进创新主体的知识转移与知识吸收技术能力。同时，企业应充分利用产业联盟约束力与聚焦力组合手段，将核心技术与互补性资产、组织化学习机遇、路径依赖等方式加以集成。通过知识探索适合产业联盟提升自身能力的技术，推动创新主体利用沟通机会，增强伙伴间知识共享，降低核心知识认知刚性，提升产业联盟稳定性收益。

7.3 产业联盟协同创新平衡风险预警机制

在创新生态系统中，产业联盟核心主体根据自身的技术特点占据创新生态系统内部的生态位。创新生态系统下的产业联盟创新主体间实现了利益共享、知识交流。但是，当创新主体间存在利益冲突时，部分企业可能退出联盟，并把在联盟内获得的技术信息、隐性知识等一同带走，这会导致产业联盟协同创新的稳定性降低，使得产业联盟无论在技术上还是资金与组织管理上，都会产生较大的不确定性，进而导致创新生态系统发生漂移风险。因此，构建创新生态系统下的产业联盟协同创新平衡风险预警机制，转变传统先评价后调整的滞后性应对方式，合理控制联盟协同创新资源平衡方式，针对产业联盟协同创新可能发生的风险，进行提前预判预警，防止创新生态系统发生漂移风险。

7.3.1 产业联盟协同创新风险预警的影响因素

根据之前对创新生态系统下产业联盟协同创新过程的探索，技术资源与网络资源的协同创新的配置决策进一步巩固了创新生态系统朝着正确的运行轨迹发展。创新生态系统下的产业联盟协同创新风险预警影响因素主要包括政府及金融机构的协调、合作伙伴的退出、技术路径动态控制等。首先，随着时间的推移，创新生态系统发生漂移的风险受到有限数量的潜在创新生态系统伙伴的影响；其次，伴随每一种技术的成熟，技术路径依赖特征具有的脆弱性迫使成熟度较高的技术动态发展，而动态发展不确定性较高，容易引起创新风险，这就需要对其实施动态控制以降低创新风险；最后，政府与金融机构作为降低创新生态系统的发生风险的协调者，应该对创新主体的创新风险与创新客体的服务风险进一步严控管理。

1. 政府及金融机构的协调

政府作为创新生态系统背景下创新风险的协调者，应该通过积极制定创新风险分散机制进行引导与监管，对联盟内部创新主体进行合理的风险分摊。产业联盟各创新主体对创新所作贡献获得的回报与所承担的风险的潜在收益保持一致，有助于在创新生态系统下的产业联盟协同创新机制稳定、健康的持续发展。此外，金融机构作为创新生态系统的创新客体，也直接承担创新项目失败的风险，一旦创新资金变成沉没成本无法回收，金融机构也将面临巨大的财务风险。

2. 合作伙伴的退出

在创新生态系统运行的过程中会出现风险的不确定性，影响联盟内部创新主体的技术创新路径。这增加了联盟对于共生合作伙伴的选择机会，越来越多的外部合作伙伴的加入有可能瓦解创新生态系统下产业联盟协同创新的初始愿景。虽然产业联盟协同创新可以依靠外部动力限制以及强大的技术路径依赖减缓这种伙伴选择带来的风险不确定性，但这种不确定会威胁联盟内部核心企业未来技术控制点的战略价值。

3. 技术路径动态控制

联盟创新主体通过对技术发展路径的动态控制，能够预判未来价值获取潜力。联盟创新主体通过静态监控核心技术路径的发展变化，可以部分获得关于合作伙伴间未披露的有价值信息。然而，这样的静态控制并不足以确保价值获取，因为静态控制方法仅仅基于对当前有价值的特定资产的所有权，相反，针对创新主体的协同创新活动，动态控制具有连续的闭环性。产业联盟创新主体通过强化技术发展路径的动态循环控制，不断识别技术路径中关于价值获取的关键点以及价值获取模式，使创新生态系统的技术发展路径不断具体化，并尽可能减少使创新生态系统发生漂移的外界风险的侵袭。

7.3.2 风险预警指标体系设计

基于创新生态系统视角，全面地选取产业联盟协同创新风险预警指标，对指标体系进行科学的设计，以便联盟快速、准确地获取相应的风险预警指标。根据 7.3.1 节对产业联盟协同创新过程中对风险预警影响因素的具体分析，在对专利风险预警指标体系设计思路的科学分析基础上，依据产业联盟协同创新主体与客体的不同，本节从动态控制以及内外部协同两个维度，通过 14 个具体指标对创新生态系统下的产业联盟协同创新风险预警指标体系进行设计，具体如表 7-3 所示。

表 7-3 产业联盟协同创新风险预警指标体系

一级指标	二级指标	三级指标	四级指标
风险预警	动态控制 H_1	识别 I_1	创新主体市场力量 X_1
			创新主体获利方的引导环境 X_2
			技术专利差异化 X_3
		监控 I_2	技术资产专用性 X_4
			共享技术发展路径 X_5
			技术趋势与方向的整合 X_6
		更新 I_3	基于反馈的需求与规范 X_7
			研发联盟合作水平 X_8
	内外部协同 H_2	内部动量 I_4	创新项目开发内部流程 X_9
			有广阔前景的低风险项目 X_{10}
			知识交流的不确定性 X_{11}
		外部动量 I_5	政府风险 X_{12}
			财务风险 X_{13}
			委托开发 X_{14}

7.3.3 产业联盟协同创新风险预警策略

为进一步防止创新生态系统漂移风险给产业联盟协同创新带来负面影响与危机，确保产业联盟协同创新保持良好运行，确保联盟创新主体有效完成价值获取，实现其进行协同创新的初始愿景，针对产业联盟协同创新过程中的风险进行预警，具体从过程管理、信息交互、技术预测等方面提出如下三点风险预警策略。

1. 对联盟创新项目进程实行动态管理

设立考核制度，对项目运行过程中涉及的联盟创新主体的努力程度与具体工作内容进行检查与监督,动态考察其项目履约情况。创新主体按时向联盟管理层或所参与项目管理小组汇报工作动态。同时,在联盟内部或具体创新项目组中成立相关考核小组,定期对创新主体努力程度(包括承担项目工作完成进度、阶段工作量、资源共享情况)、联盟或创新项目决策参与度以及信息披露情况进行核查,如出现偏差,根据偏差程度与偏差类别,责令创新主体进行说明或向其他主体进行风险通报、预警。

2. 在联盟内部建立信息共享平台

联盟集成异质性主体,在协同创新过程中,各个创新主体所拥有的资源水平不同、获取与整合信息能力存在差异,出于自身利益最大化与保护的考虑,各个创新主体间无法拥有均等的信息资源。此外,异质性主体不断参与协同创新过程,带来更为丰富的信息资源,联盟内部信息资源差异性加大。创新主体易因信息的不对称性、信息资源失衡等问题,出现"逆向选择",面临较大创新风险或道德风险。通过在联盟内部建立信息共享平台,联盟内外不同主体信息资源会被输入至此,平台可对输入信息进一步识别后输出,不同主体经由平台获取到可靠的信息资源,机会主义行为可能性降低,实现信息有效交互与整合,从而在一定程度上遏制创新主体间的关系风险。联盟管理层也可通过该平台及时向各主体发布联盟工作动态、主体间合作动态等关键性信息,使得联盟协同创新过程透明化,从而降低风险。

3. 定期开展面向技术的预测活动

随着协同创新进程的不断深入,技术路径依赖会在一定程度上增加产业联盟(创新生态系统)漂移风险。联盟创新主体为寻求创新突破,会加大在某一技术或某一研发方向的投入,创新投资风险随之增加。此外,创新主体还会逐渐摒弃失效的关系,生成新的协同关系,而在此过程中会增加其伙伴选择过程中的关系风险。技术预测能够为创新主体指引产业技术发展方向,并为其把握技术机会、进行技术创新布局、为研发投资合理化提供客观依据。在产业联盟协同创新过程中,除把握当前工作状态,还应对未来趋势有效预见,更合理地调整联盟整体工作方向、更有效地指导与控制创新主体进行协同创新活动,故应定期开展面向技术的预测活动,有效掌握技术发展与创新方向,及时感知技术爆点与沸点,发掘前沿技术、跨学科交叉技术,为联盟管理层控制创新生态系统演进提供先导性支撑,为创新主体进行伙伴选择、研发资金管理(如研发投入合理化追加、投资结构优化等)提供决策辅助支持,从而降低系统风险、关系风险与资金风险。

7.4 产业联盟协同创新平衡反馈机制

创新生态系统的网络嵌入性存在的根本原因是其具有复杂网络的系统性、互补性等。基于创新生态系统的产业联盟内部，知识和信息能够快速地交流与分享，创新主体之间的创新思维、创新成果相互启发、相互激励、相互竞争，联盟的资源控制效果大大加强。在由创新生态系统组成的复杂网络中，任何一个网络节点代表的联盟成员的创新成果将会给联盟网络内部其他成员带来价值增值。网络节点创新被快速传播，在资源平衡的条件下为所有联盟成员带来价值，进而吸引更多合作伙伴进入网络，扩大了联盟创新主体能够获得利益的可能边界。因此，基于创新生态系统下的产业联盟协同创新与网络资源存在着正反馈机制，联盟创新主体与其对应的资源控制之间除了创新的同边正反馈效应外，也存在非常突出的跨边正反馈效应。产业联盟协同创新资源平衡的同边正反馈是指联盟创新主体之间在网络上相互分享知识以及创意；跨边正反馈是指网络主体的创新行为促进了资源的流动。在产业联盟协同创新的资源平衡关系中，网络中企业的技术选择促进了互补资产的利用，提升了联盟创新绩效，而互补资产利用得频繁又促进更多企业有预见性地选择各种技术，技术选择与互补资产通过网络嵌入性关系实现了良性资源互动。对于技术选择和互补资产的协同创新资源反馈效用，虽然基于网络嵌入性价值的定义是不同的，但是创新行为提升了双方对资源平衡的把控。

7.5 产业联盟协同创新平衡激励机制

首先，不断完善产业联盟协同创新资源平衡的内部激励机制。联盟内部资源平衡激励机制是联盟成员参与规划项目协同创新的直接激励来源，同时联盟成员作为协同创新的关键要素，充分发挥不同成员的潜力将有利于实现联盟协同创新的规划目标与项目进度平衡。然而在协同创新过程中，不同成员的能力差异、承担的风险等级不同以及外部环境的不断变化，导致联盟资源平衡的倾斜，因此，这也导致了激励要素的作用效果会表现出较大差异。因此，联盟内部激励机制要根据成员的需求变化及环境变化，利用目标激励、互惠共生和利益共享等方式提升联盟成员参与协同创新的动机、行为和结果满意度，实现对创新成员的全方位、差异化激励效果。

其次，持续优化联盟协同创新成员的外部激励机制。外部激励机制不仅有利于平衡创新规划与项目进度，而且对内部激励机制发挥重要支撑作用。因此，合理的外部激励机制是保持联盟规划目标与项目进程、创新选择与资源利用动态平衡的重要保障。在案例联盟分析中，结合联盟协同创新的实际情况，从技术的配置能力、技术的整合能力以及技术重叠与关键共性技术平台资源平衡四个方面出发，持续优化联盟协同创新外部激励机制，确保外部激励机制符合联盟协同创新发展需要，同时为联盟协同创新提供充足的动力和保障。

最后，有效促进联盟协同创新内外部激励交互效应。随着产业联盟协同创新过程中联盟内外部之间资源的平衡，物质流动和信息传递活动，独立的内、外部激励机制已经无法满足联盟协同创新需求，需要建立联盟内外部激励交互效应。在实现内、外部激励机制各自对联盟协同创新绩效的激励作用的基础上，进一步从供给、需求和环境保障等方面出发，在成员参与协同创新的内部动机、行为和结果满意度之间建立更加完善的交互关系。以外部激励机制为基础保障，以内部激励机制为关键手段，协同发挥内外部激励机制的促进作用，充分发挥内外部激励交互效应，有利于实现内外部激励机制的不同功能，达到联盟内外部资源平衡的激励机制优势互补。

7.6 本章小结

本章以网络嵌入性特征为切入点，以网络多元化方法基于产业链不同创新活动构建探索性与挖掘性网络，通过结构洞与节点融合中心性指标变化，揭示产业联盟创新主体技术选择下互补资产对于技术变革的透视与缓冲双重作用角色。随着预测技术选择的不断变化，产业联盟通过构建关键共性技术平台资源集聚、技术配置能力调控、技术整合能力培育、技术重叠程度协调等机制，全面提升产业联盟的控制机制，从而全面实现联盟绩效最优条件下的联盟发展目标。

第 8 章　创新生态系统视角下产业联盟协同创新策略

8.1　推动产业联盟协同创新任务分解

产业联盟协同创新是多个组织在未来共同利益的驱动下,通过任务分解与合作,以知识共享与扩散为基础,有效地协同开发和利用各组织所拥有的资源而开展的创新活动。任务分解与合作是协同创新实施的重要载体,也是协同创新完成的重要途径。

从理论研究层次来看,已有学者从理论内涵、演进机理及体制机制、组织模式等方面开展了多样化的探索性研究,但他们并未深入地对产学研协同创新的任务分解做深层次研究,由此导致协同创新主体分工不合理,在研究设计资源分类属性的基础上,设计任务优先级资源分配策略不足、科技成果有效转化率低下,成果产出与市场需求严重脱节。基于此,本章设计适应协同任务的动态分配策略,剖析产学研协同创新的任务管理问题,其在政策引导及市场需求发展趋势层面都具有理论和实践层面的重要意义。而创新主体协同合作过程中的任务管理包括任务分解、任务分配以及任务协调三个方面,任务分解的科学性直接影响着任务分配的合理性,成员在执行任务过程中可能会因为任务分解不科学和任务分配不合理而产生各种冲突,需要及时采取有效的任务协调方法解决冲突以保障任务执行进度和任务完成质量。

8.1.1　任务分解影响因素与方法

对任务分解的前提是辨识产业联盟协同创新过程中任务分解的影响因素,不同行业属性、不同联盟、不同企业的领导风格与管理模式对任务的分解方式千差万别。其中,协同创新的任务间关系、联盟成员与协同创新任务、联盟成员之间构成的三维度的互动关系具有差异化的任务分配策略,为深化认识组织成员与任务分解的复杂关系提供了多维度视角。从任务与项目的关系角度出发,对子任务本身、子任务间以及子任务与项目间逐层分析影响任务分解的因素,在量化各影响因素的基础上提出以"任务优先系数"为参考指标的任务调度策略,这在很大程度上提升了任务分解的科学性和可操作性。

传统任务分解方法主要有分类分解方法、层次规范分解方法、复杂平衡分解方法等,具体到组织管理领域,相关任务分解方法多是领导者凭借历史经验进行直接指派，主观性较强、分解不科学而导致任务在实际执行过程中存在大量信息交互，不仅拖慢了项目整体进度，而且增加了沟通成本。为此，充分考虑到企业任务的时序要求，有学者采用任务粒度控制方法对复杂产品制造过程中的任务进行了科学分解，能够克服传统制造业通过经验分解任务的弊端。通过运用产品结构树分析项目任务自身属性及其社会关联属性，有学者提出了一种基于产品结构树的研发任务分解方法。尽管如此，任务分解后需要调用组织资源以保证任务的顺利执行，但当前大多数企业在任务分解过程中并未意识到资源要素的重要作用。有学者运用聚类算法的相关思想与方法，提出了有效解决制造任务与资源配置不匹配的任务分解算法。以上研究成果多集中于微观个体层面，与产学研协同创新过程中的多主体、任务并行执行等特征具有较大差异。因此，从群体性视角分析任务分解的影响因素，通过集成数字结构矩阵和自适应遗传算法，有学者提出了不同群体关联度的任务分解方法。为应对环境多变性、任务动态性对任务分解造成的影响，在考虑状态变量影响度的基础上，依据动态贝叶斯网络模型提出了相应的任务分解算法，能较为有效地应对任务分解的不确定性状态。同时，针对产业联盟协同创新过程中主体多样性而导致任务分解复杂性问题，多主体协同合作过程中的复杂应用管理模型能够解决动态、多角色、层次性的任务分解问题。在此基础上，根据任务的粒度大小予以量化，并结合聚类算法给出了任务分解的计算方法，能够避免传统任务分解方法过于主观、难以量化的缺点，进一步提升了任务分解方法的科学性。

8.1.2 任务分解目标

通过任务分解模型可以较为全面地厘清任务分解目标及其影响因素。而在产业联盟协同创新过程中的环境复杂性、任务动态性以及主体多样性导致任务分解过程出现不确定性，任务分解的难度也日益增大。为有效应对多主体系统在时间和空间两个层次出现的任务复杂性问题，联盟主体通过任务分解模型及求解算法较好地解决了互相依赖任务的分解问题。但其研究视角仅局限于任务本身，尚未考虑到主体间能力差异。联盟主体基于双边匹配视角思考任务分解问题，通过分析任务互依性以及任务主体能力差异性而导致的任务需求与主体能力不匹配情况，构建任务分解模型提升其适用性。然而，关于任务分解的思路多是从定性化角度分析，缺乏对任务分解的定量化描述，由此导致模型求解过程复杂、相关方法可操作性较差、实际指导作用有限。因此，在综合考虑任务粒度大小、任务耦合程度以及任务执行时间均衡程度的基础上构建任务分解模型，并对各影响因素予以定量化，极大丰富了任务分解的研究成果，提升了任务分解方法的科学性与可操作性。

8.1.3 任务分解原则与策略

任务分解的原则与策略是进行任务分解工作的基础，具有先期导向型作用，任务分解原则指引着任务分解的方向，任务分解策略则是任务分解的前进动力。其中，任务分解主要从自上而下、能整不分以及特殊优先三个方面提出了面向制造任务的分解原则，为提升制造领域人员与任务的调度效率提供了重要思路。产业联盟协同创新过程中往往是多主体合作，针对多主体协同设计过程中的任务分解问题要兼顾项目需求和主体能力原则，将整体任务分解成相对独立、粒度适宜、交互量小、可执行的子任务。面对当前任务分解方法纷繁复杂而缺乏系统化的评估方案，从定量化的角度提出任务分解原则以及评估任务分解结果优劣的方法。在任务分解策略方面，本体论多维度视角下的任务分解策略能够较好地解决分布式制造环境下企业资源配置与任务分解脱节的问题。另外，考虑到组织结构与任务时限对任务分解的影响，柔性团队结构以及有效通信范式的概念能够很好地对实时战略团队的协作任务进行分解。在分析整体项目要求时，需要从宏观层面上提升任务分解的全面性，因此，产业联盟内部企业任务与员工行为关系能够有效决定定性化的任务分解问题。

8.2 促进产业联盟协同创新资源整合

资源整合作为组织获取所需资源后将其进行绑聚以形成能力的过程，即产业联盟内创新主体对不同来源、不同层次、不同结构、不同内容的资源进行选择、汲取、配置、激活和有机融合并对原有的资源体系进行重构以形成新核心资源体系的过程，这个过程可分为资源识别与选择、资源获取、资源开发及资源激活与融合。本书将资源整合过程分为资源识别、资源获取、资源配置以及资源利用等四个环节。

8.2.1 资源识别

企业通过与合作伙伴开展纵向、横向战略联盟，构建联盟网络，从而获取更多的资源来提升竞争力，企业纷纷寻觅联盟伙伴，从企业到联盟，从联盟到跨界联盟，创新主体呈现建立战略联盟网络的新趋势。成功的联盟网络是企业实现外部扩展和整合资源的有效途径。

根据资源基础理论，企业是资源集合体，企业资源是其获取和保持竞争优势的重要来源。但是，资源本身并不能创造价值，其转化为实际的竞争优势需要一系列整合。资源基础理论揭示了资源的有效整合是企业获取持续竞争优势的重要途径，它为企业构建竞争优势而进行资源整合提供了有效途径和思路。借助该理论，企业可以对各种资源进行识别、获取、配置和利用，形成企业独特的，不易被模仿、替代和占有的资源,从而获得持续竞争优势,实现企业良性成长。若要更清楚地识别企业自身运营过程中的所需资源,企业首先要进行资源识别,其次定位所需资源的来源。资源识别指企业从自身资源出发,分析和确定企业所需资源的过程。经由资源识别,企业可以更加快速准确地获取和配置资源,帮助企业逐渐构建独特的资源束,持续获得竞争优势,促进企业创新绩效的提升。一般而言,财务资源等有形资源相对容易识别,人力资源等无形资源比较难以识别。资源是企业获取和保持竞争优势的重要来源,准确识别出自身所需的关键资源,企业才可能充分利用自身资源禀赋等手段快速获取、配置和利用这些资源,提升竞争力,获得持续竞争优势,从容应对激烈竞争。

8.2.2 资源获取

资源获取指企业通过利用其他资源或渠道获取企业所需资源并合理利用的过程。资源获取以资源识别为基础,从资源的广度和深度两个方面增加资源,帮助企业不断消化和吸收各种信息与技术等资源,促进企业优化自身资源组合,逐渐形成独有资源及独特能力,解决企业普遍存在的资源约束问题,同时还可以掌握顾客的需求以及行业发展动向及变化趋势,最终实现创新主体绩效增长,为企业后续发展所需的资源配置和利用奠定坚实的基础。企业要想不断发展,持续保持市场地位,就需要不断获取资源的补充。企业利用产业联盟网络,帮助其获取所需资源、提升组织学习能力、提高产品创新能力、加快市场开发速度、迅速获取有价值的管理经验等。

根据社会网络理论,企业能够通过联盟网络活动获取丰富的资源和信息。产业联盟网络从根本上改变了企业与联盟企业间信息资源的流动,有利于企业获取所需要的资源,并与已有资源整合,从而改变联盟网络结构,提高企业创新能力。资源获取的成本直接影响创新主体资源整合的过程,联盟网络关系多样性有助于提高资源流动的速度,提升资源的广度,降低搜索信息等资源的成本。联盟网络关系多样性有利于企业获取所需资源,有成功经验的联盟伙伴能够给企业提供更多的经营指导,多样性的联盟伙伴关系比同质性联盟伙伴关系更有利于企业获取所需资源,新技术或新知识需要通过外部学习来获取。联盟网络关系的多样性还能帮助联盟伙伴获取多样化的资源,发现新的市场机会,影响联盟伙伴从外部获取资源的动力。

8.2.3 资源配置

为使企业所控制的资源发挥最大效率,企业合理配置资源就显得十分关键。通过这种匹配行为,企业不仅能使获取的资源具有价值,还有可能产生新资源或形成内化整合能力,这些无法被竞争对手模仿和复制的资源是企业获取持续竞争优势的动力。比如，通过委托管理模式建立联盟关系后，企业重新进行资源配置，使资源发挥最大效率，既提供了优质服务，又提高了自身绩效。

在创新生态系统视角下，联盟内部企业的创新目标达成对企业所需资源提出了更高的要求，使得单一企业创新愈发困难，而同时与多个外部组织机构建立联盟形成联盟组合，能够比从单一联盟伙伴获得更为丰富的资源和能力，由此可以帮助企业实现创新能力的跨越式提升。突破性创新意味着能够引致新的技术轨迹或技术范式转换的重大创新，其本身所具有的高复杂性和高不确定性特征对企业能够获取与利用的资源提出了极高要求，企业为了发展突破性创新而结盟协作，试图通过联盟组合的方式整合配置资源，共同承担高度不确定性研发的成本与资源，同时加快新技术的引进和发展，这使得以构建联盟组合的方式进行资源整合成为实现突破性创新的必然要求。

联盟组合为焦点企业同时提供了纵向与横向创新价值链资源，分别满足突破性创新所要求的资源需求与不确定性应对，有效的纵横资源整合将潜在的可能转化为现实的收益。在纵向价值链方面，通过对供应商的知识学习和资源进行整合，获取技术创新与新产品研发的关键信息，以协同创新的方式实现优化效应；通过对经销商信息进行整合，把握市场动态并获取市场需求资源，有利于引导产品创新的方向，使得新产品开发的创业构想和执行效率更高；通过对客户资源进行整合帮助企业快速识别客户需求，设定并调整创新进程。在横向价值链方面，由于大学和科研机构是知识与技术尤其是基础知识创造产生的最主要的平台，因此企业对大学和科研机构的资源整合更重要的意义体现在通过基础知识和技术的投入实现创新能力的提升，从而提高对高度动态和不确定环境的适应性；通过对政府资源的整合，利用创新政策与信息掌握产业动态和创新导向，利用金融支持满足创新所需资金，从而提高自身抗风险能力。

8.2.4 资源利用

资源利用是指企业使用所获取并经过匹配的资源，在市场上形成一定的能力，通过发挥资源与能力的作用生产出产品或服务为客户创造价值的过程。通过资源利用，可以使企业进入新市场、创造新的产品和服务商机等，最大限度地实现资源的杠杆作用。如果联盟创新主体资源整合的效率未实现最优化，这在一定程度上会降低企业竞争力，不利于企业保持竞争优势。资源利用是资源整合过程最后的目标，也是提高企业价值创造能力的重要方法。

基于创新生态系统下的资源利用是在资源调动、资源协调与资源部署一系列活动中完成产业联盟协同创新的过程。创新主体调动自身能力并协调部署资源参与主体的能力组合，致力于建立供给-需求关系链，通过满足各方主体的不同需求实现创新生态系统的价值增值。创新主体通过吸引协同创新合作者加入创新生态系统，新增的参与主体包括生态经销商、科研院所、竞合对手、金融机构及其他合作企业。创新主体的积极性显著增强，通过集成各方优势，利用网络平台、社交平台、搜索引擎等多元渠道转化流量，携手生态经销商、行业伙伴等参与者共同做大资源池，联合税收公司、法律公司等专业主体提供扩展服务和增值业务，以各自板块为中心辐射整个创新生态系统，基于资源共享、服务协同、利益分配等制度逻辑进行价值共创活动，构建多中心、可持续的创新生态系统。通过生态伙伴的优势联合，提供全生命周期服务，赋能企业数字化转型，共同创造交易价值、平台价值、社会价值。

8.3 优化产业联盟协同创新网络结构

创新生态系统是一个具有共生关系的经济共同体，也是一个基于长期协同关系形成的松散而又相互关联的网络。创新生态系统视角下的产业联盟协同创新网络结构逐渐从连接关系的整体网络向协同连接关系的子网络优化，涌现出多层"网络的网络"态势。产业联盟内企业、学研机构等创新种群，利用合作关系或竞合关系形成的动态组织实现网络内资源信息提取和知识扩散。网络内不仅包括创新主体节点间的，还包括产、学、研节点间的共生与互补关系，呈现"网络的网络"态势。由创新生态系统视角下的产业联盟协同创新体系核心层可知，联盟内产、学、研等主体在政策引导力、创新驱动力、需求拉动力的作用下，为实现创新而建立企业之间、企业与学研机构以及学研机构之间等多元协同关系，这些关系必然呈现出一种从微观个体联结行为到宏观整体网络的集聚态势，最终形成产业联盟协同创新"网络的网络"，其拓扑结构如图8-1所示。

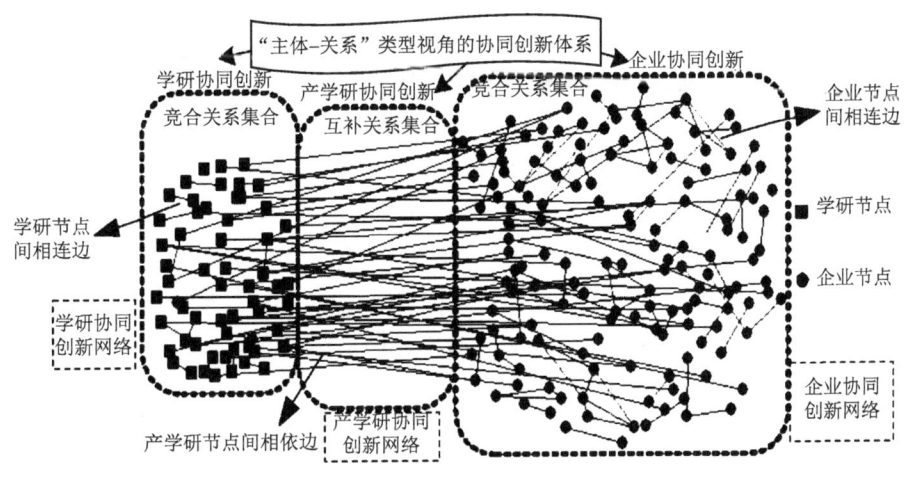

图 8-1 产业联盟协同创新网络结构构型

8.3.1 企业协同创新网络结构

根据协同学理论，网络协同强调网络系统自组织演化过程，主要关注网络各子系统内、系统间的协同效果。产业联盟协同创新"网络的网络"就是一个复杂网络系统，包括企业协同创新网络、学研协同创新网络和产学研协同创新网络等子网络系统，这些子网络系统内、系统间协同运作，推动"网络的网络"系统存续发展。从创新生态系统视角优化产业联盟协同创新网络结构就是要在"网络的网络"系统中构建企业协同创新网络、学研协同创新网络和产学研协同创新网络等子网络，系统内、系统间基于关系类型、联结强度等网络结构相互联结。知识、技术等资源要素交互耦合取决于微观企业、宏观网络组织等主体协调共生的程度，反映"网络的网络"系统整体或子系统内协同水平和有序态势。产业联盟协同创新网络协同度的提升，意味着其产业网络组织结构趋于合理，从而有利于产业协同创新的存续发展。

8.3.2 学研协同创新网络结构

"网络的网络"集聚和涌现不是一蹴而就的，而是受网络联结强度变化影响。根据强弱关系理论，强关系有利于激发产业联盟协同创新联结载体或渠道功能作用，弱关系的维护有利于网络资源整合，进而提升产业联盟内部个体协同创新效率。平均度数中心度反映网络节点平均合作伙伴数量情况，同类主体间基于竞合关系的合作伙伴越多，越有利于形成集群效应和规模经济，且合作伙伴越多，越有利于网络节点形成以自我为中心的联盟组合，进而网络资源利用率越高。企业与学研机构间协同创新过程中，社会角色、文化差异及利益目标不一致，导致企业与学研机构间产生一定网络主导权争议，而这种争议会影响体现网络权力分布的网络整体核心与边缘结构稳定。可见，产学研协同创新网络核心与边缘结构演化的不稳定性和低协同度具有一定正相关关系。例如，我国新兴产业联盟的企业协同创新和学研协同创新网络一般都具有较高的协同度，而产学研协同创新网络处于低协同度状态；高协同度是我国新兴产业联盟企业协同创新和学研协同创新保持高网络协同度的重要条件，但对产学研协同创新的直接作用并不明显；平均度数中心度越高，越有利于保障企业协同创新网络、学研协同创新网络高协同度；网络核心-边缘结构越稳定，越有利于保障产学研协同创新网络高协同度。从上述研究结果可知，我国新兴产业产、学、研各自创新网络内部协同度较高，而产学研协同创新仍不够紧密。

8.3.3 产学研协同创新网络结构

首先，政府部门应兼顾制定企业间、学研间、产学研间三驱的协同创新政策，一方面利用财政补贴、联合申报基金等激励措施，鼓励产业联盟企业协同创新网络、学研协同创新网络、产学研协同创新网络节点间深化已有合作关系，提高合作频次和深度，强化联结强度；另一方面，利用减税等优惠措施，鼓励企业间、学研间、产学研间建立更多内外部竞合、互补联结关系，增加合作伙伴数量，提升网络平均度数中心度，进而保障协同创新网络高协同度。其次，政府部门应识别连接新兴产业产学研协同创新网络的关键相依边，鼓励产学研协同创新网络核心节点间建立多元、融合、动态、持续的协同联结关系，制定激励与监督政策，建立信任与声誉效应等关系治理机制，降低产学研协同创新网络中企业与学研机构间交互连接的脆弱性风险，利用网络核心节点的枢纽功能加速知识流动和信息扩散，提升网络整体资源配置效率，形成存续稳定的产学研协同关系和核心-边缘结构。

8.4 加速产业联盟协同创新知识流动

知识作为产业联盟最重要的创新资源之一，是产业联盟最有价值的资源，是形成联盟能力的基础元素，因此，需要产业联盟进行战略性管理。在创新生态系统动态环境中，产业联盟为了获取并维持竞争优势，必须不断产生新的知识交流以积累和更新知识存量。在创新生态系统形成初期，资源相对有限的情况下，产业联盟通过开展知识源化战略进行知识创造或者获取来进行知识交流。该战略是以发现新技术、开发新产品、寻找新机会为目的，通过识别与探索领域内知识与不同领域架构知识，形成知识源，从而获取新想法与获得新知识并实现整合的战略。

根据知识源化战略的内涵可知，知识交流作为创新生态系统背景下产业联盟发展知识源化战略的必然选择，不仅能够提升产业联盟创新的开放程度，还能增强产业联盟创新种群对知识的吸收利用，并反向推动创新种群研发能力的提升，是实现产业联盟协同创新价值共创的前提。以往的研究集中于知识转移机制分类，按照知识转让过程的阶段对知识转移机制加以分类，如将知识转移机制分为启动机制、实施机制、提升机制和集成机制。这种分类方法属于纵向方法，但没有置于开放式的创新生态环境以及复杂的网络环境中，也没有对知识交流过程及与其外部环境之间的作用关系加以描述。

在创新生态系统的初始构建阶段，创新主体在开放式创新作为核心思想驱动下并不完全依靠自身研发，应该与产业联盟的其他创新种群建立研发合作关系实现创新机会（包括想法、问题、事项、反馈等）。此机会称为创新体验机会。然后，根据 Yayavaram 等[220]提出的知识交流概念模型，通过创新过程开始寻求与知识相关的活动，以利用新的机会推动产业联盟的价值创造与价值获取协同创新活动的开展。

　　联盟创新主体为了利用知识并获得竞争优势，必须在价值创造过程中的关键参与者之间共享以及交流知识。知识也被认为是新的价值创造的源泉。产业联盟采用一系列战略和实践来识别、创造、分配、保护与利用嵌入在联盟成员中的知识。然而，尽管有潜在的好处，但许多创新主体并没有成功地利用知识进行交流。部分原因可能是知识流动具有"黏性"特征，或者是对知识泄漏的恐惧和对知识占有危害的认识。因此，在创新生态系统背景下针对产业联盟知识交流不同过程，分析价值创造与价值获取之间的协同耦合作用对联盟整体的价值共创尤为重要，具体如图 8-2 所示。

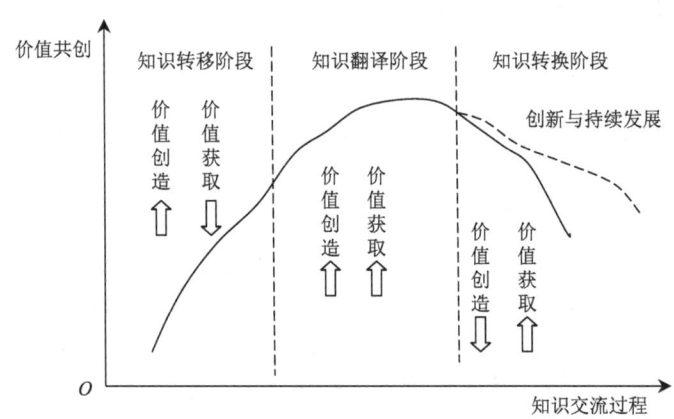

图 8-2　知识交流过程下的产业联盟协同创新价值共创

8.4.1　加速知识交流过程协同

　　在竞争激烈的市场环境中，联盟形成伙伴关系的目的是更好地进行协同创新。因为首先研究开发复杂的产品、服务、组织和平台创新所必需的技术、资本与智力资源很少位于单个企业之内。与多个平台竞争的有影响力和领先的企业往往是众多联盟与伙伴关系的战略中心。从这些中心或焦点企业的角度来看，这些过去和现在的伙伴关系与联盟的聚合形成了一个联盟或联盟组合以及一个可以从中汲取新思想和知识交流的互动资源池。因此，在创新生态系统背景下产业联盟要寻求创新发展的途径、创新管理功能与能力，确保产业联盟协同创新拥有创建一系列产品、系统和组织创新所必需的联盟能力，联盟首先应该具备知识交流能力，知识交流过程如图 8-3 所示。

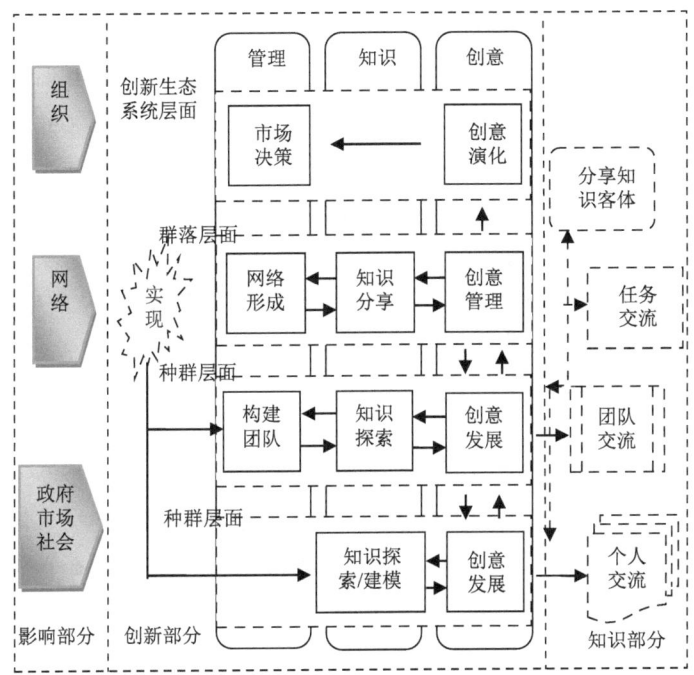

图 8-3 创新生态系统下的产业联盟知识交流过程

1. 知识交流创建活动协同

创新功能与能力涵盖几个关键的和相互关联的任务,包括与研究和开发有关的过程,促进、改进和维持伙伴关系,以及管理伙伴之间流动的知识产权。其他更复杂的任务包括确定和建立必要的能力,使重点企业及其联盟伙伴能够交流彼此和焦点企业联盟成员之间的知识资源,增强协同创新过程中的知识流动和理解。此外,创新生态系统下产业联盟协同创新涉及系统地吸收、探索、保留、发布联盟范围内和跨组织边界的信息与知识,这些创意为研究和发展带来了有利的机遇与管理挑战。在产业联盟内部的成员伙伴之间,知识交流产生在联盟规划创新任务的创新发展阶段,合作伙伴通过知识交流填补知识势差,在这一知识整合过程中,产生复杂性的动态能力,并与创新项目本身需求相适应,才能实现合作伙伴知识交流过程的协同性。

2. 知识创新性与复杂性协同

高效和有效的知识交流所需的知识交流能力各不相同,因此,需要在突破性创新项目开始和商业化后具备最先进的能力。突破性创新是指需要以商业上可行的方式创造知识，并与其他新的或现有的知识相联系，从而扰乱现有市场或行业和/或产生新的市场与行业的创新。突破性创新分为两类：①基于新创造技术和发明的创新；②基于现有技术和知识的独特与新颖组合的创新。基于新技术和发明的突破性创新很少见，需要开发概念、创意来描述技术，从而产生新的知识领域。成功地实现这类突破性创新往往会建立新的主导设计，并创建一系列创新生态系统的核心产品。这些新的知识领域常常取代现有的知识领域，从而导致现有联盟、联盟组合和熟悉的业务实践的结构性更改。

理解开放合作关系的挑战，是联盟实现突破性创新并破解其阻碍复杂性的关键前提。在创新生态系统背景下，联盟创新主体之间知识交流和整合相对容易，通过交流和整合源自联盟内外的知识，有益于创新主体：①减少新产品或服务创新的上市时间；②通过准确匹配创新技术的性能属性满足用户需求，提高最终创新的有效性；③减少与创新周期相关的成本。理想情况下，应在知识交流的能力与知识交流相对于绩效的复杂性之间取得平衡。

8.4.2 加速知识交流能力协同

知识在创新生态系统不确定性环境中以有效和高效的方式的交流与整合，取决于合作伙伴关系的能力，以解决跨产业联盟组织和创新生态系统边界的知识交换所产生的复杂问题。当知识领域不存在并且需要与创新共同开发时，复杂性就会出现。结合 Carlile[221]的跨越边界管理知识交流的框架，有三个逐步复杂的能力协同，即转移能力、翻译能力和转换能力。

1. 转移能力

当创新主体长期与熟悉的合作伙伴之间共享重复经验和发生知识交换时，转移能力最为适用。与创新项目相关的协作者的概念和组织领域中的技术与业务知识非常相似。这种合作主要是为了在规模和经济的基础上进行竞争，并且当与突破性创新无关时，仅限于与新产品开发以及生产和运营相关的增量与有限的模块化创新。此外，合作伙伴可能在焦点企业的产品线和业务方面具有高度明确的角色，并且可能会为焦点企业支持的持续运营和创新平台投入大量资源。其他两种知识交流能力（翻译和转换）的部分目的是操作和综合来自不同知识领域的知识，以便将其编成代码，从而在合作伙伴之间实现简单的转移，并最终实现向客户的转移。这一过程通过将联盟组合的活动和非活动知识域从概念化缩小到创新的发展阶段，在统一的协同创新框架中进行描述。如果知识没有编纂和定义，则难以为其许可的知识产权价值设置参数。因此，当与突破性创新相关的新知识领域和能力发展到与现有知识领域一致的程度时，知识在研发合作伙伴关系中实现有效地、高效地流入和流出。

2. 翻译能力

创新主体之间共享的知识含义、定义和词汇经常成为翻译的基础。当联盟内部存在多样化并与其他联盟建立联系时，翻译能力最为适用。翻译能力允许对与产品平台相关的现有知识域之外的知识域进行有限的探索和同化，从而相对快速地利用所获得的知识。与转移能力一样，翻译能力对于突破性创新是必要的。但要实现突破性创新，必须翻译来自联盟组合知识领域内外的技术和商业知识，以产生共同的意义和理解。这种翻译的知识最初不需要完全编纂，而是代表了在知识库发展之前和期间与突破性创新相关的不同知识领域之间的可识别的桥梁或途径。这种知识可以在联盟组合内外的积极参与者和参与者之间交换与理解，通过解码来解释意义和价值。为了做到这一点，参与者必须以各自的知识领域为基础，并加深对知识领域的理解。

3. 转换能力

当所访问的技术领域和商业领域之间存在高度不一致或者缺乏与新发明或科学发现相关的重要且可识别的知识领域而导致高度复杂性时，转换能力是必要的。在新的联盟中所带来的独特知识、能力和专业知识可能不会在以前与焦点企业的联盟中得到应用与使用。相反，独特的知识、能力和专业知识可以在其他联盟中使用，或者在合作伙伴的研发职能的模糊范围内使用。转换能力所必需的独特知识、能力和专业知识也可能来自焦点企业自身的研发职能。在联盟的范围内，任何模糊知识都会被选择性地揭示，以便找到最佳用途和应用。因此，这些知识和专业知识代表了突破性创新尚未开发的知识领域的初始状态。相对于突破性创新而言，转换能力的目的是为新兴突破性创新提供一个工作知识领域。这个工作知识领域可以利用未知领域来创建类比和图示，为更复杂和细微的理解以及创新应用的发展奠定基础。

此外，转换是这三种能力中唯一涉及知识创造的重要级别的能力。但仅靠转换还不足以实现突破性创新。在整个创新发展过程中，必须结合翻译和转移能力实现突破性创新，知识交流能力形成框架见图8-4。

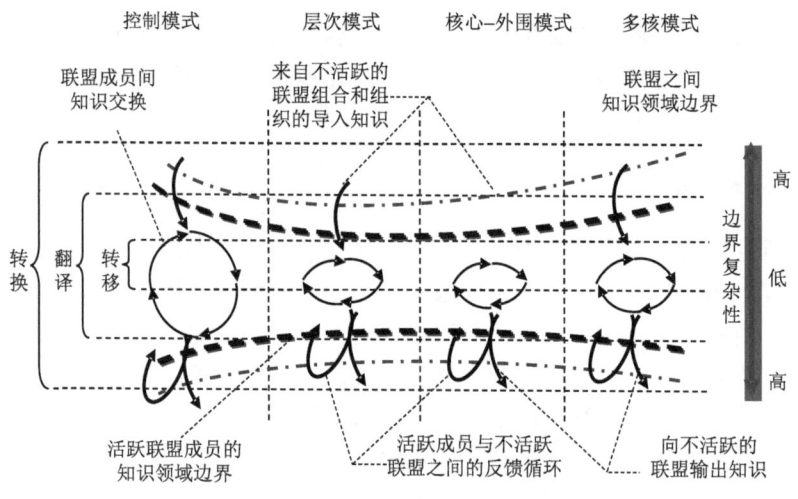

图 8-4 知识交流能力形成框架

8.5 产业联盟协同创新保障策略

8.5.1 资源整合协同保障策略

1. 推进产业联盟资源整合发展

政府应该加快推进新兴产业联盟协同创新过程中围绕产业动态创新能力相关的关键技术瓶颈的突破，通过建设一批信息交流平台、资源共享平台、咨询公司等服务组织和机构，促使产业联盟集聚形成一个竞合有机体，并形成一个巨大的创新网络，在形成产业集聚效应的同时进一步提升新兴产业的动态创新能力。产业联盟协同创新能够促使产业形成高技术、高附加值等特点同时将伴随很强的知识溢出效应。

2. 加大政策扶持力度

政府应继续加大创新支持力度，继续增加研发经费投入，对基础研究和应用研究有一定程度的倾斜，并着力将资金落实到项目，提高政府资金使用效率；要围绕提升原始创新能力，持续加强基础研究和核心技术、关键共性技术的研究，以基础研究的突破带动技术创新；深化对政府支持创新政策的研究，根据研发类型和产业特点，从财税政策、金融扶持、政府采购、项目安排等方面采取有力措施推进产业联盟构建，激励创新主体进行技术创新；加强对企业管理者的创新理念培训，提高企业创新意识，鼓励企业积极参与国际合作与竞争，在全球技术转移中利用创新资源，加快集成创新和消化吸收再创新。

3. 推动产学研合作

政府引导和支持企业与高校、科研机构合作，但是现实是政府、企业和科研机构之间存在隔阂，无法有效解决企业所需。首先，政府可以通过完善现有创新机制，向新兴产业加大财政投入并积极鼓励企业加快信息化创新。其次，政府还可以通过建立"政府-新一代信息技术产业-科研机构-信息技术机构"的协同创新平台，因为信息技术机构有利于吸收智能、多元化的技术来协助新兴产业增强创新技术和创新服务的集成，促进各类知识在产业联盟内部流动。最后，政府可以通过鼓励产业与科研机构间形成联盟中的联盟，基于新兴产业发展需要，开展技术研发；基于科研成果，应用到产业联盟协同创新环节，所以政府应大力推进政产学研一体化进程。

8.5.2 网络结构协同保障策略

1. 创新资源优化

创新生态系统下的产业联盟协同创新是以"创新主体"的市场需求为前提，受到用户尚未满足需求的驱动以及需求信息的流动引导新兴产业动态创新能力的发展方向。新兴产业应该建立更多用户可参与的创新产品的反馈平台，这样不仅提升用户参与度、体验感，激发用户对品牌的认同感，而且有助于产业自身分析产品不足之处，调整企业运营流程、提升服务质量等。新兴产业不仅要持续积累创新资源数量，还要在创新链与服务链融合过程中整合上下游合作伙伴的部分创新资源，为自身完成各项创新活动添砖加瓦。构建新发展格局的关键在于经济循环的畅通无阻，要建立起扩大内需的有效制度，释放内需潜力，加快培育完整内需体系，从投资驱动转向消费驱动，特别是增加居民消费，提升消费层次，减少增长对投资的依赖。

2. 明确创新主体网络位置

创新生态系统视角下产业联盟内部需要明确各创新主体的网络位置，提升对市场动态和自身创新能力发展方向预测的精确度。新兴产业通过详细的市场预测准确把握市场未来发展动态和方向，有效捕捉潜在发展机会。产业还应该以解决用户需求问题和兼顾联盟协同合作伙伴的价值主张为出发点，因为用户的钱包决定了创新产品与服务的价值，兼顾上下游合作者的利益决定了行业的持续发展。协同创新模式在明确产业价值定位基础上，通过明晰自身与各创新主体的网络位置关系,确定焦点企业与其网络成员之间建立的联盟网络特征关系。企业与其联盟网络成员之间缔结的联盟时间越长,相互了解越深,越有助于双方充分利用彼此的资源禀赋弥补自身资源不足,还有利于促进隐性知识在双方之间的传递与交流,这对于共同创造合作价值具有显著的促进作用。

3. 提高技术创新投入

提高对新技术产业创新投资的效率,打通各网络主体的协同创新空间壁垒。持续加大新技术研发创新的投入力度,促进协同创新成果的落地和转化,缩短从投资到社会投放的周期,提升转化效率。同时也要优化技术创新的投资结构,提高与服务链的适配度,加强投资的市场需求导向,让市场在资源配置中起到决定性作用。

8.5.3 知识流动协同保障策略

加快创新生态环境下的知识流动进程,加强新型产业联盟建设,积极推进数字技术、人工智能与新基建融合发展,依托新业态、新模式、新技术,加快信息开放共享和知识流动,提升产业联盟协同创新水平,通过构建完整的新型基础设施建设体系,为数字化赋能生态联盟协同创新高质量发展奠定基础。

只有创建一个良好的创新生态环境的知识流动协同保障措施,才能为新兴产业联盟协同创新发展提供可靠的制度保障。一是鼓励政策。对于在创新发展及社会经济发展方面有着重大贡献的科技人员,理应获得丰厚的物质奖励作为鼓励。二是税收政策。创新成果实现产业化后的创新产品,对其征税,将得到的税收收入对有创新潜力的企业进行科技创新补贴,以此鼓励更多的企业参与到科技创新的工作中,研发出更多高产值、高收益的新产品,加快企业转化科技成果和实现科技成果产业化的速度。三是技术引进政策。目前产业联盟协同创新的过程中,技术引进不合理、外部技术重复引进的现象依然很严重,因此联盟急需要将技术的引进政策规范化,形成技术标准联盟,并严格审查引进的技术,以防止同水平技术的引进,促使企业有效地吸收和采用国内的科技成果。四是实施科技贷款利率的倾斜政策。科技成果从产生到实现产业化将会历经相对较长的一段时间,因此,其经济效益及社会效益都会出现滞后的状态,并且具有一定的风险性。

8.6 本章小结

本章的研究主要集中在产业联盟协同创新保障策略,第一,分析产业联盟协同创新任务分解,包括任务分解影响因素与方法、任务分解目标和任务分解原则与策略；第二，基于资源识别、获取、配置和利用，促进产业联盟协同创新资源整合；第三，进一步考虑优化产业联盟协同创新网络结构方面，分别从企业协同、学研协同以及产学研协同创新三个方面优化产业联盟协同创新网络结构；第四，基于知识交流过程协同与知识交流能力协同两个方面，对联盟协同创新知识流动进一步探究；第五，提出资源整合、网络结构和知识流动的协同保障策略。

第9章 创新生态系统视角下产业联盟协同创新激励政策

9.1 产业联盟协同创新激励政策要素识别

为进一步全面客观分析产业联盟协同创新政策的有效性,考察政策对产业联盟协同创新目标的执行程度和对新兴产业领域的覆盖性,本章构建创新生态系统视角下的产业联盟协同创新目标和政策一致性(policy modeling consistency, PMC)指数模型对产业联盟协同创新激励政策文本进行深入挖掘与量化评价。本章聚焦于九大新兴产业协同创新政策体系中具有代表性和重要影响力的核心政策,并以此为研究样本进行量化评价,对产业联盟协同创新激励政策要素进行有效识别。

9.1.1 激励政策要素识别

我国新兴产业创新政策演进是伴随着中国市场化改革、对外开放和经济发展的历史而发生的,其必然沿着产业发展、产业结构转换和政府与市场关系调整的逻辑展开,应当关注政策中重点支持领域变化、政策工具的选择和产业创新链环节支持力度。本章对产业政策工具、产业创新链和产业领域三维框架作如下界定与划分,分析框架如图9-1所示。

1. Y 维度:产业政策工具

产业政策工具是实现创新政策目标的手段。根据政策工具对技术创新产生影响的层面不同,将政策工具分为供给面、需求面和环境面三大类。本章根据文献资料,将供给型政策工具分为公营事业、科学与技术开发、教育与训练、资讯服务;将需求型政策工具分为政府采购、公共服务、贸易管制、海外机构;将环境型政策工具分为财务金融、租税优惠、法规及管制、政策性策略。

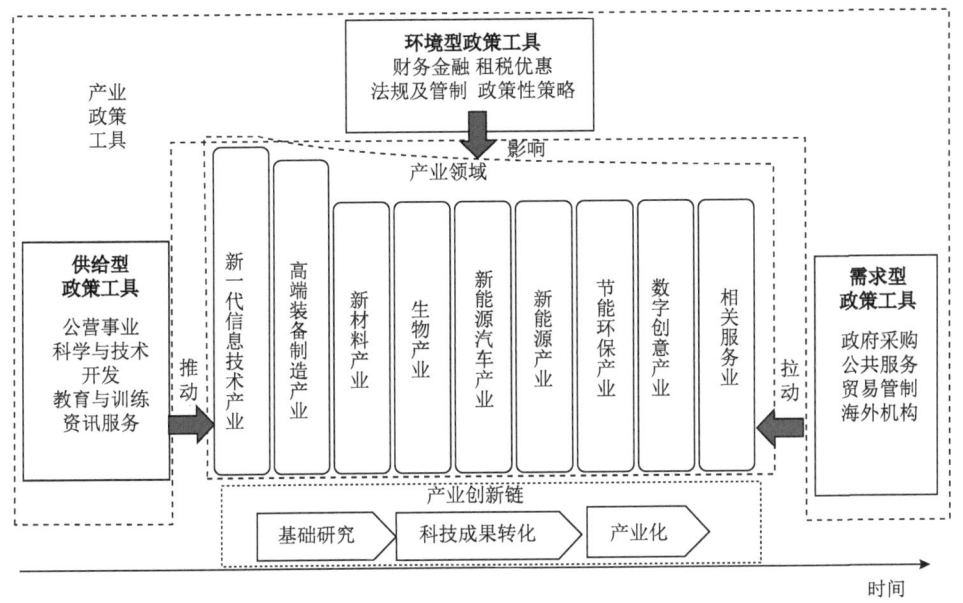

图 9-1 新兴产业创新政策分析框架

2. X 维度：产业创新链

产业创新链是基于技术创新理论与价值链理论相融合视角提出的，产业联盟协同创新可以概括为公共研发与示范、广义商业化和市场化三大阶段。本章将产业联盟协同创新归纳为基础研究、科技成果转化和产业化三个阶段，探究新兴产业创新政策对三个环节的重视程度。

3. Z 维度：产业领域

新兴产业属于创新驱动的知识密集型产业，对新兴产业领域的划分需要体现战略性和权威性。本章参考《战略性新兴产业分类与国际专利分类参照关系表（2021）试行》，将新兴产业分为九类，即新一代信息技术产业、高端装备制造产业、新材料产业、生物产业、新能源汽车产业、新能源产业、节能环保产业、数字创意产业、相关服务业。

参考学者对政策评价的研究，且考虑到新兴产业联盟协同创新政策文本特征和政策网络分析结果，构建了 9 个产业联盟协同创新政策的一级变量和 44 个二级变量，9 个一级变量中前 7 个均参考各个学者对政策的评价维度并结合新兴产业联盟协同创新政策文本内容，而政策领域（X_8）是对新兴产业的细分，协同目标（X_9）是新兴产业联盟创新政策中为推动协同创新所做的努力，X_8 和 X_9 的二级变量均参考国家政策，具体如表 9-1 所示。其中二级变量服从[0,1]二项分布，即根据政策样本内容对各变量进行赋值，样本政策符合二级变量的赋值 1，不符合的赋值 0。但其中政策类型（X_1）和发布机构（X_2）具有递进与排他性，因此当某一项政策类型被判定后，比其高的类型赋值为 0，比其低的类型全部赋值为 1。

表 9-1 新兴产业创新政策量化评价框架

一级变量	二级变量	参数设定	参数范围
政策类型 X_1	规划（$X_{1:1}$）	该政策是否为规划纲要	$X_{1:1} \sim N[0,1]$
	方案（$X_{1:2}$）	该政策是否为方案计划	$X_{1:2} \sim N[0,1]$
	办法（$X_{1:3}$）	该政策是否为管理办法	$X_{1:3} \sim N[0,1]$
	意见（$X_{1:4}$）	该政策是否为指导意见	$X_{1:4} \sim N[0,1]$
	通知（$X_{1:5}$）	该政策是否为通知公告	$X_{1:5} \sim N[0,1]$
发布机构 X_2	国务院及其办公厅（$X_{2:1}$）	该政策是否由国务院及其办公厅发布	$X_{2:1} \sim N[0,1]$
	国家部委（$X_{2:2}$）	该政策是否由国家部委发布	$X_{2:2} \sim N[0,1]$
	直属机构（$X_{2:3}$）	该政策是否由其他直属机构发布	$X_{2:3} \sim N[0,1]$
	社会团体（$X_{2:4}$）	该政策是否由全国社会团体发布	$X_{2:4} \sim N[0,1]$
政策时效 X_3	长期（$X_{3:1}$）	该政策时效是否在 5 年及以上	$X_{3:1} \sim N[0,1]$
	中期（$X_{3:2}$）	该政策时效是否在 3 年至 5 年内	$X_{3:2} \sim N[0,1]$
	短期（$X_{3:3}$）	该政策时效是否在 3 年及以内	$X_{3:3} \sim N[0,1]$
政策结构 X_4	依据充分（$X_{4:1}$）	该政策是否依据充分	$X_{4:1} \sim N[0,1]$
	目标明确（$X_{4:2}$）	该政策是否目标明确	$X_{4:2} \sim N[0,1]$
	方案科学（$X_{4:3}$）	该政策是否方案科学	$X_{4:3} \sim N[0,1]$
	规划翔实（$X_{4:4}$）	该政策是否规划翔实	$X_{4:4} \sim N[0,1]$
政策范围 X_5	技术（$X_{5:1}$）	该政策是否涉及技术方面	$X_{5:1} \sim N[0,1]$
	经济（$X_{5:2}$）	该政策是否涉及经济方面	$X_{5:2} \sim N[0,1]$
	环境（$X_{5:3}$）	该政策是否涉及环境方面	$X_{5:3} \sim N[0,1]$
	社会服务（$X_{5:4}$）	该政策是否涉及社会服务方面	$X_{5:4} \sim N[0,1]$
政策工具 X_6	财税金融（$X_{6:1}$）	该政策是否涉及财税、绿色信贷金融	$X_{6:1} \sim N[0,1]$
	研发投入（$X_{6:2}$）	该政策是否涉及研发经费、项目投入	$X_{6:2} \sim N[0,1]$
	知识产权（$X_{6:3}$）	该政策是否涉及知识产权或技术标准	$X_{6:3} \sim N[0,1]$
	市场规制（$X_{6:4}$）	该政策是否涉及完善法规、市场监管	$X_{6:4} \sim N[0,1]$
	政府采购（$X_{6:5}$）	该政策是否涉及政府采购产品或服务	$X_{6:5} \sim N[0,1]$
	开展试点（$X_{6:6}$）	该政策是否涉及协同创新	$X_{6:6} \sim N[0,1]$
政策对象 X_7	政府（$X_{7:1}$）	该政策是否面向政府	$X_{7:1} \sim N[0,1]$
	企业（$X_{7:2}$）	该政策是否面向企业	$X_{7:2} \sim N[0,1]$
	高校（$X_{7:3}$）	该政策是否面向高校	$X_{7:3} \sim N[0,1]$
	科研机构（$X_{7:4}$）	该政策是否面向科研机构	$X_{7:4} \sim N[0,1]$
	服务机构等其他（$X_{7:5}$）	该政策是否面向其他服务机构	$X_{7:5} \sim N[0,1]$

续表

一级变量	二级变量	参数设定	参数范围
政策领域 X_8	新一代信息技术产业（$X_{8:1}$）	该政策是否覆盖新一代信息技术产业	$X_{8:1}\sim N[0,1]$
	高端装备制造产业（$X_{8:2}$）	该政策是否覆盖高端装备制造产业	$X_{8:2}\sim N[0,1]$
	新材料产业（$X_{8:3}$）	该政策是否覆盖新材料产业	$X_{8:3}\sim N[0,1]$
	生物产业（$X_{8:4}$）	该政策是否覆盖生物产业	$X_{8:4}\sim N[0,1]$
	新能源汽车产业（$X_{8:5}$）	该政策是否覆盖新能源汽车产业	$X_{8:5}\sim N[0,1]$
	新能源产业（$X_{8:6}$）	该政策是否覆盖新能源产业	$X_{8:6}\sim N[0,1]$
	节能环保产业（$X_{8:7}$）	该政策是否覆盖节能环保产业	$X_{8:7}\sim N[0,1]$
	数字创意产业（$X_{8:8}$）	该政策是否覆盖数字创意产业	$X_{8:8}\sim N[0,1]$
	相关服务业（$X_{8:9}$）	该政策是否覆盖相关服务业	$X_{8:9}\sim N[0,1]$
协同目标 X_9	产业链协同（$X_{9:1}$）	该政策是否涉及产业链上下游协同创新	$X_{9:1}\sim N[0,1]$
	创新资源整合（$X_{9:2}$）	该政策是否涉及知识交流、创新资源整合	$X_{9:2}\sim N[0,1]$
	创新效能提升（$X_{9:3}$）	该政策是否涉及传统产业创新能力提升	$X_{9:3}\sim N[0,1]$
	创新成果转化（$X_{9:4}$）	该政策是否涉及关键技术攻关、成果转化	$X_{9:4}\sim N[0,1]$

根据 PMC 指数模型的构建步骤，参照上述 9 个一级变量和 44 个二级变量建立多投入产出表，每一个变量的权重相同且没有先后之分，建立新兴产业联盟 10 项核心政策的多投入产出表，并利用内容分析和文本挖掘对二级变量进行赋值，如式（9-1）和式（9-2）所示，XR 表示归一化后的变量值。

$$X \sim N[0,1] \tag{9-1}$$

$$X = \{\text{XR}:[0\sim 1]\} \tag{9-2}$$

在多投入产出表的基础上，计算一级变量的具体数值，其计算过程如式（9-3）所示。再将各政策一级变量加总计算 PMC 指数，如式（9-4）所示。

$$X_i = \frac{\sum_{j=1}^{m} X_{ij}}{n} \tag{9-3}$$

$$\text{PMC}-\text{index} = \sum_{i=1}^{n}\left\{X_i\left[\sum_{j=1}^{m}\frac{X_{ij}}{T(X_{ij})}\right]\right\} \tag{9-4}$$

其中，i 为一级变量，$i=1,2,\cdots,n$；j 为二级变量，$j=1,2,\cdots,m$；T 为所有二级变量的数量；X_{ij} 为第 i 个一级变量下的第 j 个二级变量的归一化值（取值范围通常为 $[0,1]$）；m 为每个一级变量下属的二级变量总数。

根据政策等级划分标准，并结合本章所选取的 9 个一级变量，所计算得到的 PMC 指数取值在 $[0,9]$，将其划分为 4 个等级，如表 9-2 所示。此外，为直观比较政策样本优劣，可绘制政策的 PMC 曲面图，即通过式（9-5）计算得出三阶矩阵具体数值。

表 9-2 节能环保产业创新政策 PMC 指数等级划分

数值	9~8	7.99~7	6.99~5	4.99~0
评价	完美	优秀	可接受	不良

$$\text{PMC}-\text{matrix}=\begin{pmatrix} X_1 & X_2 & X_3 \\ X_4 & X_5 & X_6 \\ X_7 & X_8 & X_9 \end{pmatrix} \quad (9\text{-}5)$$

9.1.2　激励导向下的联盟协同创新方案设计

基于联盟成员对利益的追求，在联盟内部设计合理的利益分配机制将有利于激励成员参与协同创新合作、维持联盟协同创新的稳定性。而如何在协同创新开始前确定联盟利益分配的规则和标准、在协同创新过程中设计和优化利益分配系数是利益分配机制主要解决的问题。因此激励机制要实现全过程、全方位的激励功能，如图 9-2 所示。

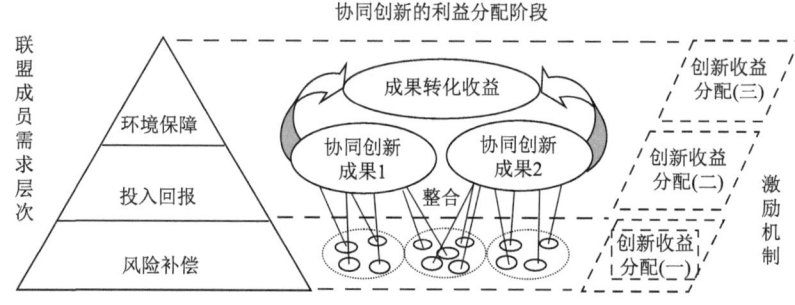

图 9-2　基于成员需求的激励机制框架

在成员参与协同创新过程中，阶段性成果是实现联盟协同创新总体成果的中间环节，标志着联盟成员对创新资源的投入和彼此间合作关系的确立。通过整合联盟阶段性成果实现联盟协同创新总成果并将其转化为联盟收益后，需要对总成果转化带来的收益进行分配来满足成员的投入回报需求。为了实现联盟协同创新的更持久的发展，协同创新利益分配过程需要将长期激励与短期激励结合、物质激励与精神激励结合。而本章从激励联盟成员参与协同创新的视角出发，构建基于需求层次的联盟协同创新利益分配模型和机制，为联盟协同创新利益分配提供参考和借鉴。

9.1.3 基本假设及协同创新收益函数

1. 基本假设

根据联盟成员参与协同创新合作的过程和规律，提出以下基本假设条件。

（1）设 $M=\{1,2,\cdots,n\}$ 为联盟协同创新合作成员的集合，其中利益主体 $i(i=1,2,\cdots,n)$ 期望通过协同创新合作方式为自身带来创新利益，且对利益分配结果的需求在协同创新不同阶段存在明显差异。

（2）联盟协同创新利益主要通过成员的努力和互动实现。其中努力程度主要体现在成员在协同创新过程中资金、人员、设备和知识、技术等资源方面的投入。互动强度主要体现在联盟成员之间信息的交流频率和行为的协调程度。对联盟协同创新绩效有影响的政府政策、法律法规和市场环境等因素具有不确定性，且服从标准正态分布，即 $x \sim N(0,\sigma^2)$。

（3）联盟成员的努力程度和互动强度可以通过成员参与协同创新的行为与对协同创新成果的贡献程度来综合测量，并作为联盟借助利益分配过程激励成员的重要指标。

（4）联盟协同创新是成员间建立的长期合作方式，成员之间风险偏好各不相同，在实现联盟协同创新阶段性成果后需要对其所有权进行分配，并随着合作顺利进行需要对所有完善的创新成果利用转化价值的方式对其设计合理的利益分配方式。

2. 协同创新收益函数

按照传统的收益核算办法，联盟协同创新利益为联盟协同创新绩效与成本之差，其中创新成本在联盟成员自身收益和总体收益计算中分别采用自身创新成本与联盟合作创新成本。

定义 9-1 设 $M=\{1,2,\cdots,n\}$ 为联盟协同创新成员的集合，成员 $i(i=1,2,\cdots,n)$ 的努力程度为 t_i、互动强度为 w_i。

联盟成员在协同创新合作初期，联盟成员的努力程度主要通过对资金、人员、设备和知识、技术等资源要素的投入反映，而成员自身的努力程度无法单独实现联盟协同创新绩效，需要借助成员之间的互动将资源投入转化为绩效，二者是影响协同创新绩效水平的关键要素。

定义 9-2 联盟成员协同创新的绩效、成本和收益分别都是关于成员努力程度 T_i 的函数，记为 S_i、C_i 和 V_i。

按照柯布-道格拉斯生产函数的基本内涵，成员 i 的协同创新绩效 S_i 与努力程

度为 t_i 和互动强度为 w_i 的函数关系为

$$S_i(t_i, w_i) = \alpha t_i^a w_i^b, \quad 0<a<1, \ 0<b<1, \ i=1,2,\cdots,n \quad (9\text{-}6)$$

其中，参数 a 为成员 i 努力程度的收益弹性系数；参数 b 为成员 i 互动强度的收益弹性系数；α 为联盟成员之间的信任参数，同比于柯布-道格拉斯函数中的综合技术水平系数。

根据 a 和 b 组合情况，可以判断联盟协同创新的合作水平，分为以下三种类型：① $a+b>1$，称为联盟协同创新绩效递增型，即在现有的联盟创新环境下，继续提高努力程度和互动强度能实现收益的更高回报。② $a+b=1$，指联盟协同创新绩效不变型，即协同创新绩效不随着成员努力程度和互动强度的提高而增加，只有改善联盟协同创新环境才能提高协同绩效。③ $a+b<1$，指联盟协同创新绩效递减型，即努力程度和互动强度与联盟协同创新绩效不成正比。

定义 9-3 借鉴张维迎对努力成本的量化研究过程，β_i 为成员协同创新过程中的努力成本系数，成员 i 在努力程度 t_i 时所消耗的成本为

$$C_i(t_i) = \frac{1}{2}\beta_i t_i^2, \quad i=1,2,\cdots,n \quad (9\text{-}7)$$

联盟成员协同创新成本主要来源于成员在合作过程中的努力过程，即投入资源而产生的成本。联盟成员的努力程度加大，表示投入资源的数量增加，导致创新成本增加。

定理 9-1 联盟成员 i 在努力程度 t_i 和互动强度 w_i 下，期望收益函数为

$$\text{EV}_i(t_i, w_i) = \alpha t_i^a w_i^b - \frac{1}{2}\beta_i t_i^2, \quad i=1,2,\cdots,n \quad (9\text{-}8)$$

定义 9-4 联盟协同创新总体绩效、成本和收益分别用 S、C、V 表示。而在联盟协同创新整体绩效中，考虑到成员之间的合作程度逐渐加深，联盟内部信任程度 α、努力收益系数 a 和互动收益系数 b 将发生变化，即 $\alpha \to \alpha'$，$a \to a'$，$b \to b'$，且 $\alpha < \alpha'$，$a < a'$，$b < b'$。联盟协同创新总体绩效函数为

$$S(t_i, w_i) = \sum_{i=1}^{n}\left(\alpha' t_i^{a'} w_i^{b'}\right), \quad i=1,2,\cdots,n \quad (9\text{-}9)$$

定义 9-5 联盟成员在协同创新过程中彼此之间优势互补、成本共担，使得联盟成员努力成本系数 $\beta_i > \beta_i'$，因此联盟协同创新努力程度 t_i 所产生的成本为

$$C(t_i) = \sum_{i=1}^{n}\left(\frac{1}{2}\beta_i' t_i^2\right), \quad i=1,2,\cdots,n \quad (9\text{-}10)$$

在计算联盟协同创新整体利益情况下，联盟协同创新成本不仅考虑联盟成员的努力成本，而且为了实现利益分配对联盟协同创新成员的激励作用，必须要考虑联盟成员间由于互动所产生的风险成本。成员之间的互动实则是关于合作和竞

争的相互博弈，在竞争过程中实现联盟整体利益最大化，同时在合作中保持自身核心竞争优势。因此为了激励联盟成员在协同创新过程中维持较高的互动强度，并保障成员核心优势，需要在利益分配之前对成员所承担的互动风险进行补偿，然后制定合理的联盟协同创新的利益分配方式。

定义 9-6 成员在互动过程中面临的风险成本主要与成员在联盟协同创新过程中的互动强度 w_i 有关，因此联盟协同创新互动成本为

$$C\left(w_i^2\right) = \sum_{i=1}^{n}\left(\gamma_i w_i^2\right), \quad i=1,2,\cdots,n \tag{9-11}$$

参照定义 9-3 中成本核算方法，将联盟协同创新互动成本系数设为 γ_i，各成员之间的成本系数并不相同，主要受成员内部自身影响。

定义 9-7 联盟协同创新的总成本主要包含两个方面，一方面是成员合作层面，其中既包括努力程度 t_i 所带来的资源投入成本 $C(t_i)$，也包括互动强度 w_i 带来的风险成本 $C(w_i)$；另一方面是联盟运行层面的成本，用 Q 表示。因此联盟协同创新总成本为

$$C(t_i, w_i) = C(t_i) + C(w_i) = \sum_{i=1}^{n}\left(\frac{1}{2}\beta_i' t_i^2 + \gamma_i w_i^2\right) + Q, \quad i=1,2,\cdots,n \tag{9-12}$$

定理 9-2 通过联盟协同创新所有成员的共同努力和彼此互动，联盟协同创新总体收益为

$$V(t_i, w_i) = S(t_i, w_i) - C(t_i, w_i) = \sum_{i=1}^{n}\left(\alpha' t_i^{a'} w_i^{b'} - \frac{1}{2}\beta_i' t_i^2 - \gamma_i w_i^2\right) - Q, \quad i=1,2,\cdots,n$$

$$\tag{9-13}$$

9.1.4 基于供给推动的联盟协同创新激励模型

为了充分发挥利益分配在联盟协同创新过程中对成员的激励作用，需要基于供给推动针对协同创新的不同阶段设计相对应的利益分配模型，满足成员在协同创新过程中对利益分配结果的需求。而随着协同创新合作为成员带来的创新收益不断增加，成员对利益分配需求由投入回报转化为环境保障，因此需要进一步优化方案，实现利益分配对成员参与协同创新互动强度的激励。

协同创新合作需要联盟成员经过长期的努力才能实现最终创新目标，因此联盟内部利益分配机制要在协同创新过程中通过对阶段性成果所有权的初步分配，降低成员参与协同创新的风险，发挥对成员的激励作用。在联盟整体成员集合 $N = \{1,2,\cdots,n\}$ 中，联盟阶段性创新成果是联盟部分成员构成的子集 M 共同合作的收益，即 $M \subseteq N$。因此在下一阶段协同创新合作开始前，需要对阶段性成果的

所有权进行分配，如图 9-3 所示。

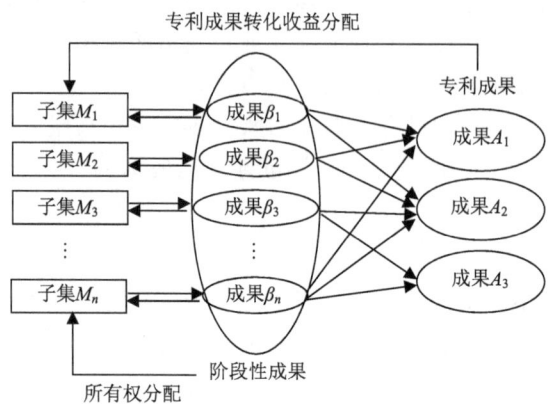

图 9-3　阶段性成果分配模型

9.1.5　基于需求拉动的联盟协同创新激励模型

联盟成员通过不断的努力，最终实现了联盟协同创新收益。此时，联盟内部合理的利益分配模型将对联盟协同创新的稳定发展发挥关键作用。因此，利益分配模型的设计和优化过程要以联盟协同创新初期的分配标准为基础，以满足成员投入回报和环境保障需求为目标，实现对联盟成员参与协同创新的努力程度和互动强度的激励作用，具体内容如下所示。

（1）非合作博弈下联盟协同创新纳什均衡模型。联盟成员在参与协同创新之前，联盟内部成员之间并未建立合作协议，因此，成员主要以实现自身利益最大化来确定自身努力程度，没有成员会改变自身策略来破坏联盟平衡，满足个体理性。因此在纳什均衡下，联盟成员自身期望收益 EV_i 存在以下关系。

令联盟内部成员 $i(i=1,2,\cdots,n)$ 构成的最优努力程度策略为 $t_i^* \in T_i$，联盟非合作博弈中其他成员的最优努力程度策略为 $t_{-i}^* = \{t_1^*,\cdots,t_{i-1}^*,t_{i+1}^*,\cdots,t_n^*\}$，则存在 $t_i \in T_i$，且 $t_i^* \in \arg\max_{t_i \in T_i} V_i\{t_i,t_{-i}^*\}$，基于上述分析可以求得

$$\frac{\partial EV_i(t_i,w_i)}{\partial t_i} = a\alpha t_i^{a-1} w_i^b - \beta_i t_i = 0, \quad i=1,2,\cdots,n \tag{9-14}$$

联盟成员非合作状态下最优努力程度为 $t_i^* = \left(\dfrac{a\alpha w_i^b}{\beta_i}\right)^{\frac{1}{2-a}}$，$i=1,2,\cdots,n$，因此在纳什均衡下，联盟成员最优努力程度集为

第9章 创新生态系统视角下产业联盟协同创新激励政策

$$T^* = \left(\left(\frac{a\alpha w_1^b}{\beta_1}\right)^{\frac{1}{2-a}}, \left(\frac{a\alpha w_2^b}{\beta_2}\right)^{\frac{1}{2-a}}, \cdots, \left(\frac{a\alpha w_n^b}{\beta_n}\right)^{\frac{1}{2-a}} \right) \quad (9\text{-}15)$$

由此可知,在联盟成员协同创新过程中,联盟成员的最优努力程度取决于联盟成员互动强度、信任水平、努力收益系数、努力成本系数和互动收益系数,联盟成员的努力程度与互动强度呈正相关关系,而与成员努力成本系数呈负相关关系。此时,联盟内部成员并未建立完善的协同合作关系,各成员以自身利益最大化为努力方向,实现了联盟内部非合作博弈的纳什均衡。非合作博弈下联盟成员的最优努力程度集是联盟成员参与协同创新的出发点,当联盟协同创新为联盟成员带来更多收益时,成员愿意参与合作,否则不参与合作。

因此,在联盟成员确定自身最优合作策略下,需要建立合理的利益分配模型对成员参与协同创新进行激励,确保成员按照联盟利益最大化的方向不断努力,避免因成员自身原因损害联盟合作利益。

(2) 合作博弈下联盟利益分配优化模型。联盟协同创新合作实则是联盟成员通过合作博弈使各自的合作策略达到最优,且不会主动变换策略。联盟内部核心成员或管理者在联盟合作博弈过程中发挥重要作用,使成员之间彼此信任,提高协同创新意愿,避免成员追求自身利益而危害联盟总体利益。在此基础之上,设计合理的利益分配模型使成员对利益分配结果达到满意状态,可以激励联盟成员改善信任关系,提高自身努力程度。

以联盟总体利益最大化为联盟成员的努力方向,联盟成员在"集体理性"条件下,通过彼此协商确定自身最优合作策略。由联盟最大收益可知:

$$\frac{\partial V(t_i, w_i)}{\partial t_i} = \sum_{i=1}^{n} \left(\alpha' a' t_i^{a'-1} w_i^{b'} - \beta_i' t_i \right) = 0 \quad (9\text{-}16)$$

联盟成员的最优努力程度为 $t_i = \left(\dfrac{\alpha' a' w_i^{b'}}{\beta_i'}\right)^{\frac{1}{2-a'}}$, $i=1,2,\cdots,n$, 在联盟成员相互协调合作下彼此之间实现协同效果,联盟协同创新总体利益也达到最大化。联盟成员的最优努力集为

$$T^{**} = \left(\left(\frac{\alpha' a' w_1^{b'}}{\beta_1'}\right)^{\frac{1}{2-a'}}, \left(\frac{\alpha' a' w_2^{b'}}{\beta_2'}\right)^{\frac{1}{2-a'}}, \cdots, \left(\frac{\alpha' a' w_n^{b'}}{\beta_n'}\right)^{\frac{1}{2-a'}} \right) \quad (9\text{-}17)$$

因为 $\alpha < \alpha'$, $a < a'$, $b < b'$ 且 $\beta_i' < \beta_i$, 所以 $\left(\dfrac{\alpha' a' w_i^{b'}}{\beta_i'}\right)^{\frac{1}{2-a'}} > \left(\dfrac{\alpha a w_i^b}{\beta_i}\right)^{\frac{1}{2-a}}$。

由此可知，联盟协同创新合作方式为成员提供了获取更高收益的机会，同时也为利益分配方式找到了关键的激励作用点，将成员努力程度作为利益分配现阶段的主要依据，有利于满足成员在协同创新过程中投入回报需求，可以激励成员在非合作博弈的最优努力程度基础上继续提高自身努力程度来获取更高收益，进而实现利益分配对成员参与协同创新的激励作用。

因此在构建联盟利益分配机制过程中，始终以成员努力程度 t_i 和互动强度 w_i 为基础，在不同的激励阶段和激励目标下，通过对分配系数 θ_i 进行适当的调整满足成员对利益分配的需求。因此设 $\theta_i = \{\theta_1, \theta_2, \cdots, \theta_n\}$ 为联盟成员的利益分配系数，$\theta_i = K \dfrac{t_i}{\sum_{i=1}^{n} t_i} + (1-K)\dfrac{w_i}{\sum_{i=1}^{n} t_i}$，$i=1,2,\cdots,n$，其中 K 为成员努力程度 t_i 在分配系数中所占比重，且 $0 < \theta_i < 1$，$\sum_{i=1}^{n} \theta_i = 1$。由于在利益分配的初级阶段，联盟成员对分配结果的满意度主要体现在合作收益能否满足自身投入回报需求，因此，在利益分配初级阶段为了提高成员对投入回报的满意度，应加大 K 在分配系数中的比重。然后设 θ_i^+、θ_i^- 分别为成员 i 的最优利益分配系数和最差利益分配系数，Z_i 为成员 i 对分配结果的满意程度，其中 $Z_i = \dfrac{\theta_i}{\theta_i^+}$，联盟成员根据自身的努力程度 t_i 和互动强度 w_i 会对分配结果设定期望标准，则 $Z_i^- = \dfrac{\theta_i^-}{\theta_i^+}$ 为联盟成员参与协同创新的最低标准，否则成员退出联盟协同创新合作。设 r_i 为联盟成员 i 在联盟中的重要程度，且 $\sum_{i=1}^{n} r_i = 1$，主要来源于联盟成员在协同创新网络中的位置和创新链中的作用等因素进行综合评判。

因此，在激励作用目标下，联盟成员对协同创新利益分配满意度模型为

$$\max Z = \prod_{i=1}^{n} \left(\dfrac{\theta_i}{\theta_i^+} - \dfrac{\theta_i^-}{\theta_i^+} \right)^{r_i} \quad (9\text{-}18)$$

$$\text{s.t.} \begin{cases} \theta_i^- \leqslant \theta_i \leqslant \theta_i^+ \\ \sum_{i=1}^{n} \theta_i = 1 \end{cases}$$

其中，通过求解目标函数 $\max Z$，找出联盟协同创新成员的最优利益分配系数，使分配结果实现对成员 i 的努力程度 t_i 和互动强度 w_i 的激励作用。其中，$\dfrac{\theta_i}{\theta_i^+}$

为满意联盟成员最终满意度，$\dfrac{\theta_i}{\theta_i^+} - \dfrac{\theta_i^-}{\theta_i^-}$ 为成员 i 的最终满意度与最低期望满意度的差，代表在最低期望满意度的基础上所带来的感知价值，因此差值越大对成员参与协同创新的激励边际效应越大。借鉴 Karush-Kuhn-Tucker（卡罗需-库恩-塔克）的最优求解条件可以得出：

$$\theta_i^* = \theta_i^- + \theta_i^+ = \theta_i^- + \left(1 - \sum_{i=1}^{n} \theta_i^-\right) \dfrac{r_i \theta_i^+}{\theta_i^+ \sum_{i=1}^{n} r_i} = \theta_i^- + \left(1 - \sum_{i=1}^{n} \theta_i^-\right) \dfrac{r_i}{\sum_{i=1}^{n} r_i}, \quad i = 1, 2, \cdots, n$$

(9-19)

经过对利益分配系数 θ_i 的优化过程，可以充分实现在利益分配初级阶段对联盟成员努力程度的激励作用，满足成员对投入回报的需求。在此基础上，成员对利益分配结果将产生环境保障需求，影响联盟成员在协同创新过程中的互动程度，因此需要进一步对利益分配系数 θ_i 进行优化，激励成员提高协同创新合作的互动强度。

9.1.6 基于环境保障的联盟协同创新激励模型

在利益分配过程中，成员之间的竞争关系主要体现在对分配结果的环境保障，也是对自身在联盟内部地位的追求。在满足投入回报需求基础上，联盟成员会关注其他合作伙伴的收益分配情况，通过对比自身收益和联盟成员平均收益水平 $\bar{V}$ 来满足自身环境保障需求（平均收益水平 $\bar{V}$ 作为联盟利益分配结果的参照点）。在成员环境保障下，通过优化利益分配系数可以更加有效地激励成员提高协同创新互动强度，有利于维持联盟协同创新成员之间合作关系的稳定性。

借鉴环境保障模型，对联盟协同创新利益分配过程进行优化。假设联盟利益分配结果对成员 i 的激励效应与成员收益水平线性相关，因此得出环境保障下的联盟协同创新利益分配的激励效应函数为

$$Y_i' = V_i - \lambda_i \left(k_i \bar{V} - V_i\right) \tag{9-20}$$

其中，λ_i 为联盟协同创新成员的环境保障系数，且 $0 \leqslant \lambda_i \leqslant 1$；$k_i$ 为联盟成员环境保障的具体表现，代表成员 i 所期望的收益分配结果是参考标准的 $k_i(k_i > 0)$ 倍。由此可得出以下结果。

当 $\lambda_i = 0$ 时，表示该成员对环境保障的需求为零，具有典型的"理性人"特征。联盟利益分配对成员的激励效应是基于上一阶段优化结果，不需要对该成员进行下一步激励。

当 $\lambda_i = 1$ 时，表示该成员具有充分的环境保障需求，具有典型的"非理性人"

特征。因此要对利益分配结果进行下一步优化，发挥利益分配激励作用。

当 $0<\lambda_i<1$ 时，联盟需要筛选环境保障需求较高的成员进行激励，确保优化后的利益分配结果能充分发挥激励作用。

由上述分析可知，通过初步优化后的联盟成员 i 的协同创新收益为

$$V_i(t_i,w_i)=\theta_i V(t_i,w_i)=\theta_i \sum_{i=1}^{n}\left(\alpha' t_i^{a'} w_i^{b'}-\frac{1}{2}\beta_i' t_i^2-\gamma_i w_i^2\right) \quad (9\text{-}21)$$

将式（9-20）代入式（9-21）中可以得到利益分配结果在环境保障下的激励效应对努力程度 t_i 和互动强度 w_i 的函数为

$$\begin{aligned}Y_i' &= (1+\lambda_i)V_i - \lambda_i k_i \overline{V} \\ &= (1+\lambda_i)\theta_i \sum_{i=1}^{n}\left(\alpha' t_i^{a'} w_i^{b'}-\frac{1}{2}\beta_i' t_i^2-\gamma_i w_i^2\right)-\lambda_i k_i \frac{\alpha' t_i^{a'} w_i^{b'}-\frac{1}{2}\beta_i' t_i^2-\gamma_i w_i^2}{n}\end{aligned} \quad (9\text{-}22)$$

通过满足联盟成员投入回报需求对成员参与协同创新的努力程度产生了重要的激励作用。在此基础上，成员对利益分配结果的需求由投入回报转变为环境保障。因此，进一步优化联盟协同创新利益分配机制的目标是使成员感知到自身收益与其他成员收益的差异，明确提高与其他成员的互动强度将有机会为自身带来更多收益，实现对联盟成员参与协同创新互动强度的激励作用。在现阶段的激励目标下，联盟成员收益匹配模型为

$$\min Z' = \prod_{i=1}^{n}(V_i - k_i \overline{V}) \quad (9\text{-}23)$$

$$\text{s.t.}\begin{cases}\overline{V}=\dfrac{V}{n}\\ V_i=\theta_i V\end{cases}$$

其中，Z' 为分配结果与期望值的匹配度，匹配度越低，代表优化效果越明显，对成员的激励效果越好。

本章将联盟成员对协同创新利益分配的不同需求划分为风险补偿、投入回报和环境保障，并设计与之相对应的利益分配模型与优化过程，充分实现各阶段利益分配模型对成员参与协同创新的激励作用。首先，在风险补偿阶段，通过将阶段性成果进行所有权的划分，可以充分保障成员参与协同创新的创新成果，激发成员对参与协同创新的信心和动力；其次，在联盟协同创新实现创新绩效之后，成员对利益分配的需求集中在对所有投入资源的收益追求，对联盟成员参与协同创新的努力程度产生重要的激励作用，促使成员对协同创新过程投入更多资源，为成员之间信任关系的建立奠定基础；最后，在成员通过协同创新合作达到自身投入回报需求之后，成员对利益分配结果的关注点转化为联盟内部成员之间的环

境保障,而对环境保障需求的满足能充分激励成员提高协同创新合作的互动强度,使成员明确参与协同创新合作将为自身带来更多收益,因此努力提高参与协同创新的互动强度。所以通过对成员参与协同创新努力程度和互动强度的激励,能充分保障联盟协同创新合作方式的顺利进行,对成员起到重要的引导作用。

9.2 产业联盟协同创新激励政策作用效果分析

联盟协同创新外部激励机制是为了激励联盟成员参与协同创新而设计的外部管理方式。从政府对联盟协同创新的影响作用出发,主要分为供给推动、需求拉动和环境保障三个方面。其具体作用效果如图9-4所示。

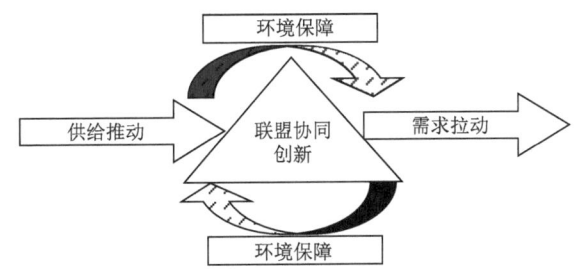

图 9-4　联盟协同创新激励政策工具

9.2.1　供给推动

联盟协同创新是一种具有一定主观意愿的合作方式,在联盟内部激励机制的基础上,政府通过对联盟协同创新合作过程的整体把控,为联盟协同创新合作提供必要的资源,降低了联盟协同创新风险,提高了联盟成员参与合作的意愿。围绕联盟协同创新过程中所必需的关键性要素,从政府角度出发,一方面为了解决联盟协同创新过程中所面临的单独无法解决的困境和难题,推动联盟协同创新持续进行;另一方面,政府为联盟协同创新过程提供关键性资源,激励联盟协同创新高速、稳定运行。

9.2.2　需求拉动

适当的外部需求是引导联盟成员参与协同创新的重要因素。需求拉动中不仅包括成员自身对于技术的追求,更主要的是政府通过购买、外包等措施为联盟协同创新创造特定的外部需求,从而引导联盟协同创新按照市场需求方向发展,实现对联盟协同创新的激励作用。其中,在需求拉动过程中,收益和机会是实现激励作用的主要因素。一方面,政府采购计划为联盟协同创新提供可靠的收入来源,有利于降低联盟协同创新合作风险，鼓励联盟成员在协同创新过程中投入资源；另一方面，政府在市场中的示范作用，有助于为联盟协同创新带来更多机会，进而激励联盟成员参与协同创新，实现联盟的稳定、高速运行。

9.2.3 环境保障

供给推动和需求拉动为联盟协同创新提供充足的动力，而环境保障有利于维持联盟协同创新的平衡与稳定，主要包括正向激励和反向激励两个方面。在正向激励中，政府通过联盟税收优惠、知识产权保护、服务平台联盟等措施为联盟协同创新营造有利的外部环境，降低联盟协同创新成本，保障联盟合法权益。而反向激励中，政府通过设立一系列技术标准和产业规范对产业技术创新活动设立一定标准，约束联盟成员协同创新行为，实现对联盟协同创新的激励作用。

9.3 产业联盟协同创新激励政策要素协同

产业联盟协同激励路径的功能可以界定为政府通过激励要素的协同，促进创新主体积极参与产业活动，有效配置产业发展资源，从而获得最佳协同效应，其本质是在促进联盟主体积极努力实现各自利益的同时，使激励成本最小化、产业联盟整体绩效最大化。

在创新生态系统视角下产业联盟协同创新形成过程中，创新主体动力缺失与联盟其他主体行为不协同是产业联盟协同创新发展的关键问题，产业联盟协同创新激励路径必须有针对性地促进产业联盟内部各创新种群协调发展与高效运行。因此，产业联盟协同创新激励路径对产业联盟协同创新能否起到良性助推作用，取决于激励政策要素作用路径的设计与实施能否解决联盟协同创新利益分配不均与联盟内部运行不畅等问题。

针对此问题，本节从激励主体协同、激励措施协同、激励过程协同三个层面设计产业联盟协同创新激励政策要素作用路径。

9.3.1 激励主体协同

激励主体协同是影响产业联盟协同创新发展的需求型激励政策、供给型激励政策以及环境型激励政策的关键因素，激励主体协同过程如图9-5所示。联盟内部创新主体之间、学研机构和创新主体之间的组织内部管理效率与组织间信息互动程度导致激励主体利益目标产生分歧、部门组织条块分割等，不仅会引起多头管理、政出多门等问题，更重要的是会导致产业联盟协同创新发展关键性资源供给不足，造成产业联盟协同创新发展部分政策重叠与缺失，使得产业联盟协同创新所需关键性资源得不到有效配置。

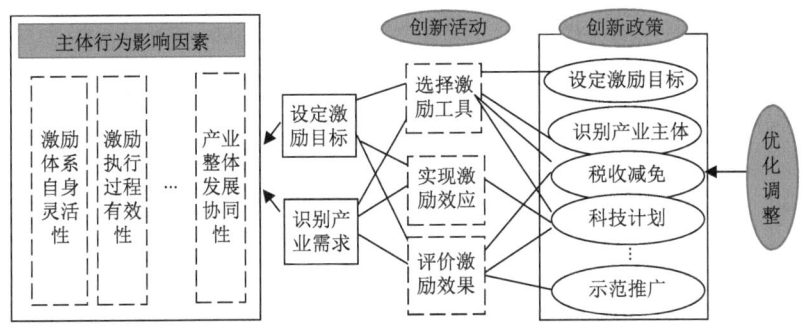

图 9-5 激励主体协同过程

9.3.2 激励措施协同

激励措施协同会影响产业联盟主体协作意愿不足。激励政策与产业联盟主体需求的匹配性及政策更新动态性均较差，激励政策措施与产业联盟创新主体需求匹配度不高、政策单一、滞后等不协同问题都会直接导致产业联盟协同创新发展过程中，创新主体积极性降低，创新合作意愿不足。联盟内部创新主体之间竞争与合作关系直接影响联盟运行。当产业联盟缺乏政策、制度、文化、信息等多种措施的组合激励形式时，激励措施缺乏协同会导致产业联盟运行中不同创新主体的发展需求得不到满足，影响产业联盟协同创新主体合作"网络的网络"形成。

9.3.3 激励过程协同

激励过程协同影响产业联盟与政策环境之间的协调关系，不同维度下的激励过程协同如图 9-6 所示。产业联盟与政策环境相协调的关键在于政策实施效果的

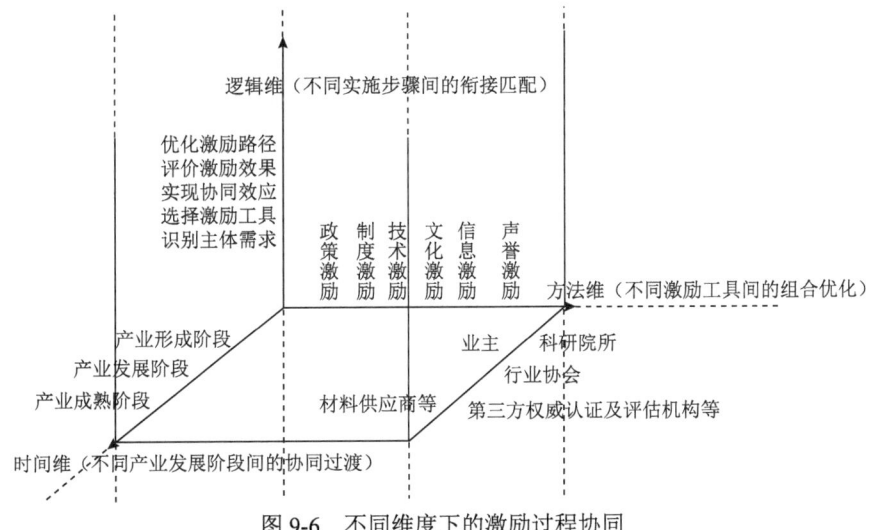

图 9-6 不同维度下的激励过程协同

及时反馈。当激励过程协同与产业联盟创新主体需求不相匹配时,还会引起激励政策缺乏针对性,政策效果不能及时得到反馈,造成激励政策体系不能及时调整优化,激励路径与产业联盟协同创新轨迹契合度不高。

9.4 产业联盟协同创新供给型激励政策

协同创新过程的不确定性和复杂性增加了联盟合作的阻力,而外部推动机制为联盟协同创新合作带来新的动力。为了实现对联盟协同创新合作的推动作用,政府以联盟协同创新过程中所面临的共同阻力为着手点,为联盟提供必要的外部资源,提高联盟协同创新合作的意愿,降低合作的难度。从政府角度出发分别构建核心技术支持、政府研发补贴和信息资源传递三类子机制,实现对联盟协同创新合作的推动作用。

9.4.1 核心技术支持

(1)技术研发诊断与建议。联盟协同创新合作是针对产业内新兴技术和关键环节进行的合作研发活动。在协同创新过程中,面临着众多不确定因素,不仅需要联盟成员彼此之间相互协同,还需要政府对联盟协同创新活动进行引导和促进。其中核心技术联合攻关项目受到政府的大力支持,政府通过组织同行业专家对联盟协同创新活动进行诊断并提出修改意见,为联盟协同创新提供参考意见。通过对联盟技术研发诊断与咨询可以不断提高联盟协同创新效率,增强联盟成员参与协同创新合作的信心。

(2)外部科研机构及专家协助。联盟协同创新合作仅仅依靠联盟内部资源无法实现联盟协同创新更高绩效,需要借助外部科研机构及专家协助来解决联盟协同创新中遇到的难题。主要通过以下两个方面对联盟协同创新提供协助:一方面是通过对联盟技术研发诊断和咨询后,依据专家提出的意见和建议对联盟协同创新提供针对性的帮助;另一方面,在联盟内部协同创新过程中,联盟对自身无法解决或者投入程度较大的项目主动申请外部科研机构及专家协助,政府基于联盟提出的请求为联盟提供相应的外部科研机构及专家协助。

(3)基础设施及数据资源供应。创新资源对联盟协同创新合作具有重要意义,资源的制约是阻碍联盟协同创新合作绩效的主要因素。因此,政府利用自身所拥有的便利条件和丰富资源,为联盟协同创新合作提供必要的实验设备和数据资源。在此过程中,政府要把握好供应的程度,提供资源过多容易造成联盟成员的积极性减弱,反而不利于联盟协同创新合作。

9.4.2 政府研发补贴

联盟协同创新的合作风险是阻碍联盟成员资源投入的关键因素，在联盟协同创新合作初期，政府的研发补贴对于联盟成员有重要的激励作用。如图9-7所示，政府研发补贴的激励效应主要体现在激励联盟R&D投入、增加关联项目成功率和知识溢出性三个方面。因此，为了实现政府研发补贴对联盟协同创新的激励作用，需要政府以此三方面激励效应为基础，构建"识别—投入—控制"政府补贴流程。其中，识别主要是在政府补贴初期寻找适合的补贴项目，并能充分发挥其潜在动力；投入是指政府在识别结果的基础上，选择合适的补助方式，实现政府资源投入的激励作用；控制主要是针对政府研发补助两面性，通过合理的调控既能充分调动联盟成员参与协同创新的积极性，又可以控制政府投入过度而造成的负面效应。

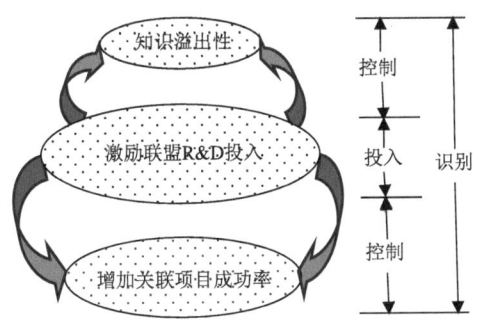

图 9-7 政府补助措施及激励效应

9.4.3 信息资源传递

在联盟协同创新合作过程中，始终伴随着信息资源的吸收和利用。信息资源的种类和有效性是影响联盟协同创新绩效的关键因素。因此，政府为了实现对联盟协同创新合作的推动作用，利用政府在市场中的地位和作用对联盟协同创新的信息进行有效的搜集与配置，为联盟协同创新合作提供有效的信息资源，推动联盟合作持续、稳定运行。信息资源的搜集和配置是政府信息传递的核心模块，通过将搜集到的信息进行加工处理，并将分类后的信息资源按照利用效率最大化的原则分配到各联盟中，为联盟协同创新提供充足的动力。其中核心模块如图9-8所示。

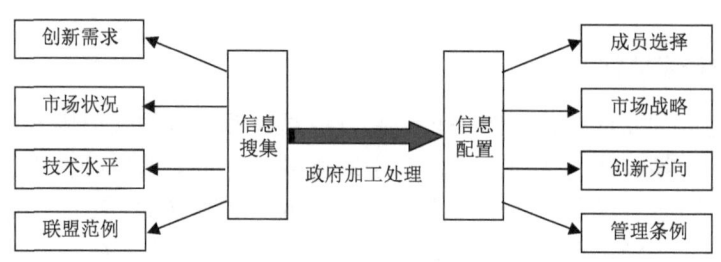

图9-8　信息资源传递模型

9.5　产业联盟协同创新需求型激励政策

需求拉动是政府在联盟协同创新合作过程中的一项重要调控措施，利用政府在联盟外部的特殊性质和地位，可以有效地对联盟协同创新合作发挥引导和激励作用，其中政府采购计划和外包项目引导是实现需求拉动的主要措施。因此，需求拉动机制通过以上两种方式可以提高联盟成员参与协同创新合作的积极性，确保联盟协同创新按照政府引导方向发展，确保联盟协同创新合作持续、稳定运行。

9.5.1　政府采购计划

政府采购计划对引导和拉动联盟协同创新合作具有重要作用。政府首先要以拉动联盟协同创新为总体目标，充分协调政府采购和市场需求的关系，确保政府采购计划功能最大化。因此，主要从以下几个方面来实施政府采购计划。

（1）对联盟协同创新成果优先、高价采购。优先采购是政府为了鼓励联盟协同创新合作，通过政府优先采购计划，可以提高联盟协同创新成果的市场竞争力，确保联盟协同创新成果能实现高效收益。同时能鼓励市场创新主体加入联盟协同创新合作中，对联盟协同创新合作具有积极的引导作用。同时，政府高价采购为市场注入一定的信心和动力，鼓励联盟协同创新合作，为联盟协同创新提供更好的机会。

（2）规定采购对象中联盟协同创新成果的固定比例。在政府采购计划中，政府不仅要考虑对联盟协同创新的引导作用，同时也要考虑整个市场状况。因此，在政府采购计划中，既为了达到对联盟协同创新的拉动作用，又可以确保政府采购计划的公平、公正下，政府需要规定采购对象中联盟协同创新成果所占比例，一方面，可以推动市场中联盟协同创新成果的利用率；另一方面，可以维持市场中联盟协同创新和其他成果的良性竞争关系。

9.5.2 外包项目引导

政府外包项目引导主要是政府将自身项目通过外包方式发放到联盟内部，利用联盟内部协同创新的优势，高质量地完成外包任务。外包项目引导不仅可以拉动联盟协同创新需求，还可以节约政府在技术创新过程中的资源投入。政府主要通过以下两种方式进行外包项目引导，如图9-9所示。

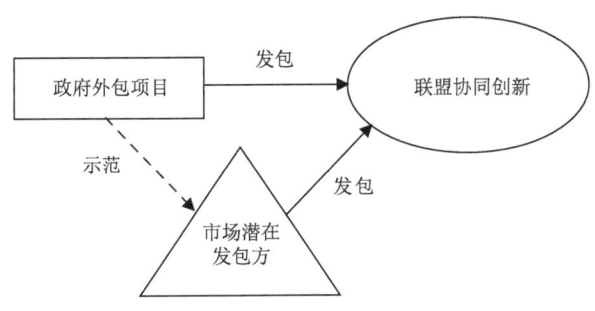

图9-9 外包项目引导过程

首先，通过政府外包项目可以拉动联盟协同创新需求，联盟通过完成政府外包项目从而实现联盟自身发展需求。其次，政府利用自身在市场中的影响力，可以鼓励市场中其他项目发放到联盟中，为联盟协同创新寻求更大的市场机遇，从而拉动联盟协同创新需求。在此过程中，政府主要从以下几个方面来确保外包项目引导可以顺利实施。

（1）制定市场研发外包合作策略。政府将自身创新项目通过外包形式发放到联盟内部，联盟依据内部成员之间协同创新合作为政府解决实际问题，并获得收益。在这过程中，由于政府在市场中的影响作用，可以实现对联盟协同创新的鼓励，从而提高市场中其他组织对联盟协同创新的信任程度。当市场存在更多的外包合作时，市场会出现一定的不稳定因素，而政府作为市场的管理者，需要对发包方、接包方和中间交易平台的运行环境提供法律保障，通过制定一系列政策法规来约束、规范外包活动，规定市场研发外包合作必须遵守政府所制定的策略，进而保障联盟协同创新活动的顺利进行。

（2）培养外包项目管理人才。外包项目管理人才是外包项目能否持续、有效进行的主要因素。政府和中间管理人员在外包项目合作过程中扮演重要角色，在此过程中，政府依据所掌握的行业竞争情况，合理运用自身资源实现对外包项目人才的专项培养，满足外包项目对管理人才的需求。因此，依靠政府资源来培养外包项目管理人才是政府对联盟协同创新的重要支持手段，为联盟协同创新提供必要的外部力量。

9.6 产业联盟协同创新环境型激励政策

联盟外部环境对联盟协同创新既存在直接影响作用也存在间接影响作用，联盟协同创新过程汇总既要遵循外部环境中的潜在规则，也要利用外部环境中对联盟协同创新有利的条件，实现联盟协同创新自身稳定运行。而政府作为联盟协同创新外部环境的主要力量，通过知识产权保护、联盟税收优惠等措施，可以为联盟协同创新合作提供外部保障，促进市场中联盟协同创新合作的发展。

9.6.1 知识产权保护

知识产权保护是政府从外部环境出发为联盟创新提供的一整套具有激励和约束双重作用的制度保障。联盟协同创新具有典型的高风险特征，联盟成员在合作过程中，需要投入大量的资源来实现联盟协同创新目标。因此外部环境中对知识产权的保护力度将直接影响到联盟协同创新成员的积极性。在知识产权保护过程中，最初主要针对联盟协同创新成果的独占性给予充分的保障，但是随着联盟创新网络的不断发展，市场中知识和信息交流更加畅通，导致联盟协同创新隐性知识及成果泄露。因此独占性已经无法保障联盟协同创新成员的利益，必须借助外部合法性措施来保障联盟协同创新合作，并在此基础上对外部环境制度安排产生反馈。此外，政府引导联盟在市场中建立完善的技术标准体系，保护创新主体在市场中的地位。

9.6.2 联盟税收优惠

税收优惠是政府对联盟协同创新的重要激励方式，在供给推动和需求拉动作用下，政府为联盟协同创新制定相应的税收优惠政策，为联盟协同创新增加收益，降低研发成本，充分激励联盟协同创新合作。

在联盟税收政策的实施过程中，由于联盟税收优惠政策的成本相对较高，政府首先要解决对象选取问题，税收优惠的范围过大，将无法发挥对联盟协同创新效率较高对象的激励作用；而范围过小，将降低联盟成员的积极性。因此选择联盟协同创新效率较高、创新能力较强的联盟能保证税收优惠的激励效果。其次对税收优惠力度要进行合理的控制，优惠力度过大会阻碍联盟研发投入，优惠力度不足会降低税收优惠的激励效果。

9.6.3 服务平台支撑

服务平台是联盟协同创新网络中重要的组成部分，是政府促进联盟协同创新合作绩效的重要手段。其核心目的是满足联盟协同创新需求，在信息资源整合的基础上实现人力资源整合和知识协同。服务平台为联盟协同创新提供重要的支撑作用，政府为了满足联盟协同创新过程中的不同需求，利用自身资源优势为联盟协同创新提供外部服务，其中主要包括平台基础建设、协同单元组建和平台服务组织三个方面，保障联盟协同创新运行效率。

（1）平台基础建设。平台基础建设是政府利用自身资源和优势，对联盟协同创新平台进行初步的结构、功能建设。其中平台建设主要包括三个方面：物理层、逻辑层和用户层。实现基础建设各要素之间的协调、匹配将充分发挥服务平台的支撑作用。

（2）协同单元组建。联盟成员通过不同任务的合作与分工，组成不同的协同合作单元。服务平台在协同单元组建过程中发挥重要的配置和引导功能。协同单元内部成员根据任务导向和服务平台发布的信息选择合作成员。在此基础上，利用服务平台资源配置功能，对不同协同单元合作过程中所需资源进行合理配置，实现对协同单元的支持、辅助作用。

（3）平台服务组织。平台服务在经过不断循环之后将收集到大量用户和需求信息，服务平台可以充分挖掘信息背后所隐藏的资源，形成创新任务与协同单元之间的潜在映射关系，促进联盟协同创新合作水平。同时，服务平台在发挥中介服务的过程中，能实现对联盟协同创新核心需求的准确把握。因此，服务平台可以组织多方面的人力、知识、物质等资源，形成全方位的服务规模，为联盟协同创新提供健全的服务体系。

9.7 本章小结

在联盟协同创新内部激励机制的基础上，需要设计合理的外部激励机制为联盟内部激励机制提供依据和补充，本章提出了激励机制的设计目标及原则和机制构成要素，包括供给型激励政策、需求型激励政策和环境型激励政策三个方面。从推动作用出发设计了核心技术支持、政府研发补贴和信息资源传递激励政策；从拉动作用出发，设计了政府采购计划和外包项目引导政策；从环境作用出发，设计了知识产权保护、联盟税收优惠、服务平台支撑政策。

第 10 章 我国轨道交通装备制造业联盟协同创新机制研究

本章以创新生态系统作为情境，选取以中国中车集团有限公司（简称中车集团）为核心企业的轨道交通装备制造业联盟为实证研究对象。轨道交通装备制造业的发展经历了从技术起步，到技术引进，再到自主创新的创新生态发展历程，也反映了我国大型装备制造业联盟在规划共生—价值共创—平衡机制的交互作用下的完整协同创新演进过程，对联盟协同创新机制研究具有良好的应用示范性。

10.1 轨道交通装备制造业联盟简介

（1）创新生态系统愿景规划期的轨道交通装备制造业联盟。

轨道交通装备制造业联盟经历了封闭式创新向开放式创新的创新生态系统范式转变阶段，这一阶段的轨道交通装备制造业联盟，通过联盟伙伴选择与知识交流实现企业创新目标，提升了联盟绩效。同时，轨道交通装备制造业联盟充分利用了创新生态系统内部主体与创新资源交互作用，形成技术创新服务于全球的战略目标，坚持"行业发展至上、技术创新至上"的原则，坚持自主创新、开放创新和协同创新。

（2）创新生态系统蓝图发展期的轨道交通装备制造业联盟。

轨道交通装备制造业联盟通过技术跨越过程，历经合作伙伴选择与知识交流能力协同的创新生态系统萌芽期，通过互补资产搜索与技术选择协同的发展过程步入创新生态系统的成熟期。同时，轨道交通装备制造业联盟不断攻克基础技术以及行业关键共性技术，实现从系统集成技术到产品工程化转变，从而形成全技术链的创新生态体系，以满足行业技术发展需要的技术创新保障能力。

（3）创新生态系统价值创造期的轨道交通装备制造业联盟。

在创新生态系统价值目标耦合期，轨道交通装备制造业联盟始终致力于发展联盟战略，突破与实现核心技术能力，建立与完善适应国际化发展需要的技术创新体系，拥有国际竞争力的系列化产品体系、完善的国际化行业技术支撑体系、国际先进的行业知识体系，全面提升技术创新能力，推动行业向产业链、价值链高端攀升，实现轨道交通装备制造业持续快速发展，加速企业价值创造及创新能力的飞跃发展。

10.1.1 中国轨道交通装备制造创新联盟

1. 联盟背景介绍

中国轨道交通装备制造创新联盟主要以中车集团和大连交通大学为核心创新主体，包含中车大连机车车辆有限公司、中车株洲电力机车有限公司、中铁宝桥集团有限公司、中车长春轨道客车股份有限公司、大连光洋科技集团有限公司等十余家企业。

联盟的成立，将进一步深化联盟内部成员之间的产学研合作关系，有利于充分利用校、企双方的优势资源，各显己长，各用所需，形成集成优势，把最新的科研成果应用于实践，把最好的产品展现于世界，从而推动中国轨道交通装备制造业的产业升级。中国轨道交通装备制造创新联盟的成立，将进一步深化联盟成员之间的产学研合作，加强行业关键共性技术平台技术研究，联合开展科技攻关、成果转化和高新技术产业化，从而形成集群优势，增强产业创新能力和水平，也将为大连装备制造业注入新的活力。大连交通大学依托6个省级实验室，2个市级实验室，2017~2022年，与企业开展产学研协同创新253项。其中，中车唐山机车车辆有限公司30余项、中车长春轨道客车股份有限公司50余项、中车青岛四方机车车辆股份有限公司15项等，多家企业广泛开展产学研互动。

2. 联盟任务

中国轨道交通装备制造创新联盟将进一步深化联盟成员之间针对创新生态系统背景下的创新项目与创新任务，加强行业前瞻性技术与基础性技术的研究，组织联盟成员联合开展协同攻关，实现市场导入机制的成果转化和高新技术产业化，从而形成持续的联盟竞争优势。

一是以"动车组和机车牵引与控制国家重点实验室"的全面投用为契机，完善了基础数据，优化了软件配置，搭建了国内电力牵引与控制领域顶尖级技术创新平台，使技术创新能力、体系环境等平台达到"国内领先、国际一流"水平，为技术引领目标的实现提供全面保障。公司充分策划好、利用好、发挥好国家级技术创新平台的支撑作用，积极开展自主创新、广泛开展协同创新、主动实施开放创新，快速形成"人无我有、人有我精、人精我特"的核心技术支撑体系，为"引领"目标的实现提供不竭动力。充分发掘国家重点实验室各实验平台潜力，在实验基础理论研究和基础共性技术研究领域快速出成果，积极对外进行实验业务开展，使各实验室在提升能力的同时实现快速创效。

二是充分发挥布拉格工业大学联合研发中心在欧洲的窗口作用，在"异步电机动态参数辨识""新型黏滑控制策略"两项技术成果投入工程化应用的基础上，加快开展高性能牵引控制平台开发，进一步开拓欧洲市场，在电力牵引与控制技术领域同具有世界领先水平的合作伙伴共同开展技术创新，力争实现大功率变流控制技术与国际先进水平的全面接轨，为我国轨道交通装备走出国门、走向欧美高端市场提供核心技术和关键产品的强力支撑。

三是依托"国家国际科技合作基地"，深化创新驱动，充分利用全球科技创新资源，打造"项目-人才-基地"相结合的国际科技合作模式，形成"技术领先、人才聚集、示范引领"的国际化创新平台，快速把握国际轨道交通技术发展动向，实现公司轨道交通装备技术创新资源的全球布局，达到国内技术与国际接轨，从而更好地服务于国家高端装备"走出去"战略。

四是立足国家重点实验室、国家国际科技合作基地、首批国家级知识产权优势企业、高新技术企业和辽宁省轨道交通装备电传动及控制工程技术研究中心等金字招牌，积极申请国家和地方政府有关政策、项目及资金等方面的支持，实现税费减免，为企业发展营造良好的资源环境和外部环境。

10.1.2 国家轨道交通产业技术创新联盟

1. 联盟背景介绍

为推动轨道交通产业自主创新，实现建设国家创新生态系统战略目标，落实政府关于大力发展轨道交通产业的战略举措，由中铁二院工程集团有限责任公司等单位共同发起创建了以企业为主体、市场为导向、"政产学研金"相结合的国家轨道交通产业技术创新联盟。

2. 联盟组成

国家轨道交通产业技术创新联盟由中铁二院工程集团有限责任公司、中车长春轨道客车股份有限公司、华为技术有限公司、南车成都机车车辆有限公司、南车青岛四方机车车辆股份有限公司、中铁西北科学研究院有限公司、西南交通大学等共同组建。

（1）核心企业。南车青岛四方机车车辆股份有限公司以学习日本川崎重工为技术依托，确定自身与目标创新主体的技术知识源。坚持以市场为导向，突出研发引领的重要性，建立多元化、开放性的科研机制，积极推进多种形式的产、学、研、用联合，使院所与企业建立长期稳定的合作关系，逐步形成具有自主知识产权的技术、产品开发能力和相关国际先进技术的消化吸收能力。

（2）国家重点实验室。实验室在国家产业、科技政策的指导下，采取以服务于行业为目标，以市场为导向，以课题研究为载体，以产学研为主要形式的"开放、流动、联合、竞争"的运行机制。充分发挥行业科技龙头和设施先进、人才聚集、机制灵活等优势，面向国内外科研机构、高等院校、企事业单位，采取联合、交流等灵活多样的方式，广泛开展基础技术、试验验证、前沿技术、实验方法的研究与学术交流。

（3）博士后科研流动站。中南大学、清华大学、哈尔滨工业大学、北京交通大学、大连交通大学博士后流动站合作，招收多名博士后进站开展科研工作。先后承担了城市轻轨低地板车辆相关技术研究、高速铁路噪声机理及减噪关键技术研究、高速列车材料焊接裂纹倾向快速性检测及疲劳性能预测研究、高速动车组车体碰撞安全技术研究等，取得了一定成绩，解决了公司新产品研发过程中的实际问题，并申报多项发明专利。

（4）国家工程研究中心。工程中心作为公司重要的技术创新平台，定位于轨道车辆未来需求产品研发，关键系统、关键部件的技术攻关和产业化推广，仿真技术研究和仿真平台搭建，工艺研发和数字化制造技术，对有重要应用前景的高速列车科研项目进行系统化、配套化和工程化研究开发，负责基础理论、前沿技术、延伸技术研究。结合公司走出去的战略，积极开展国际合作交流。基于可持续发展需求，依托公司高度的系统集成能力、完备的产品装配制造能力和大型复杂装备的设计研发能力，开展延伸产业技术研究。

（5）技术中心。技术中心主要承担公司高速动车组、铁路客车、城轨客车等市场产品和科研产品的研发与设计工作。技术中心拥有总体、车体、转向架、电气、机械、车内、车外、网络技术、检修运用技术九个开发部。

3. 联盟任务

联盟通过整合行业技术资源，提升行业技术创新的可持续发展能力。同时，通过市场机制原则，建立以轨道交通企业为主体的产学研相结合创新平台。联盟还将组织成员单位围绕轨道交通产业链的新需求合力开展攻关，突破行业重点领域的前沿技术、核心技术以及关键共性技术，努力提升产业竞争力。联盟将搭建五大平台展开协同创新合作：市场信息共享平台、人才合作平台、产业规划发展平台、核心技术攻关平台、金融合作平台，以形成联盟完善的交流机制。联盟的项目管理是以技术创新项目为载体，实行资源和成果分享、优势互补、风险共担，并以多样化、多层次的合作形式明确必要的责、权、利。联盟的功能通过创新生态系统，将联盟内部企业与外部创新环境联系起来，通过联盟各个主体之间互惠共赢，实现创新链与价值链协同耦合带来的价值。

4. 联盟目标

国家轨道交通产业技术创新联盟为更好地获得相关政策的支持，促进轨道交通产业的发展，通过联盟集聚了中国中车、中国中铁、中国铁建、中国铁道科学研究院、国家高速列车技术创新中心、西南交通大学、北京交通大学、中南大学、华为、中车时代电气等数十家企业与科研机构，通过联盟整合行业科技资源，提高轨道交通行业的可持续发展能力，建立以轨道交通产业各类企业的有效聚集的产学研相结合创新平台，以突破轨道交通行业重点领域的关键共性平台技术、前瞻性技术、关键领域的核心技术，为轨道交通产业发展提供良好的环境。

10.2 轨道交通装备制造业联盟协同创新规划共生机制

国家轨道交通产业技术创新联盟在构筑以自主研发为核心能力的创新生态系统时，十分注重创新主体之间的知识交流协同创新，总结其知识交流与伙伴选择协同创新机制如下。

第一，在创新生态系统的产业联盟初始愿景的顶层设计方面，高度重视以研发为核心的创新体系建设。轨道交通装备制造业联盟采用模块化设计理念和国际先进标准，通过技术引进、消化吸收、关键技术自主创新三阶段创新生态演化进程，掌握了核心技术并使其关键核心部件产品形成了系列化。

第二，积极开展知识交流工作，旨在集结联盟内全产业链优势资源，通过知识交流提升创新主体创新能力，构建产业联盟协同创新的新模式，推动行业整体进步。联盟将创新主体知识交流成果，共享服务于其他联盟，并与各地知识产权运营中心、轨道交通产业创新中心、行业成果转化中心等创新和科创型服务中心，建成与产业共性技术发展相结合的创新服务体系。

第三，创新生态系统视角下，联盟创新主体不能仅依靠协同攻关完成创新，开放式创新作为核心思想迫使创新主体不能完全依靠自身研发。相反，核心企业与其他创新主体建立研发合作关系。创新生态系统影响下的产业联盟创新主体通过创新过程寻求产生知识的想法，称为创新体验机会，具体见表10-1。

表10-1　产业联盟合作伙伴知识交流任务

创新体验机会步骤
① 过程目标和联盟任务的初步定义
② 知识探索或寻求
③ 知识检索或提取
④ 其他知识管理活动
⑤ 知识的使用、挖掘、杠杆作用
⑥ 新知识捕获、建模和存储
⑦ 知识共享或传播
⑧ 重新定义知识探索目的或观点

产业联盟中的创新主体比联盟外伙伴之间更有效地与成员分享和交流知识，促进产业联盟成员之间形成关系嵌入性以及结构嵌入性，为创新主体之间分享知识、交流经验和发展信任创造了更多的知识交流机会。通过联盟伙伴合作，增加创新主体之间基于知识的自由交流与共享，彼此信任度更会促进竞争最小化，使得企业、高校、科研机构之间的信任程度更大，从而使创新生态系统背景下的产业联盟协同创新更具挑战性，如表10-2所示。

表10-2 轨道交通装备制造业联盟伙伴选择及主要任务

联盟名称	伙伴成员	主要任务及任务下的知识交流
中国轨道交通装备制造创新联盟	大连交通大学、中车大连机车车辆有限公司、中车株洲电力机车有限公司、大连光洋科技集团有限公司、中铁宝桥集团有限公司、中车长春轨道客车股份有限公司、广西玉柴机器集团有限公司等17家企业	中国轨道交通装备制造创新联盟将进一步深化联盟内部成员的产学研合作，加强轨道交通基础性和前瞻性技术研究，联合开展协同攻关、高新技术产业化和成果转化，形成联盟竞争优势，推动产业加速升级；校企合作协议的签署，为中国轨道交通装备制造创新联盟打造了高校、流畅、便捷的合作平台，增强了轨道交通装备制造业的创新能力和水平
国家轨道交通产业技术创新联盟	中铁二院工程集团有限责任公司、中车长春轨道客车股份有限公司、华为技术有限公司、南车成都机车车辆有限公司、南车青岛四方机车车辆股份有限公司、中铁西北科学研究院有限公司、西南交通大学等	联盟将整合行业科技资源，提高轨道交通行业的可持续发展能力；同时，遵循市场机制法则，建立以轨道交通企业为主体的产学研相结合创新平台。联盟还对组织成员单位围绕轨道交通产业链的新需求合力开展攻关，突破轨道交通行业重点领域的关键技术、共性技术和前沿技术，努力形成多项自主核心技术，提升轨道交通产业的发展水平。联盟将搭建五大平台：市场信息共享平台、人才合作平台、产业规划发展平台、核心技术攻关平台、金融合作平台，以形成联盟完善的交流机制。联盟将为成员单位积极争取国家、省、市的优惠政策和资金扶持，以改善企业发展的外部环境
广东省轨道交通装备产业技术创新联盟	中车广东轨道交通车辆有限公司、西南交通大学、北京交通大学、五邑大学、中国铁道科学研究院机车车辆研究所、中车青岛四方车辆研究所有限公司，以及北京纵横机电科技有限公司、广东国通克诺尔轨道车辆系统设备有限公司等	以行业需求和市场为导向，整合行业科技资源，融通行业的技术研发，逐步建成以中车广东轨道交通车辆有限公司为主体的跨地区产学研相结合的轨道交通创新平台。联盟将秉承"联合研发、优势互补、利益共享、风险共担"的原则，促进利益共享和协同发展
唐山市智能轨道交通产业联盟	中车唐山机车车辆有限公司、华达集团有限公司、华北理工大学等8家理事单位	联盟集产品研发、生产制造、物流配套和运维服务于一体，为企业间加强合作、资源共享、优势互补打造了全新平台。推进智能轨道交通产业高质量发展，建设一条集产品研发、生产制造、物流配套和运维服务于一体的轨道交通产业链，打造成熟健康的智能轨道交通市场平台，促进轨道交通产业稳步良性发展

续表

联盟名称	伙伴成员	主要任务及任务下的知识交流
国创中心	中车集团、清华大学等企业、高校、科研机构等12家单位为股东,共同创建了"株洲国创轨道科技有限公司"为运营企业	一是明确中心定位,抓好关键共性技术研发;二是抓好资源整合,进一步汇聚行业创新资源;三是瞄准短板弱项,加强产业发展的辐射带动能力建设;四是推动模式创新,形成可持续发展的商业模式
山东省轨道交通产业联盟	青岛理工大学、青岛地铁集团有限公司、济南轨道交通集团有限公司、中车山东机车车辆有限公司、中车青岛四方车辆研究所有限公司等50多家轨道交通行业相关高校、企业、科研机构	不断增强核心竞争力,培植一批轨道交通产业的重点企业,为山东"制造强省"战略提供强有力支撑;通过政产学研用相结合,引导创新资源向轨道交通产业汇聚,突破一批重大关键技术实现产业化,建立国内领先的轨道交通装备产业创新体系;借力互联网赶超机遇,推进信息化与工业化的深度融合,借助大数据系统探索创新,发挥先进示范引领作用;打造产业"朋友圈",优势互补、合作共赢,推进生产型制造向服务型制造转变,不断提升国际竞争能力,打造高质量、高水平的千亿产业集群,推动产业链向价值链高端升级
郑州轨道交通产业联盟	郑州地铁集团有限公司(现已更名为郑州交通发展投资集团有限公司)、郑州中车四方轨道车辆有限公司、郑州明泰交通新材料有限公司、郑州庆余轨道交通装备产业园有限公司等	协同合作,积极整合各方相关资源,实现联盟内部资源共享,逐步完善上下游产业链条,合力拓展产业空间,进一步扩大合作领域,努力形成品牌效应,推动郑州轨道交通产业做大做强
辽宁省轨道交通产业校企联盟	辽宁省轨道交通行业企业、铁路局、科研院所、高等学校等共计25家单位	资源整合和优势互补,实现产学研用协同发展、技术转移和校企人才及技术供需的无缝对接,把知识创新和人才培养直接融入产业升级、区域发展和国家战略的大环境中
武进轨道交通装备产业联盟	40家骨干企业、5家科研院所、7个政府部门、10家金融机构	汇聚轨道交通装备企业、高校、科研单位及服务机构的力量,加强产学研用相结合;搭建联合开发、优势互补、利益共享、风险共担的技术交流与合作平台,为产业园及产业的创新升级提供技术和人才支撑,促进技术创新和产业升级。以"自愿、平等、合作、互助、互惠"为原则,自愿组织的非开放性战略联盟产业群体

10.3 轨道交通装备制造业联盟价值创造与价值获取协同创新耦合机制

价值创造与价值获取的概念与创新生态系统背景下的产业联盟竞争优势密切相关。轨道交通装备制造业联盟利益相关者的价值创造能力是指企业利用不同方法开发新产品的能力;价值获取能力是指企业利用市场资产为这些产品吸引客户的能力以及转让知识产权的能力。这些能力能够有效应对环境不确定性和模糊性，使轨道交通装备制造业联盟在竞争市场中重新定位，并通过产业联盟协同创新的特点，保持竞争优势。产业联盟核心企业试图通过找到最优的资源边界，通过其他资源组合实现最好的资源的价值比。轨道交通装备制造业联盟的这种优势可以分为整合资源和管理资源。资源集成通过与互补资产的成功协作来创造价值，资源管理通过利用投资组合的资源来创造价值。

在两个联盟中，第一个联盟（中国轨道交通装备制造创新联盟）侧重于价值创造，联盟中企业的价值取向受其能力以及资源和客户的影响。当企业努力向客户提供价值时，客户关系将影响企业的价值取向，因为它满足了客户的需求和企业利润。根据扩展理论，企业与客户形成的密切关系使它们能够通过利用联盟能力来获取或创造价值，同时优化资源使用，建立联盟可持续的竞争优势。产业联盟中的中小企业，很少有足够和适当的资源在活跃的市场上取得竞争优势。获得类似和互补的资源提供了利用现有优势的机会，可以帮助企业从劣势转向平等再转向优势资源管理创造价值。第二个联盟（国家轨道交通产业技术创新联盟）侧重于价值获取。联盟形成的价值与能力之间的相互关系反映了联盟能力差异，说明了联盟案例中企业、高校、科研机构对于关键共性技术发展所拥有的优势、能力、动机和雄心。当结合企业价值取向时，可以看出联盟能力集中在价值创造上，而联盟组合能力集中在价值获取上。这表明了联盟能力与价值取向之间的相互关系，加入具有单独联盟能力的联盟的中小企业可能看到机会和协同作用，以便在产业联盟中创造价值。这种方法具有多重性，可以通过快速增长的过程来培育和支持价值创造机会，使其作为高绩效的企业的早期发展指标，成倍地扩大产业联盟的价值创造能力。产业联盟可以被视为企业、高校、科研机构之间通过合理的技术配置，以通过资源聚集来加强竞争优势和组织绩效。

以上两个案例均说明技术创新的价值是在适当的时间使用适当的技术资源而产生的。创新过程中的特定环境是通过支持实施创新的行动者之间协作的功能协调而形成的。这些机制包括初始愿景协同创新机制、技术路径协同创新机制和价值协同创新耦合机制三方面。

10.3.1 初始愿景协同创新机制

轨道交通装备制造业联盟协同创新初始愿景发展战略不等同于联盟内各创新主体战略的加总。在各创新主体战略的集合之上，应该首先具有产业联盟顶层战略，这个顶层战略除了要对整个产业联盟未来的总体发展提出方向之外，还要重点通过伙伴选择、知识交流、技术选择、价值协同耦合等要素从不同角度规范创新主体之间、创新主体与高校和科研机构之间的耦合定位与价值互联原则。同时，创新生态系统背景下的轨道交通装备制造业联盟在知识生态方面侧重于围绕关键共性技术标准和核心技术标准提出价值主张。关键共性技术标准、核心技术标准是通过联盟相关创新主体之间的互联合作安排开展的。联盟核心企业采用技术标准创建向客户交付价值主张的产品或应用程序。产业联盟中核心企业参与的一系列联盟的关键共性技术标准、核心技术标准与规范制定活动反映了它们合作伙伴的需求、技术选择方向以及联盟发展能力。联盟的形成使企业能够发挥协同创新整合能力，创造或获取额外价值。轨道交通装备制造业联盟根据客户的未来需求主动进行新产品开发，根据自身的领域知识以及架构知识相应地调整其业务活动。关于价值取向和联盟能力之间的关联知识，强调启动技术情况和技术未来的选择范围在联盟形成中对核心企业的实际意义。

10.3.2 技术路径协同创新机制

轨道交通装备制造业联盟需要能够传播技术的基础设施。基础设施是轨道交通装备制造业联盟技术组件和产品的组合，由联盟内多个利益相关者共享。技术组件和产品通过基础设施实现互操作性。联盟创新主体通过整合一组相互依存的技术组件，支持各组成部分或产品之间的资源交换来控制价值创造与价值获取之间的转换。合理的技术模块化架构能够有效保证价值创造与价值获取之间的协同耦合，可以有效协调价值创造与价值获取之间的"转换路径"。技术模块化架构下的技术相互作用模式和明确价值获取控制点直接影响价值获取或创建。技术模块化架构具体包括联盟治理、联盟成员间网络嵌入关系、联盟制度流程等各种有形与无形架构，这些技术模块化架构需要对产业联盟进行系统性改造与优化，目的是为联盟的初始愿景战略所设定的价值互联关系提供相匹配的运行载体。这对于产业联盟发展而言至关重要，技术模块化架构的改变势必会带来联盟发展固有的权益关系和自组织惯性的调整。

轨道交通装备制造业联盟内大量的资源重组发生在经济交易之后，这在联盟内企业潜在的业务适应和价值创造中起着关键作用。企业能够通过重新部署利用自身的技术模块化架构战略创造价值。决定战略的两个特征是所开展活动的"复杂性"水平，以及创新生态系统内部和周围"编排"的程度与形式。"复杂性"是参与者的数量和多样性，是生态系统内活动的复杂性以及关系的范围和性质的函数。高复杂性描述了进入壁垒高、新进入者威胁小的环境。低复杂性描述了一个进入壁垒低、新进入者威胁大的环境。在这种环境中，因为参与者在生态系统中的位置相对脆弱，所以它们的能力通常很容易复制。"编排"表示组织对生态系统内其他组织的影响程度、生态系统交互的形式以及可执行性和遵从性的程度。为了在创新生态系统中创造日益增长的价值，产业联盟必须利用技术路径协同创新机制有效协调"复杂性"与"编排能力"的潜在价值，适当改变联盟创新的思维模式，并通过这些潜在价值更好地了解创新生态系统运行过程中应如何创造价值。

10.3.3 价值协同创新耦合机制

对于资源有限的企业来说，获取价值是至关重要的。创新生态系统背景下主体之间的竞合关系决定了产业联盟主体的价值创造与价值获取间的协同关系，通过价值协同耦合机制，企业可以获得必要的资源以便更好地确定、部署和开发资源，以最大限度地获得互补资产是企业结成联盟的主要原因。除了开发新的资源和能力外，资源的互补性还有助于范围、规模和协同增效。如果互补资产是基于合作伙伴之间的协同作用，那么创造价值的可能性就更高。联盟客户导向、联盟能力、价值创造和价值获取都与企业内部组织惯性、创新绩效、适宜的技术重叠活动密切相关。研究结果再次强调创新生态系统下的产业联盟合作伙伴选择、初始愿景设计、技术路径标记、价值创造与获取共鸣对联盟获得价值的重要性，说明了联盟的互补资产和联盟能力在联盟的形成与伙伴选择中是至关重要的。

在轨道交通装备制造业联盟实际运行中，还需要确立联盟不同发展时期的价值耦合模式，并配套相应的价值创造与价值获取耦合机制，让架构"活"起来，倒逼联盟管理架构进行深入改革。耦合模式在整个轨道交通装备制造业联盟价值耦合体系中扮演十分重要的角色，考虑如何在联盟创新主体之间、创新主体与高校之间、创新主体与科研机构之间实现多维价值的主动性互联和互动，从控制态压力他组织管理变为激发态动力自组织管理。同时恰当的耦合模式选择和配套机制设计是轨道交通装备制造业联盟价值协同耦合体系获取"活力"的保障，而"活力"是确保创新主体能够在无限互联的外部世界最敏捷、最充分地发掘、传递和创新价值的关键，图 10-1 列举了三大机制的作用关系。

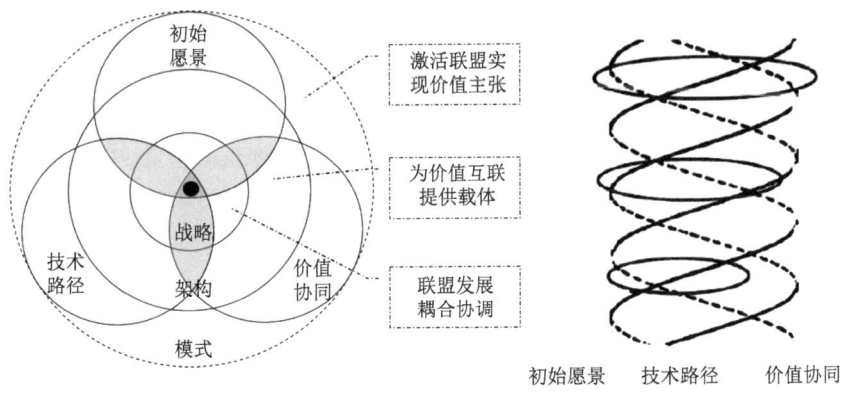

图 10-1 价值创造与价值获取协同耦合机制

10.4 轨道交通装备制造业联盟协同创新动态平衡机制

轨道交通装备制造业联盟基于变流及其控制技术、列车运行控制技术、电气系统集成技术等与其他联盟展开互补资产的合作,如图10-2所示。从技术选择与互补资产和创新主体之间的网络关系两个角度,分析轨道交通装备制造业联盟技术选择与互补资产协同创新动态平衡机制。

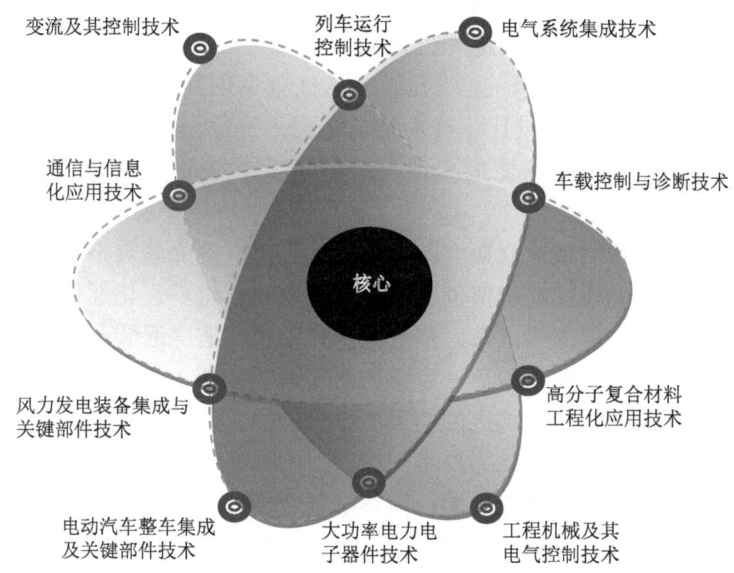

图 10-2 轨道交通装备制造业联盟主要技术

(1) 联盟技术平台的技术专用性与互补性。轨道交通装备制造业本身是一个包含设备制造、线路修建和运营服务等相互关联的部分构成的技术与资本密集型的复杂产品系统。技术专用性特征决定了高速列车的技术创新具有风险,如果不借助创新生态系统内部良好的政策环境与创新生态治理机制,联盟内部创新主体可能没有足够的智力资本推动专用性技术的投资。因此,互补性技术成为轨道交通装备制造业联盟突破技术创新的利器。轨道交通装备制造业联盟建立了先进的轨道交通装备、重要系统和核心部件三级产品互补资产平台,形成了拥有自主知识产权、融合世界不同技术标准体系、具有国际先进水平的技术互补资产共享平台。联盟拥有完全自主知识产权的货运产品技术平台,可以满足创新主体的竞合共生行为以及技术需求的互补资产,改变轨道交通装备制造业的创新环境,同时也提供能量,促进创新环境不断优化和完善,为创新主体提供了生存根基。

(2) 联盟拥有相对完整且持续的技术开发体系。在进入高铁时代之前,中国铁路行业就形成了一个以用户为中心、产学研用紧密结合、产业链垂直分工的技术开发体系。轨道交通装备制造业联盟加强了轨道交通装备基础技术、核心技术、共性技术研发。围绕重要系统、关键部件产品，在高端轨道交通移动装备系统集成技术、牵引传动技术、网络控制技术、转向架关键技术、车体关键技术、制动关键技术、柴油机关键技术、永磁电机、电力电子器件等方面取得重大突破，达到国际先进水平。在基础材料应用研究方面，轮轨关系研究、高寒高速动车组关键技术研究、车体疲劳试验研究、服役性能研究、谱系化头型研究、重载快捷货车核心技术基础理论研究、仿真验证技术及可靠性技术研究等取得了一些基础性应用研究成果。基于互联网的轨道交通旅客信息服务系统、电力电子变压器、永磁牵引传动系统等一批前瞻性技术研究取得了阶段性研究成果。中国轨道交通装备制造业联盟基于关键共性技术的国际竞争力得到极大提升。

10.4.1 技术选择与互补资产协同创新动态平衡机制

目前，联盟内部形成有效的统筹及规划共生机制较少，联盟内部的企业、科研机构、高校三大创新种群要形成以市场导向、分工协作、密切配合、协同创新的合力攻关局面。联盟在企业、科研机构、高校三大创新种群的深入有效合作方面，应以重大关键共性技术攻关为主，在产权激励、企业孵化、技术转化、科技金融等方面，应通过市场需求动力和政策创新推力以及企业的动态能力，合理统筹关键共性技术与互补资产的基于创新生态系统初始愿景的适应性动态平衡，具体应从以下三个方面开展。

1. 加强关键共性技术的研发应用

加强关键共性技术的研发是实现产业跃升的根本路径，也是助推轨道交通装备制造业联盟高质量发展的重要举措。同时，借鉴国内外关键共性技术研发的经验做法，勇于创新体制机制，努力集聚全球创新资源，加快建设完善关键共性技术的供给体系、创新体系。

2. 加强顶层设计与统筹协调

针对与关键共性技术相关的各项战略，轨道交通装备制造业联盟应统一内部各主体思想、凝聚共识，加强统筹协调、强化顶层设计，形成明确的联盟发展目标、清晰的创新生态系统体系框架和强有力的联盟创新种群，拥有充足的资金保障及相应的法律政策，确保对轨道交通装备制造业联盟关键共性技术的供给进程提供稳定、持续的管理和支持。

3. 布局规划关键共性技术

应聚焦变流及控制技术、列车控制技术等"十强"技术，深化对轨道交通装备制造业联盟重点技术现状和发展方向的分析与判断，开展关键共性技术预见研究。开展以联盟内核心企业为基点的联盟技术创新评估研究，绘制轨道交通装备制造业联盟技术路线图；组织轨道交通装备制造业联盟实施关键共性技术研发专项计划，通过探索"研发作为产业、技术作为商品"的发展模式，带动高校、科研机构、企业进行联合创新；围绕轨道交通装备制造业、新一代信息技术、集成电路研发等联盟重点研发领域，形成多项技术选择与互补资产协同的动态平衡关系；通过联盟内部或者联盟之间组建关键技术攻关团队，集中力量攻克轨道交通装备制造业的关键共性技术。

10.4.2 合理调整技术结构

在整体创新体系下，联盟应该以发展高水平、关键共性技术为目标，制定合理的技术结构促进内部创新主体之间对技术设计流程、技术选择类别与互补资产的有效协同。发展高水平、关键共性技术是联盟维持竞争优势的必要条件，以技术结构视角关注联盟异质性资源对长期竞争优势在动态性与长期性两个方面的发展显然更具有说服力。

首先，高水平、关键共性技术发展离不开与之适应的人力资本，但人力资本仅仅是技术的载体，它的充分发挥还离不开一定的物质资本。物质资本与人力资本比值体现了技术结构发展过程中的资本深化和广化的程度，是推动轨道交通装备制造业联盟发展高水平、关键共性技术战略形成的重要条件。其次，技术结构对资源结构特征的刻画是对关键共性技术发展目标的有益补充，更利于深层次判断创新主体发展关键共性技术资源禀赋的优劣。最后，关键共性技术往往通过"技术-产品"的战略联结关系实现，融合多种技术同时开发或寻觅互补资产是关键共性技术发展战略的核心。而技术结构决定了生产要素的相对价格（反映技术的相对丰裕程度），生产要素的相对价格决定了可选择技术和产品的生产成本。如果联盟要素相对丰裕程度能够反映产品价格体系，则联盟的要素生产成本就会较低，可以认为联盟技术选择和产品生产与技术结构特性相适应，联盟技术具有比较优势，同时互补资产表现出巨大的市场竞争力，更有助于联盟宏观地判断关键共性技术发展战略。

10.5 轨道交通装备制造业联盟协同创新发展激励政策与策略

面对轨道交通装备制造业联盟的合作项目的潜在技术能力高，技术扩散应用广，技术的产业推动效应大、风险高等特点，联盟依然存在技术转化效率偏低、知识整合不到位、平台建设不完善、缺乏风险管控等问题，已经成为技术差距逐渐扩大的重要阻碍。很多项目的合作风险远远超过了合作双方的承受能力，没有风险基金的介入，项目难以进行。对轨道交通装备制造业联盟企业来说，高新技术成果转化过程中风险承担能力普遍偏弱，这是由其技术支撑不足、知识吸收消化能力偏弱、在开发技术创新的同时维持现有生产经营和现有市场等多因素造成的。在合作开发技术的过程中，获取技术转让收入（价值获取）导致合作方在高新技术成果转化的实施步骤频频产生分歧的现象也经常发生。因此，针对联盟发展的不足，需要制定合理的政策建议有效提升联盟发展水平。

10.5.1 加强技术转化与知识整合

（1）进一步利用与发挥依托单位的技术优势和资源优势，继续围绕以下四个技术方向：新一代电力机车系统集成技术、机车服役性技术、机车环境适应性技术以及新技术与新材料，开展基础技术、共性技术和前沿技术研究，加强成果转化，解决领域内重大技术难题，推动轨道交通行业发展。

（2）加强架构知识的整合能力，尤其是加大对领域知识与架构知识的扫描感知能力，探索并建立知识交流机制，进一步研究和探索完善开放共享机制，加大开放共享和产学研合作的力度，为企业提供合理的技术选择与知识交流协同创新机制。

（3）通过开放与合作，加强人才培养，提高重点实验室的人才培养质量，力争在短期内将重点实验室建设成学科特色鲜明、基础研究和技术开发实力雄厚的研发基地与人才培养基地，提高重点实验室科研人员水平，扩大高水平人才的比例。

10.5.2 加强创新平台建设

创新平台作为创新生态系统的开放式创新的技术平台，既可以对联盟内企业、高校、科研机构等市场和非市场要素开放，也可以对产品需求主体开放。创新平台的建设，既有利于主体之间的知识交流和伙伴选择，还可以让企业更好地掌握市场信息，开拓业务范围，破除传统产业集群发展过程中的拥挤效应、柠檬市场的空间束缚。创新平台的建设应遵循政府搭建平台、企业主导创新的原则，构建以企业为主体、市场为导向，企业、政府、高校、科研机构和金融机构以及中介共同参与的优势互补的创新平台建设体系。平台的政府背景和高校、科研机构的科研背景可以提高创新平台的影响力、公信力与吸引力，使创新生态系统背景下的创新平台真正成为产业联盟的网络中心，同时产业创新主体的有机合作与良性竞争共同构成了创新生态系统。各个创新主体利用各自专业、角色的互补性，发挥自身的比较优势，错位发展使得生态位分离，形成互惠共生、错位发展、协同竞争的良好局面，提升整个产业生态体系的效率和核心竞争力，提升产业联盟核心能力，推动产业联盟层级提升。

10.5.3 加强协同创新活动

产业协同创新发展在以联盟名义接受外部委托项目方面存在不足。联盟自设研发项目方面明显不足，这说明联盟大多通过申请承担政府科研项目完成创新活动，而与联盟自设项目和外部委托项目相关的创新活动往往体现了行业发展的市场需求，是联盟与市场需求对接的桥梁与纽带。此外，轨道交通装备制造业联盟成员取得技术创新成果的同时，不仅需要加强技术标准与技术规范研究，还应加快产业联盟知识产权的保护工作。随着产品和技术的生命周期越来越短，联盟的产业技术发展的带动作用和技术创新的主体地位日益突出，相关政策鼓励联盟制定和发布联盟标准，以提高行业技术水平，规范行业有序竞争。同时，这也是联盟以标准引领产业，促进产业形成竞争力，提高我国轨道交通装备制造业国际竞争力的迫切需要。

10.6 本章小结

本章对基于创新生态系统下的轨道交通装备制造业联盟协同创新进行了案例分析。在轨道交通装备制造业联盟发展现状介绍的基础上，分析了轨道交通装备制造业联盟协同创新规划共生机制、技术选择与互补资产协同创新动态平衡机制。通过实证数据及文献资料等的查阅，剖析了轨道交通装备制造业联盟创新主体间的价值创造与价值获取的协同创新耦合机制。在此基础上，提出了完善我国轨道交通装备制造业联盟协同创新的相关对策建议。

第11章 总　　结

随着我国创新生态系统的深入发展,为有效解决产业关键共性技术发展问题,应充分发挥产业联盟以企业为主体、市场为导向、产学研用相结合的技术创新体系,引导和支持创新要素向企业集聚,保障科研与生产紧密衔接,实现创新成果的快速产业化,推动产业结构优化升级,提升产业核心竞争力。在此情境下,本书基于创新生态系统视角,揭示了产业联盟协同创新生态化演化机理,构建了产业联盟协同创新模式,设计了基于创新生态系统的产业联盟协同创新的规划共生机制、价值共创机制以及平衡机制,为政府统筹规划未来产业联盟协同创新可持续发展方向、完善关键共性技术与核心技术发展提供了重要的科学依据与理论方法支持。本书的主要研究工作及创新点如下。

(1)揭示了创新生态系统视角下产业联盟协同创新的演化机理。从创新生态系统演化阶段入手,界定了创新生态系统下的产业联盟协同创新内涵,剖析了产业联盟的构成要素与特征,分析了产业联盟协同创新演化动力,明确了产业联盟协同创新的演化过程。通过降低创新生态系统复杂性的模块化架构方法,划分了产业联盟协同创新模式,并设计了创新生态系统下的产业联盟协同创新机制。

(2)构建了基于创新生态系统的产业联盟创新规划共生机制。依据创新生态系统的合作项目导入,系统分析了产业联盟协同创新共生伙伴选择过程、共生伙伴选择影响因素,建立了共生伙伴选择匹配模型。在此基础上,详细阐述了产业联盟协同创新共生伙伴选择机制,并对产业联盟协同创新能力规划与提升协同共生进行深入研究,进一步对联盟协同创新利益共享机制进行了详细阐述。

(3)构建了基于创新生态系统的产业联盟协同创新价值共创机制。通过分析与识别价值创造的关键点,探究联盟能力、环境扫描能力、感知能力,在明确产业联盟价值创造内涵的基础上,对产业联盟价值创造的关键点识别和产业联盟价值创造过程做了详细分析。构建了产业联盟协同创新价值获取机制,分析了价值获取途径、价值获取方式以及价值获取模式。最后,从价值创造与价值获取的过程耦合与路径耦合等方面设计了产业联盟协同创新价值创造与价值获取协同耦合机制。

(4)构建了基于创新生态系统的产业联盟协同创新平衡机制。从技术选择与互补资产协同创新的动态平衡入手,基于联盟技术资源与联盟网络资源的动态平衡关系,对技术资源与网络资源协同创新状态提前实施预判、控制及调整。根据创新主体彼此通过网络间技术选择与互补资产协同作用,构建了关键共性技术平台资源集聚机制、技术配置能力调控机制、技术整合能力培育机制等。

  本书在理论方面,将创新生态系统开放式发展理念融入产业联盟协同创新发展进程,探究了产业联盟协同创新的演化机理及协同机制,分析了产业联盟协同创新共生伙伴选择与能力规划与提升协同共生对联盟主体协同创新的影响和战略作用。构建了产业联盟技术选择与互补资产协同创新动态平衡机制,克服了传统的评价后调整思想。通过引入主动性适应的生态化思维,构建了提前预判技术资源与网络资源协同创新的动态平衡模式,为产业联盟协同创新绩效提升提供了重要的决策依据与方法支持。在实践方面,结合创新生态系统的演化过程与演化规律,揭示了创新生态系统下的产业联盟协同演化机理,探究了模块化架构下的产业联盟协同创新模式,分析了产业联盟价值创造路径的关键点识别以及产业联盟价值获取模式,这不仅有助于推进产业联盟内部创新种群间协同创新,还对促进创新生态系统下的产业联盟协同创新发展具有重要现实意义。

  虽然本书基于创新生态系统的产业联盟协同创新进行了初步探索,在一定程度上丰富了产业联盟协同创新未来的发展方向,但有关联盟主体之间的协同创新路径,以及创新生态系统的价值创造与价值获取的协同创新等问题还有待进一步深入探究。

参 考 文 献

[1] Moore J F. Predators and prey: a new ecology of competition[J]. Harvard Business Review, 1993, 71(3): 75-86.

[2] Mercan B, Goktas D. Components of innovation ecosystems: a cross country study[J]. International Research Journal of Finance and Economics, 2011, 76: 102-112.

[3] Autio E, Kenney M, Mustar P, et al. Entrepreneurial innovation: the importance of context[J]. Research Policy, 2014, 43(7): 1097-1108.

[4] Zahra S A, Nambisan S. Entrepreneurship in global innovation ecosystems[J]. Academy of Marketing Science Review, 2011, (1): 4-17.

[5] Adner R, Euchner J. Innovation ecosystems[J]. Research-Technology Management, 2014, 57(6): 10-14.

[6] Marco I, Roy L. Strategy as ecology[J]. Harvard Business Review, 2004, 82(3): 68-78, 126.

[7] Adner R, Kapoor R. Innovation ecosystems and the pace of substitution: re-examining technology S-curves[J]. Strategic Management Journal, 2016, 37(4): 625-648.

[8] Li Y R. The technological roadmap of Cisco's business ecosystem[J]. Technovation, 2009, 29(5): 379-386.

[9] 李玥, 王璐, 王卓, 等. 技术追赶视角下企业创新生态系统升级路径: 以中芯国际为例[J]. 中国科技论坛, 2023, (8): 97-108.

[10] Russell M G, Still K, Huhtamäki J, et al. Transforming innovation ecosystems through shared vision and network orchestration[R]. Triple Helix IX International Conference, 2011.

[11] Adner R, Kapoor R. Value creation in innovation ecosystems: how the structure of technological interdependence affects firm performance in new technology generations[J]. Strategic Management Journal, 2010, 31(3): 306-333.

[12] Fukuda K, Watanabe C. Japanese and US perspectives on the national innovation ecosystem[J]. Technology in Society, 2008, 30(1): 49-63.

[13] 施锦诚, 王迎春. 创新生态系统视角下人工智能发展特征分析与模式初探[J]. 中国科技论坛, 2023, (11): 23-34.

[14] 张运生. 高科技产业创新生态系统耦合战略研究[J]. 中国软科学, 2009, (1): 134-143.

[15] 张运生, 邹思明, 张利飞. 基于定价的高科技企业创新生态系统治理模式研究[J]. 中国软科学, 2011, (12): 157-165.

[16] 苏屹, 姜雪松, 雷家骕, 等. 区域创新系统协同演进研究[J]. 中国软科学, 2016, (3): 44-61.

[17] 李万, 常静, 王敏杰, 等. 创新 3.0 与创新生态系统[J]. 科学学研究, 2014, 32(12): 1761-1770.

[18] 陈畴镛, 胡杲峰, 周青. 区域技术创新生态系统的小世界特征分析[J]. 科学管理研究, 2010, 28(5): 17-20, 30.

[19] 赵放, 曾国屏. 多重视角下的创新生态系统[J]. 科学学研究, 2014, 32(12): 1781-1788, 1796.

[20] 沈丽冰, 戴伟辉. 科技自主创新生态群落模式及对策研究[J]. 科技进步与对策, 2006, (9): 22-25.

[21] 吕一博, 蓝清, 韩少杰. 开放式创新生态系统的成长基因: 基于iOS、Android 和 Symbian 的多案例研究[J]. 中国工业经济, 2015, (5): 148-160.

[22] 陈劲, 黄海霞, 梅亮. 基于嵌入性网络视角的创新生态系统运行机制研究: 以美国 DARPA 创新生态系统为例[J]. 吉林大学社会科学学报, 2017, 57(2): 86-96, 206.

[23] 柳卸林, 孙海鹰, 马雪梅. 基于创新生态观的科技管理模式[J]. 科学学与科学技术管理, 2015, 36(1): 18-27.

[24] Leten B, Vanhaverbeke W, Roijakkers N, et al. IP models to orchestrate innovation ecosystems: IMEC, a public research institute in nano-electronics[J]. California Management Review, 2013, 55(4): 51-64.

[25] Brusoni S, Prencipe A. The organization of innovation in ecosystems: problem framing, problem solving, and patterns of coupling[J]. Advances in Strategic Management, 2013, 30: 167-194.

[26] Davis J P. The emergence and coordination of synchrony in organizational ecosystems[J]. Advances in Strategic Management, 2013, 30: 197-237.

[27] Xu G N, Wu Y C, Minshall T, et al. Exploring innovation ecosystems across science, technology, and business: a case of 3D printing in China[J]. Technological Forecasting and Social Change, 2018, 136: 208-221.

[28] van der Borgh M, Cloodt M, Romme A G L. Value creation by knowledge-based ecosystems: evidence from a field study[J]. R&D Management, 2012, 42(2): 150-169.

[29] Annanperä E, Liukkunen K, Markkula J. Innovation in evolving business ecosystem: a case study of information technology-based future health and exercise service[J]. International Journal of Innovation and Technology Management, 2015, 12(4): 1550015.

[30] Liu J, Kauffman R J, Ma D. Competition, cooperation, and regulation: understanding the evolution of the mobile payments technology ecosystem[J]. Electronic Commerce Research and Applications, 2015, 14(5): 372-391.

[31] Rinkinen S, Pekkarinen S, Harmaakorpi V. Policy framework for supporting business ecosystems and niche development through innovation policy[R]. Proceedings of the 11th European Conference on Innovation and Entrepreneurship, 2016.

[32] Gómez-Uranga M, Miguel J C, Zabala-Iturriagagoitia J M. Epigenetic economic dynamics: the evolution of big internet business ecosystems, evidence for patents[J]. Technovation, 2014, 34(3): 177-189.

[33] 赵天一, 王宏起, 李玥, 等. 新兴产业创新生态系统综合优势形成机理: 以新能源汽车产

业为例[J]. 科学学研究, 2023, 41(12): 2267-2278.
[34] Grabher G, Ibert O, Flohr S. The neglected king: the customer in the new knowledge ecology of innovation[J]. Economic Geography, 2008, 84(3): 253-280.
[35] Geels F W. Processes and patterns in transitions and system innovations: refining the co-evolutionary multi-level perspective[J]. Technological Forecasting and Social Change, 2015, 72: 681-696.
[36] West J, Wood D. Creating and evolving an open innovation ecosystem: lessons from symbian Ltd[J]. Social Science Electronic Publishing, 2008, 8(17): 52-87.
[37] Rohrbeck R, Hölzle K, Gemünden H G. Opening up for competitive advantage: how Deutsche Telekom creates an open innovation ecosystem[J]. R&D Management, 2009, 39(4): 420-430.
[38] Engler J, Kusiak A. Modeling an innovation ecosystem with adaptive agents[J]. International Journal of Innovation Science, 2011, 3(2): 55-68.
[39] 李恒毅, 宋娟. 新技术创新生态系统资源整合及其演化关系的案例研究[J]. 中国软科学, 2014, (6): 129-141.
[40] 伍春来, 赵剑波, 王以华. 产业技术创新生态体系研究评述[J]. 科学学与科学技术管理, 2013, 34(7): 113-121.
[41] 汪志波. 产业技术创新生态系统演化机理研究[J]. 生产力研究, 2012, (3): 192-194.
[42] 王娜, 王毅. 产业创新生态系统组成要素及内部一致模型研究[J]. 中国科技论坛, 2013, (5): 24-29, 67.
[43] 曾国屏, 苟尤钊, 刘磊. 从"创新系统"到"创新生态系统"[J]. 科学学研究, 2013, 31(1): 4-12.
[44] 王宏起, 汪英华, 武建龙, 等. 新能源汽车创新生态系统演进机理: 基于比亚迪新能源汽车的案例研究[J]. 中国软科学, 2016, (4): 81-94.
[45] Song J. Innovation ecosystem: impact of interactive patterns, member location and member heterogeneity on cooperative innovation performance[J]. Innovation, 2016, 18(1): 13-29.
[46] 王宏起, 赵天一, 李玥. 产业创新生态系统数字化转型的政策组合研究[J]. 中国软科学, 2023, (10): 119-131.
[47] Jneid M, Saleh I. Improving start-ups competitiveness and innovation performance: the case of Lebanon[R]. Proceedings of ISPIM Conferences, 2015.
[48] Sun S L, Chen V Z, Sunny S A, et al. Venture capital as an ecosystem engineer for regional innovation in an emerging market[J]. Conference, 2017, (6): 8-10.
[49] 陈向东, 刘志春. 基于创新生态系统观点的我国科技园区发展观测[J]. 中国软科学, 2014, (11): 151-161.
[50] 万立军, 罗廷, 于天军, 等. 资源型城市技术创新生态系统评价研究[J]. 科学管理研究, 2016, 34(3): 72-75.
[51] 余琨岳, 顾新, 王涛. 新兴产业企业创新生态系统刚性及其超越[J]. 科技进步与对策, 2016, 33(19): 76-81.
[52] 徐建中, 王纯旭. 基于粒子群算法的产业技术创新生态系统运行稳定性组合评价研究: 以

电信产业为例[J]. 预测, 2016, (5): 30-36.
[53] 王凯, 邹晓东. 由国家创新系统到区域创新生态系统: 产学协同创新研究的新视域[J]. 自然辩证法研究, 2016, (9): 97-101.
[54] 孙丽文, 李跃. 京津冀区域创新生态系统生态位适宜度评价[J]. 科技进步与对策, 2017, 34(4): 47-53.
[55] 陈健, 高太山, 柳卸林, 等. 创新生态系统: 概念、理论基础与治理[J]. 科技进步与对策, 2016, 33(17): 153-160.
[56] 顾桂芳, 胡恩华, 李文元. 企业创新生态系统治理研究述评与展望[J]. 科技进步与对策, 2017, 34(5): 156-160.
[57] 吴绍波. 战略性新兴产业创新生态系统协同创新的治理机制研究[J]. 中国科技论坛, 2013, (10): 5-9.
[58] 吴绍波, 顾新. 战略性新兴产业创新生态系统协同创新的治理模式选择研究[J]. 研究与发展管理, 2014, 26(1): 13-21.
[59] 吴标兵, 林承亮. 智慧城市的开放式治理创新模式: 欧盟和韩国的实践及启示[J]. 中国软科学, 2016, (5): 55-66.
[60] 宋东林. 产业技术创新战略联盟的网络结构及其运行研究[D]. 镇江: 江苏大学, 2013.
[61] Chen H H, Lee A H I, Xing X Q, et al. The relationships of different modes of international alliance with performance of renewable energy enterprises[J]. Renewable Energy, 2014, 69: 464-472.
[62] Castro I, Galán J L, Casanueva C. Antecedents of construction project coalitions: a study of the Spanish construction industry[J]. Construction Management and Economics, 2009, 27(9): 809-822.
[63] Gilsing V, Cloodt M, Roijakkers N. From birth through transition to maturation: the evolution of technology-based alliance networks[J]. Journal of Product Innovation Management, 2016, 33(2): 181-200.
[64] Steinmo M. Collaboration for innovation: a case study on how social capital mitigates collaborative challenges in university-industry research alliances[J]. Industry and Innovation, 2015, 22(7): 597-624.
[65] Zhao F. A holistic and integrated approach to theorizing strategic alliances of small and medium-sized enterprises[J]. Business Process Management Journal, 2014, (6): 887-905.
[66] Choi J, Contractor F J. Choosing an appropriate alliance governance mode: the role of institutional, cultural and geographical distance in international research & development（R&D）collaborations[J]. Journal of International Business Studies, 2016, 47(2): 210-232.
[67] Song Y A, Park J M, Cornejo K. The effect of a firm's resource characteristics on strategic alliance formation in the airline industry[J]. Journal of International Trade & Commerce, 2016, 12(5): 149-166.
[68] Chan P S, Heide D. Strategic alliances in technology: key competitive weapon[J]. SAM Advanced Management Journal, 1993, 58(4): 9-17.

[69] Simonin B L. Transfer of marketing know-how in international strategic alliances: an empirical investigation of the role and antecedents of knowledge ambiguity[J]. Journal of International Business Studies, 1999, 30: 463-490.

[70] 梁嘉骅, 王纬. 一种新的经济组织形态: 产业联盟[J]. 华东经济管理, 2007, (4): 42-46.

[71] 胡树华, 李荣. 产业联盟中的企业集成创新研究[J]. 工业技术经济, 2008, (3): 98-100.

[72] 王珊珊, 王宏起. 面向产业技术创新联盟的科技计划项目管理研究[J]. 科研管理, 2012, 33(3): 11-17.

[73] 张少华. 新的中间组织: 服务业产业联盟[J]. 经济问题探索, 2012, (5): 137-141.

[74] Goerzen A, Beamish P W. The effect of alliance network diversity on multinational enterprise performance[J]. Strategic Management Journal, 2005, 26(4): 333-354.

[75] Qian G M, Alexander M, Li L E. Should small exporting technology enterprises use niche, strategic alliances, or both?[J]. International Journal of Management and Enterprise Development, 2014, 13(1): 21-36.

[76] Ferrary M. Investing in transferable strategic human capital through alliances in the luxury hotel industry[J]. Journal of Knowledge Management, 2015, 19(5): 1007-1028.

[77] Mitsuhashi H, Min J. Embedded networks and suboptimal resource matching in alliance formations[J]. British Journal of Management, 2016, 27(2): 287-303.

[78] Narula R, Santangelo G D. Location, collocation and R&D alliances in the European ICT industry[J]. Research Policy, 2009, 38(2): 393-403.

[79] Khoury T A, Junkunc M, Deeds D L. The social construction of legitimacy through signaling social capital: exploring the conditional value of alliances and underwriters at IPO[J]. Entrepreneurship: Theory and Practice, 2013, 37(3): 569-601.

[80] Oh D S, Phillips F, Park S, et al. Innovation ecosystems: a critical examination[J]. Technovation, 2016, 54: 1-6.

[81] Mani S, Kothandaraman P, Kashyap R, et al. Stock market and network influence on alliance formation: evidence from the biopharmaceutical industry[J]. Journal of Marketing Theory and Practice, 2017, 25(1): 69-85.

[82] Lee S, Kim W. The knowledge network dynamics in a mobile ecosystem: a patent citation analysis[J]. Scientometrics, 2017, 111(2): 717-742.

[83] Tomasello M V, Tessone C J, Schweitzer F. A model of dynamic rewiring and knowledge exchange in R&D networks[J]. Advances in Complex Systems, 2016, 19(1/2): 1650004.

[84] Baglieri D, Carfi D, Dagnino G B. Asymmetric R&D alliances in the biopharmaceutical industry[J]. International Studies of Management & Organization, 2016, 46(2/3): 179-201.

[85] Yang J, Lai K H, Wang J F, et al. Strategic alliance formation and the effects on the performance of manufacturing enterprises from supply chain perspective[J]. International Journal of Production Research, 2015, 53(13): 3856-3870.

[86] Poulymenakou A, Prasopoulou E. Adopting a lifecycle perspective to explain the transition from technological innovation to alliance management[J]. Management Decision, 2004, 42(9):

1115-1130.

[87] Gnyawali D R, Park B J. Co-opetition between giants: collaboration with competitors for technological innovation[J]. Research Policy, 2011, 40(5): 650-663.

[88] 蒋樟生, 胡珑瑛. 不确定条件下知识获取能力对技术创新联盟稳定性的影响[J]. 管理工程学报, 2010, 24(4): 41-47.

[89] 姜滨滨, 匡海波. 市场驱动的联盟企业专利策略选择及产出效应[J]. 科研管理, 2017, 38(1): 70-80.

[90] 李煜华, 武晓锋, 胡瑶瑛. 基于演化博弈的战略性新兴产业集群协同创新策略研究[J]. 科技进步与对策, 2013, 30(2): 70-73.

[91] 张敬文, 江晓珊, 周海燕. 战略性新兴产业技术创新联盟合作伙伴选择研究: 基于PLS-SEM 模型的实证分析[J]. 宏观经济研究, 2016, (5): 79-86, 159.

[92] 龙跃, 顾新, 张莉. 产业技术创新联盟知识共享的两阶段博弈分析[J]. 科技进步与对策, 2016, 33(20): 69-75.

[93] Aharonson B S, Ellis S, Amburgey T L. Understanding the Relationship Between Networks and Technology, Creativity and Innovation[M]. Bingley: Emerald Group Publishing Limited, 2014: 229-256.

[94] Marhold K, Kim M J, Kang J N. The effects of alliance portfolio diversity on innovation performance: a study of partner and alliance characteristics in the bio-pharmaceutical industry[J]. International Journal of Innovation Management, 2017, 21(1): 1750001.

[95] Vlaisavljevic V, Cabello-Medina C, Pérez-Luño A. Coping with diversity in alliances for innovation: the role of relational social capital and knowledge codifiability[J]. British Journal of Management, 2016, (2): 304-322.

[96] Hughes-Morgan M, Yao B E. Rent appropriation in strategic alliances: a study of technical alliances in pharmaceutical industry[J]. Long Range Planning, 2016, 49(2): 186-195.

[97] 周青, 张文娟, 禹献云. 产业技术联盟利益分配方式与成员创新绩效的关联研究[J]. 研究与发展管理, 2015, 27(6): 49-56.

[98] 黄波, 孟卫东, 李宇雨. 基于双边激励的产学研合作最优利益分配方式[J]. 管理科学学报, 2011, 14(7): 31-42.

[99] 刘云龙, 李世佼. 产学研联盟中合作成员利益分配机制研究[J]. 科技进步与对策, 2012, 29(3): 23-25.

[100] 黄波, 陈晖, 黄伟. 引导基金模式下协同创新利益分配机制研究[J]. 中国管理科学, 2015, 23(3): 66-75.

[101] 戚湧, 魏继鑫. 基于博弈理论的科技资源共享研究[J]. 科技进步与对策, 2015, 32(9): 10-15.

[102] 刘勇, 菅利荣, 赵焕焕, 等. 基于双重努力的产学研协同创新价值链利润分配模型[J]. 研究与发展管理, 2015, 27(1): 24-34.

[103] Haken H. Synergetics: An Introduction[M]. 3rd ed. New York: Spring-Verlag, 1983.

[104] Johnsen T E, Ford D. Managing collaborative innovation in complex networks: findings from

exploratory interviews[R]. 16th Annual IMP Conference, Bath, 2000.

[105] Drejer I, Jørgensen B H. The dynamic creation of knowledge: analysing public-private collaborations[J]. Technovation, 2005, 25(2): 83-94.

[106] Schiuma G, Lerro A. Knowledge-based capital in building regional innovation capacity[J]. Journal of Knowledge Management, 2008, 12(5): 121-136.

[107] Serrano V, Fischer T. Collaborative innovation in ubiquitous systems[J]. Journal of Intelligent Manufacturing, 2007, 18(5): 599-615.

[108] Yang D S, Zhang Y A. Simulation study on university-industry cooperative innovation based on multi-agent method[R]. 2008 International Conference on Computer Science and Software Engineering, Wuhan, China, 2008: 528-531.

[109] Persaud A. Enhancing synergistic innovative capability in multinational corporations: an empirical investigation[J]. Journal of Product Innovation Management, 2005, 22(5): 412-429.

[110] Dobni C B. Achieving synergy between strategy and innovation: the key to value creation[J]. International Journal of Business Science and Applied Management, 2010, 5(1): 48-58.

[111] 陈劲, 阳银娟. 管理的本质以及管理研究的评价[J]. 管理学报, 2012, 9(2): 172-178.

[112] 陈劲. 协同创新与国家科研能力建设[J]. 科学学研究, 2011, 29(12): 1762-1763.

[113] 刘丹, 闫长乐. 协同创新网络结构与机理研究[J]. 管理世界, 2013, (12): 1-4.

[114] 陈劲, 阳银娟. 协同创新的驱动机理[J]. 技术经济, 2012, 31(8): 6-11, 25.

[115] Wubben E F M, Batterink M, Kolympiris C, et al. Profiting from external knowledge: the impact of different external knowledge acquisition strategies on innovation performance[J]. International Journal of Technology Management, 2015, 69(2): 139-165.

[116] Gronum S, Verreynne M L, Kastelle T. The role of networks in small and medium-sized enterprise innovation and firm performance[J]. Journal of Small Business Management, 2012, 50(2): 257-282.

[117] Suzuki O. Unpacking performance benefits of innovation ambidexterity: evidence from the pharmaceutical industry[J]. Management Revu, 2015, 26 (4): 328-348.

[118] Fang E E, Lee J, Yang Z. The timing of codevelopment alliances in new product development processes: returns for upstream and downstream partners[J]. Journal of Marketing, 2015, 79(1): 64-82.

[119] Un C A, Asakawa K. Types of R&D collaborations and process innovation: the benefit of collaborating upstream in the knowledge chain[J]. Journal of Product Innovation Management, 2015, 32(1): 138-153.

[120] Tyl B, Legardeur J, Millet D, et al. A comparative study of ideation mechanisms used in eco-innovation tools[J]. Journal of Engineering Design, 2014, 25(10/11/12): 325-345.

[121] Wang K, Sun D Y. An evolutionary algorithm of the regional collaborative innovation based on complex network[J]. Discrete Dynamics in Nature and Society, 2016: 1-10.

[122] Knoke B, Missikoff M, Thoben K F. Collaborative open innovation management in virtual manufacturing enterprises[J]. International Journal of Computer Integrated Manufacturing,

2017, 30(1): 158-166.

[123] Hooge S, Le Du L. Collaborative organizations for innovation: a focus on the management of sociotechnical imaginaries to stimulate industrial ecosystems[J]. Creativity and Innovation Management, 2016, 25(3): 311-330.

[124] 雷永, 徐飞. 基于不完全信息博弈的产学研联盟形成机理研究[J]. 科技进步与对策, 2009, 26(8): 28-31.

[125] 白鸥, 魏江. 技术型与专业型服务业创新网络治理机制研究[J]. 科研管理, 2016, 37(1): 11-19.

[126] 解学梅, 曾赛星. 科技产业集群持续创新系统运作机理: 一个协同创新观[J]. 科学学研究, 2011, 26(4): 839-845.

[127] 解学梅. 协同创新效应运行机理研究: 一个都市圈视角[J]. 科学学研究, 2013, 31(12): 1907-1920.

[128] 林润辉, 张红娟, 范建红. 基于网络组织的协作创新研究综述[J]. 管理评论, 2013, 25(6): 31-46.

[129] 蔡启明, 赵建. 基于流程的产学研协同创新机制研究[J]. 科技进步与对策, 2017, 34(3): 7-13.

[130] 张贵, 温科. 协同创新、区域一体化与创新绩效: 对中国三大区域数据的比较研究[J]. 科技进步与对策, 2017, 35(5): 35-44.

[131] Whittington K B, Owen-Smith J O, Powell W W. Networks, propinquity, and innovation in knowledge-intensive industries[J]. Administrative Science Quarterly, 2009, 54(1): 90-122.

[132] Davis J P, Eisenhardt K M. Rotating leadership and collaborative innovation: recombination processes in symbiotic relationships[J]. Administrative Science Quarterly, 2011, 56(2): 159-201.

[133] Nix N W, Zacharia Z G. The impact of collaborative engagement on knowledge and performance gains in episodic collaborations[J]. The International Journal of Logistics Management, 2014, 25(2): 245-269.

[134] Harrington D, Walsh M, Owens E, et al. Capitalizing on SME green innovation capabilities: lessons from Irish-Welsh collaborative innovation learning network[M]//Cozza B, Blessinger P. University Partnerships for International Development. Bingley: Emerald Group Publishing Limited, 2016: 93-121.

[135] Adams F G, Richey R G, Jr, Autry C W, et al. Supply chain collaboration, integration, and relational technology: how complex operant resources increase performance outcomes[J]. Journal of Business Logistics, 2014, 35(4): 299-317.

[136] 侯光文, 薛惠锋. 集群网络关系、知识获取与协同创新绩效[J]. 科研管理, 2017, 38(4): 1-9.

[137] 谢文东, 屠建飞. 中小企业协作创新及其模型研究[J]. 科技与经济, 2014, 27(6): 22-26.

[138] 吕静, 卜庆军, 汪少华. 中小企业协同创新及模型分析[J]. 科技进步与对策, 2011, 28(3): 81-85.

[139] 白俊红, 蒋伏心. 协同创新、空间关联与区域创新绩效[J]. 经济研究, 2015, 50(7): 174-187.

[140] 孙新波, 张大鹏, 吴冠霖, 等. 知识联盟协同创新影响因素与绩效的关系研究[J]. 管理学报, 2015, 12(8): 1163-1171.

[141] 李林, 刘志华, 王雨婧. 区域科技协同创新绩效评价[J]. 系统管理学报, 2015, 24(4): 563-568.

[142] 张敬文, 谢翔, 陈建. 战略性新兴产业协同创新绩效实证分析及提升路径研究[J]. 宏观经济研究, 2015, (7): 108-117.

[143] Vargo S L, Lusch R F. Evolving to a new dominant logic for marketing[J]. Journal of Marketing, 2004, 68(1): 1-17.

[144] Prahalad C K, Ramaswamy V. Co-creating unique value with customers[J]. Strategy and Leadership, 2004, 32(3): 4-9.

[145] 何郁冰. 产学研协同创新的理论模式[J]. 科学学研究, 2012, 30(2): 165-174.

[146] 黄海霞, 陈劲. 创新生态系统的协同创新网络模式[J]. 技术经济, 2016, 35(8): 31-37, 117.

[147] 解学梅. 中小企业协同创新网络与创新绩效的实证研究[J]. 管理科学学报, 2010, 13(8): 51-64.

[148] 陈劲. 协同创新[M]. 杭州: 浙江大学出版社, 2012.

[149] 李玥, 邓倩玉, 王卓. 战略性新兴产业创新链与服务链融合因素及作用机制研究[J]. 科研管理, 2023, 44(11): 64-73.

[150] Garnsey E, Leong Y Y. Combining resource-based and evolutionary theory to explain the genesis of bio-networks[J]. Industry and Innovation, 2008, 15(6): 669-686.

[151] 严建援, 甄杰, 董坤祥, 等. 区域协同发展下创新资源集聚路径和模式研究: 以天津市为例[J]. 华东经济管理, 2016, 30(7): 1-7, 193.

[152] 彭伟, 符正平. 国外联盟研究脉络梳理与未来展望[J]. 外国经济与管理, 2011, 33(12): 49-57.

[153] 谢科范, 董芹芹, 张诗雨. 联盟能力视角下的产学研战略联盟实证分析[J]. 经济纵横, 2009, (4): 105-107.

[154] 李玥, 钱科研, 王卓, 等. 新兴产业创新政策演进研究: 基于政策文本的三维分析[J]. 中国科技论坛, 2023(1): 10-18.

[155] 马鸿佳, 董保宝, 葛宝山. 创业能力、动态能力与企业竞争优势的关系研究[J]. 科学学研究, 2014, 32(3): 431-440.

[156] Teece D J, Pisano G, Shuen A. Dynamic capabilities and strategic management[J]. Strategic Management Journal, 1997, 18(7): 509-533.

[157] Helfat C E. Raubitschek R S. Dynamic and integrative capabilities for profiting from innovation in digital platform-based ecosystems[J]. Research Policy, 2018, 47(8): 1391-1399.

[158] 陈劲, 阳银娟. 协同创新的理论基础与内涵[J]. 科学学研究, 2012, 30(2): 161-164.

[159] Holgersson M, Granstrand O, Bogers M. The evolution of intellectual property strategy in innovation ecosystems: uncovering complementary and substitute appropriability regimes[J]. Long Range Planning, 2018, 51(2): 303-319.

[160] 魏江, 黄学, 刘洋. 基于组织模块化与技术模块化"同构/异构"协同的跨边界研发网络架

构[J]. 中国工业经济, 2014, (4): 148-160.

[161] 王凤彬, 王骁鹏, 张驰. 超模块平台组织结构与客制化创业支持：基于海尔向平台组织转型的嵌入式案例研究[J]. 管理世界, 2019, 35(2): 121-150, 199-200.

[162] Luo J X. Architecture and evolvability of innovation ecosystems[J]. Technological Forecasting and Social Change, 2018, 136: 132-144.

[163] Hofman E, Halman J I M, van Looy B. Do design rules facilitate or complicate architectural innovation in innovation alliance networks?[J]. Research Policy, 2016, 45(7): 1436-1448.

[164] 王发明, 朱美娟. 创新生态系统价值共创行为影响因素分析：基于计划行为理论[J]. 科学学研究, 2018, 36(2): 370-377.

[165] 曾赛星, 陈宏权, 金治州, 等. 重大工程创新生态系统演化及创新力提升[J]. 管理世界, 2019, 35(4): 28-38.

[166] 王珊珊, 史宇, 杨仲基, 等. 基于技术标准的科技计划项目立项决策研究[J]. 科研管理, 2016, 37(S1): 90-97.

[167] 林雨洁, 谢富纪. 基于协同创新理论的产业技术创新战略联盟伙伴选择研究[J]. 科技与经济, 2013, 26(6): 6-10.

[168] 杨东奇, 张春宁, 徐影, 等. 企业研发联盟伙伴选择影响因素及其对联盟绩效的作用分析[J]. 中国科技论坛, 2012, (5): 116-122.

[169] Nasab H H, Milani A S. An improvement of quantitative strategic planning matrix using multiple criteria decision making and fuzzy numbers[J]. Applied Soft Computing, 2012, 12(8): 2246-2253.

[170] Cuypers I R P, Cuypers Y, Martin X. When the target may know better: effects of experience and information asymmetries on value from mergers and acquisitions[J]. Strategic Management Journal, 2017, 38: 609-625.

[171] Kale P, Dyer J H, Singh H. Alliance capability, stock market response, and long-term alliance success: the role of the alliance function[J]. Strategic Management Journal, 2002, 23(8): 747-767.

[172] Asgari N, Singh K, Mitchell W. Alliance portfolio reconfiguration following a technological discontinuity[J]. Strategic Management Journal, 2017, 38(5): 1062-1081.

[173] 杨伟, 周青, 方刚. 产业联盟的组织复杂度、牵头单位类型与合作创新率[J]. 科学学研究, 2015, 33(5): 713-722.

[174] 李玥, 郭航, 王宏起, 等. 基于扎根理论的联盟协同创新激励要素及作用机制[J]. 中国科技论坛, 2020, (8): 129-137.

[175] Belderbos R, Cassiman B, Faems D, et al. Co-ownership of intellectual property: exploring the value-appropriation and value-creation implications of co-patenting with different partners[J]. Research Policy, 2014, 43(5): 841-852.

[176] Rosenzweig S. The effects of diversified technology and country knowledge on the impact of technological innovation[J]. The Journal of Technology Transfer, 2017, 42(3): 564-584.

[177] Hoang H, Rothaermel F T. Leveraging internal and external experience: exploration,

exploitation, and R&D project performance[J]. Strategic Management Journal, 2010, 31(7): 734-758.

[178] 朱桂龙, 张艺, 陈凯华. 产学研合作国际研究的演化[J]. 科学学研究, 2015, 33(11): 1669-1686.

[179] Wassmer U, Dussauge P. Value creation in alliance portfolios: the benefits and costs of network resource interdependencies[J]. European Management Review, 2011, 8: 47-64.

[180] 周青, 许倩. 价值创造视角下产学研协同创新运行模式[J]. 技术经济, 2017, 36(10): 24-30.

[181] Dye J H, Singh H, Hesterly W S. The relational view revisited: a dynamic perspective on value creation and value capture[J]. Strategic Management Journal, 2018, 39(12): 3140-3162.

[182] Ethiraj S K, Levinthal D. Modularity and innovation in complex systems[J]. Management Science, 2004, 50(2): 159-173.

[183] Frenken K, Mendritzki S. Optimal modularity: a demonstration of the evolutionary advantage of modular architectures[J]. Journal of Evolutionary Economics, 2012, 22(5): 935-956.

[184] Kaartemo V, Akaka M A, Vargo S L. A service-ecosystem perspective on value creation: implications for international business[M]//Marinova S, Larimo J, Nummela N. Value Creation in International Business. Cham: Palgrave Macmillan, 2017: 131-149.

[185] 孙鸿飞, 张海涛, 宋拓, 等. 商务网络信息生态链自组织演化机理与价值协同创造研究[J]. 图书情报工作, 2016, 60(17): 12-19.

[186] Lavie D. The competitive advantage of interconnected firms: an extension of the resource-based view[J]. Academy of Management Review, 2006, 31(3): 638-658.

[187] Musiolik J, Markard J, Hekkert M. Networks and network resources in technological innovation systems: towards a conceptual framework for system building[J]. Technological Forecasting and Social Change, 2012, 79: 1032-1048.

[188] Landqvist M, Lind F. A start-up embedding in three business network settings: a matter of resource combining[J]. Industrial Marketing Management, 2017, 80: 160-171.

[189] 张悦, 梁巧转, 范培华. 网络嵌入性与创新绩效的 Meta 分析[J]. 科研管理, 2016, 37(11): 80-88.

[190] 郑登攀, 党兴华. 网络嵌入性对企业选择合作技术创新伙伴的影响[J]. 科研管理, 2012, 33(1): 154-160.

[191] 何郁冰, 张迎春. 网络嵌入性对产学研知识协同绩效的影响[J]. 科学学研究, 2017, 35(9): 1396-1408.

[192] 孙骞, 欧光军. 双重网络嵌入与企业创新绩效: 基于吸收能力的机制研究[J]. 科研管理, 2018, 39(5): 67-76.

[193] 许岩, 尹希果. 技术选择: "因势利导"还是"适度赶超"?[J]. 数量经济技术经济研究, 2017, 34(8): 55-71.

[194] 姚铮, 马超群, 杨智. 新产品开发网络资源与技术资源匹配关系: 基于中国制造业企业的实证研究[J]. 中国管理科学, 2016, 24(4): 148-158.

[195] 王卓, 王宏起, 李玥, 等. 技术重叠与互补资产对创新绩效影响研究: 基于网络嵌入性约

束困境视角[J].工程管理科技前沿, 2022, 41(5): 81-88.

[196] Kapoor R, Furr N R. Complementarities and competition: unpacking the drivers of entrants' technology choices in the solar photovoltaic industry[J]. Strategic Management Journal, 2015, 36(3): 416-436.

[197] 王宏起, 杨仲基, 武建龙, 等. 战略性新兴产业核心能力形成机理研究[J]. 科研管理, 2018, 39(2): 143-151.

[198] Colombo L, Dawid H. Complementary assets, start-ups and incentives to innovate[J]. International Journal of Industrial Organization, 2016, 44: 177-190.

[199] Tripsas M. Unraveling the process of creative destruction: complementary assets and incumbent survival in the typesetter industry[J]. Strategic Management Journal, 1997, 18: 119-142.

[200] Pisano G P, Teece D J. How to capture value from innovation: shaping intellectual property and industry architecture[J]. California Management Review, 2007, 50(1): 278-296.

[201] 宋燕飞, 邵鲁宁, 尤建新. 互补性资产研究综述[J]. 工业技术经济, 2013, 32(4): 141-151.

[202] 薛红志, 张玉利. 互补性资产与既有企业突破性创新关系的研究[J]. 科学学研究, 2007, 25(1): 178-183.

[203] Ashraf N, Meschi P X, Spencer R. Alliance network position, embeddedness and effects on the carbon performance of firms in emerging economies[J]. Organization and Environment, 2014, 27(1): 65-84.

[204] 宋华, 杨璇. 中小企业竞争力与网络嵌入性对供应链金融绩效的影响研究[J]. 管理学报, 2018, 15(4): 616-624.

[205] Fuentelsaz L, Garrido E, Maicas J P. Incumbents, technological change and institutions: how the value of complementary resources varies across markets[J]. Strategic Management Journal, 2015, 36(12): 1778-1801.

[206] Weng C S, Yang W G, Lai K K. Technological position in alliances network[J]. Technology Analysis & Strategic Management, 2014, 26(6): 669-685.

[207] 黄海昕, 苏敬勤, 武立东. 集团创新网络对子公司创业行为是保护还是阻碍？基于环境不确定性的调节效应分析[J]. 预测, 2018, 37(4): 32-38, 45.

[208] Echols A, Tsai W. Niche and performance: the moderating role of network embeddedness[J]. Strategic Management Journal, 2005, 26(3): 219-238.

[209] Cowan R, Jonard N. Knowledge portfolios and the organization of innovation networks[J]. Academy of Management Review, 2009, 34(2): 320-342.

[210] 李奉书, 黄婧涵. 联盟创新网络嵌入性与企业技术创新绩效研究[J]. 中国软科学, 2018(6): 119-127.

[211] 付凯, 夏靖波, 赵小欢. 动态融合复杂网络节点重要度评估方法[J]. 哈尔滨工业大学学报, 2017, 49(10): 112-119.

[212] Csermely P, London A, Wu L Y, et al. Structure and dynamics of core/periphery networks[J]. Journal of Complex Networks, 2013, 1(2): 93-123.

[213] 王道平, 韦小彦, 方放. 基于技术标准特征的标准研发联盟合作伙伴选择研究[J]. 科研管理, 2015, 36(1): 81-89.

[214] 崔敏, 魏修建. 吸收能力与技术结构双重机制下服务业国际溢出效应研究[J]. 数量经济技术经济研究, 2016, 33(2): 76-94.

[215] 陈祖胜, 叶江峰, 林明. 网络异位置企业联盟对低位置企业跃迁的效果: 合作伙伴网络位置与环境敌对性的调节作用[J]. 管理评论, 2018, 30(1): 136-143.

[216] 王文华, 孙杨, 卢锐, 等. 技术资产水平、互补资产与企业绩效: 基于生物制药行业上市公司的实证研究[J]. 华东经济管理, 2017, 31(6): 119-124.

[217] 贾军, 张卓. 技术关联对企业绩效的影响研究: 基于互补资产的调节作用[J]. 科学学研究, 2012, 30(6): 909-915.

[218] 王雪原, 马维睿. 知识管理对制造企业绩效的影响研究[J]. 科学学研究, 2018, 36(12): 2223-2232.

[219] 陆立军, 赵永刚. 基于产业共性技术创新视阈的产业集群升级研究[J]. 科技进步与对策, 2012, 29(11): 50-53.

[220] Yayavaram S, Srivastava M K, Sarkar M B. Role of search for domain knowledge and architectural knowledge in alliance partner selection[J]. Strategic Management Journal, 2018, 39(8): 2277-2302.

[221] Carlile P R. A pragmatic view of knowledge and boundaries: boundary objects in new product development[J]. Organization Science, 2002, 13(4): 442-455.